# 家づくりのプロが教える
# スゴ技88



…nowledge

家づくりのプロが教える スゴ技88

# CONTENTS

## Chapter 6 耐震のスゴ技08



表紙写真 設計・施工：三五工務店、撮影：諏訪智也
デザイン マツダオフィス
DTP シンプル
印刷 シナノ図書印刷

本書は「建築知識ビルダーズ」No.30-32・34・35の内容を一部収録し、書き下ろし原稿を加えて再編集したものです。

chapter 1

# インテリアのスゴ技28

ここでは建て主に「居心地がよい」「心地よい」と思わせる
インテリア(内装)デザインの「スゴ技」を紹介する。
冒頭の基本テクニックを踏まえたうえで、
「スゴ技」のいくつかを実際の家づくりに取り込んでみてほしい。

＼スゴ技／
# 01
インテリア

# インテリアを上手にまとめる基本テクニック

## 色のトーンを揃える

デザイン力に絶対的な自信がなければ、インテリアの色のトーンを揃えていくとカラーコーディネイトの失敗を防ぐことができる。たとえば、壁や天井を白やクリーム色、ベージュで揃え、床も明るい色合いのフローリングで仕上げれば、全体の色合いが揃ってバランスが取りやすい。幅木や建具・枠、棚、カウンターなどの造付け家具なども壁の色や床の色に合わせていけば問題ない。特に造作による棚や収納、家具を持ち込まれたことでインテリアのバランスが崩れることを防ぐことができる。

ただし、この法則のなかでも少しアレンジすることで、室内空間をより豊かにすることも可能だ。たとえば、壁や天井を白いトーンで統一したとしても、壁は凹凸のある左官仕上げにしてもよいし、天井を白く塗装した木で仕上げてもよい。この程度であれば、色のバランスは崩れない。また、壁一面に色を付けるアクセントウォールについても、くすんだ色合いであれば、ナチュナルなインテリアに合うだろう。

## 線や凹凸をできるだけ減らす

住宅の内装をよりよく見せる基本テクニックといえば、「線や凹凸をできるだけ減らす」、これに尽きる。ここでいう線とは、建具枠や幅木、廻り縁といった造作、仕上げの切り替えや見切などである。凹凸は柱や梁はもちろん、垂れ壁、袖壁なども該当する。なぜこれらがダメかといえば、部屋を部屋として感じさせてしまうからだ。部屋は限りある狭い場所。部屋に線や凹凸が数多く存在することで、部屋のなかでそれらが目に入り、より狭く、せわしなく感じられる。逆にそれらがない、もしくは目につかないようにすれば、部屋はより広く、ゆったりとした場所になるのである。

したがって、仕上げを連続させても支障がない場所であれば造作レスとし、幅木などの造作がどうしても必要であれば、壁と同じ色で塗る、できるだけ見付けを小さくして目立たせないなどの工夫を行いたい。また、垂壁や袖壁が生まれないように建具の位置や大きさ、天井高さなどを調整するとよいだろう。

ドアの色を壁の色と揃えている
幅木は極力目立たない色と納まりに
壁と土間の色のトーンを揃えている


写真：サトウ工務店

## 内部建具は壁のように見せる

線や凹凸を減らすという意味では、内部建具、つまりドアや引戸なども建具枠だけでなく、ドアや引戸そのものの存在感を消して、壁のように見せると壁が大きく見え、室内全体も広く感じられる。一番簡単なのが、壁と同系色の仕上げで建具をつくること。そして、取手などはできるだけ目立たないもの、もしくは主張しないデザインのものを採用するとよいだろう。引戸であれば、溝を設けるだけでもよい。

## 天井に照明を付けない

室内のインテリアは昼間の自然光が当たった状態の美しさを基準に設計すべきである。したがって、夜も自然光を前提に照明計画を考えたほうが、違和感がない。そして自然光を前提に考えれば、天井から光が降り注ぐのは不自然であり、また、電球のまばゆい光が室内全体の照らすのも適切ではない。

まずは、リビングや玄関ホールなどで天井に照明を設けないという縛りを設けて、照明計画を考えてみたい。たとえば、壁付けのスポットライトで天井を照らす。棚の上部に照明を設けて、近くの壁や天井を照らしてもよい。また間接照明でも、照明の数や照度を調整すれば、建て主の求める明るさを確保できる。天井がすっきりとした見た目になることで、より空間の広がりを感じることができるだろう。

## 寸法を揃える

どうしても要素が多くなってしまうインテリアをうるさく見せない工夫の1つが「寸法を揃える」ということだ。たとえば、窓の高さを揃える、ドアの高さを揃える、家具の高さを揃えるといったことから、等間隔で窓を配置する、等間隔で家具の幅を揃えるなど、あらゆる寸法を揃えていくと、要素が整理され、整然とした見え方になる。また、その規則性は空間の心地よさにもつながっていく。

寸法を揃えるという意味では、間取りの段階からグリッド設計を心掛けるのもよい方法だ。910㎜のグリッド（1マス）を意識しながら窓やドア、収納、家具を配置していく。こうすることで、インテリアと間取り、そして経済性、構造性能を両立させることが可能になる。

天井に照明を設けず、ペンダントライトのみ
吹抜け上部の窓も空間に広がりを与える
垂壁の高さを揃えている
窓が部屋をより広く見せる
暖房機器を床下に隠している

写真：安成工務店（矢代写真事務所）

## 窓や吹抜けで視線の抜ける場所をつくる

部屋の広さに関わらず、視線の抜ける場所をつくることは重要だ。部屋が20畳あったとしても、天井高さが2.5mあったとしても、住宅である限り、壁や天井は「すぐ近く」にあるものであり、圧迫感は拭い去れない。したがって、窓や吹抜けなどをバランスよく配置して圧迫感を解消すると、室内空間がより豊かに感じられる。特におすすめなのが、よくいる場所の目線の先に窓を設けること。たとえば、対面キッチンカウンターやソファなど長時間滞在する場所の目線の先に窓を設置するとよいだろう。また吹抜けも好ましいが、通常の吹抜けを設ける余裕がない場合は、リビングに階段を設けて、階段スペースを吹抜けとして活用してもよいだろう。

## 設備は見えないようにする

照明と同様に、設備も室内空間に「違和感」を与えるもので、できるだけ目立たないように設計すると、室内の雰囲気を損なわずにすむ。エアコンであれば、ルーバーなどを設けて正面部分を隠し、ビデオデッキなどであればリモコンの赤外線を妨害しない素材で前面に扉を設けた家具を造作してそこに収納し、冷蔵庫なども前面に扉を設けるほど、配置を考えてリビングから直接見えないようにするのがよい。トイレの便器や洗面台などもドアを開けた時に、リビングやダイニングから直接見えないようにするのもとても重要だ。

このような配慮を行うことで、室内のインテリアのグレードは格段に向上する。

## 着色フローリング乱尺張り

建築主からの提案で、ガバザクラの乱尺フローリングの表面を白系からブラウン系の木材保護塗料で着色、色がばらけるように割り付けて張った床。補修や張替えを重ねながら長年使ってきた古い民家の床のような、シャビーな（古めかしい）雰囲気になる。（夢・建築工房）

＼スゴ技／

# 02

インテリア

# フローリングは工夫してよりよく魅せる

床材として定番だからこそ、材料や張り方に工夫して、内装の雰囲気に合わせる工夫を凝らしたい。人の目から近く、素足で触れることもあるフローリングは、色合いやテクスチュアにも十分留意する。

## スギの上小節フローリング

節が少ないスギの上小節。一等材よりは割高になるが、一等材は節の量にバラつきがあるうえに節が目立つものあるため、歩留まりを考えればほとんど価格差はない。基本的に無塗装仕上げにしているが、汚れは水拭きで落とすことができ、使い続けることで自然な艶が出る。（ウッドシップ）

## マニルカラのデッキ材

マニルカラをデッキ材に使った例。ブラジル原産アカテツ科の広葉樹で、古くから港湾材として使われるなど、防腐性・耐久性に優れており、材質もかなり硬い。イペやジャラなどデッキ材に比べて安価で、供給量も安定している。色合いも均一なのでオススメである。（三五工務店）

写真：山本育憲（8頁上・右）／諏訪智也（8頁左下）

\スゴ技/

# 03

インテリア

## 表面加工で見た目と触感に変化をつける

木材の表面加工も上手に使うとインテリアのアクセントになる。特に色数が少ないシンプルなデザインや木材の割合が多いデザインなどに用いると効果的だ。もちろん、見た目だけではなく、触感の心地よさもある。

### なぐり加工を施したフローリング

スギ3層クロスパネルの表面になぐり加工を施した例。見た目の印象だけでなく、歩行感もよく、素足で触れると心地よい。滑り止めとしての効果も期待できる。（扇建築工房）

### うずくり加工を施したフローリング

スギ3層クロスパネルの表面にうずくり加工を施した例。天然木ならではの美しさをより際立たせるとともに、肌で触れたときの心地よさを感じることができる。（扇建築工房）

### なぐり加工を施した玄関戸

断熱・気密性に優れた木製サッシの表面材になぐり加工したスギ3層クロスパネルを使った例。なぐり加工をした材料を玄関に使うと、玄関戸の質感や存在感が格段に向上する。（扇建築工房）

## スプルース3層パネルの本棚

スプルース3層パネルを組んで本棚をつくった例。無垢の3層パネルなので、材料の質感もよく、小口がそのまま露出しても安っぽく見えない。一方でランバーコアのように大工工事で簡単に加工・組立てができるため、造作家具の材料に向いている。（サトウ工務店）

＼スゴ技／

04

インテリア

# 造作に使えるスプルース3層パネル

3枚のスプルースの板を直交させながら積層したパネル。大きな寸法の1枚板を取ることができ、さまざまな形状の家具やカウンターの材料にして使われる。材料も安価で加工性もよい。

## スプルース3層パネルの洗面化粧台

スプルース3層パネルで造作した洗面化粧台。カウンター材として使えるだけの厚みと強度がパネルにあるため、このようなシンプルな洗面化粧台を製作できた。ここでは35㎜厚のパネルを使って、カウンターには洗面ボウルが入る穴をカット、カウンター前面に前框を付けて小口を隠すデザインとした。側面のパネルは小口の積層をそのまま見せている。（サトウ工務店）

洗面化粧台詳細図
S=1:10

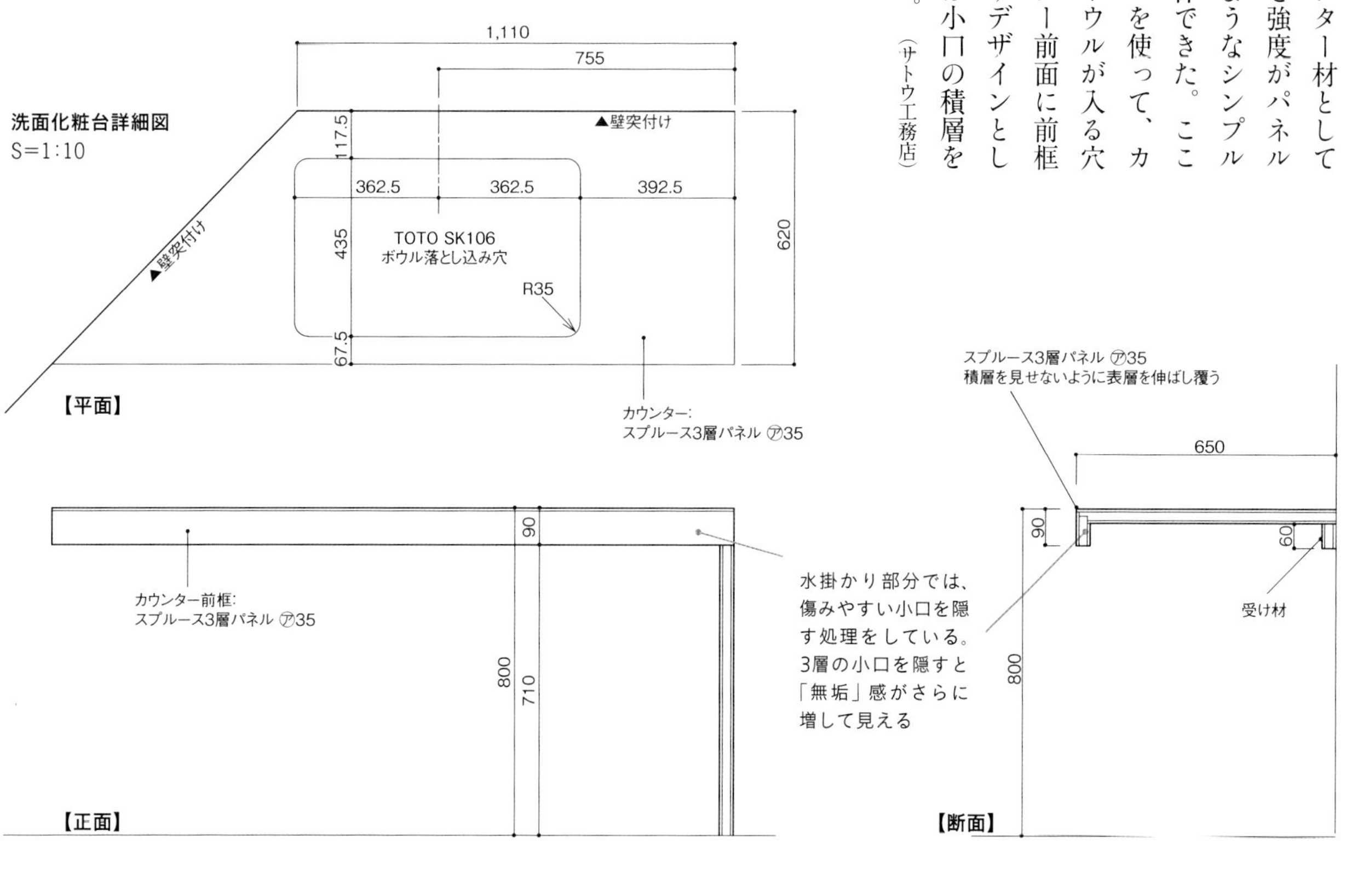

1,110
755
▲壁突付け
117.5
362.5
362.5
392.5
620
435
TOTO SK106
ボウル落とし込み穴
R35
67.5
▲壁突付け
【平面】
カウンター:
スプルース3層パネル ⑦35
90
カウンター前框:
スプルース3層パネル ⑦35
800
710
水掛かり部分では、
傷みやすい小口を隠
す処理をしている。
3層の小口を隠すと
「無垢」感がさらに
増して見える
【正面】
スプルース3層パネル ⑦35
積層を見せないように表層を伸ばし覆う
650
90
60
受け材
800
【断面】

＼スゴ技／

# 05

インテリア

# 個性の強い仕上材を使う

広い面積に用いられる内装のボードや壁紙などの仕上材は、それだけで内装の雰囲気を決定づける。ただし、個性の強い素材は、内装との相性がシビアなので、使う場所や面積に十分留意したい。

## 木毛セメント板の天井

リボン状の木片をコンクリートで固めた木毛セメント板の表面のテクスチュアは、独特の力強さがあり、その無機質の冷たさ・重さが空間にシャープな印象を与える。コンクリート打放しのインテリアとの相性は抜群だが、木造建築であっても写真のような落ち着いた色合いのインテリアとの相性はよい。

（もるくす建築社）

## 越前楮紙の和紙クロス

壁と天井の素材・色味を変えると和の雰囲気が出る。クロスを使う場合は壁と同じ白色にせず、和紙クロスなので色や表情に変化をつけるとよい。この和紙クロスは越前楮紙を裏打ちしたもので、通常の和紙クロスより素材感に優れる。写真のように玄関や和室などの天井に使うとよいだろう。ダウンライトはオーデリックのもの。

（神奈川エコハウス）

## 消臭機能をもつクロス

ルノンの「空気を洗う壁紙」。その名の通り消臭機能があり、この機能は半永久的に持続する。また、表面の厚みのある塗膜が質感の向上に貢献し、継目が目立たなければ左官のように見える。引渡し時に新築独特の臭いがしないので建築主に好評だ。

（ウッドシップ）

## 高級感のある木曽アルテックの和紙

押入れの建具に張られている和紙はどちらも木曽アルテックのもの。上の押入れの建具には和紙を藍色に彩色したものを、下の吊り戸棚の建具には和紙表面に漆を塗ったものをそれぞれ使用。壁の一部や建具の表面などに使えば、その独特な質感が内装のアクセントとなる

（安成工務店）

\スゴ技/

# 06

インテリア

## 「強い」素材で内装のグレードを上げる

石やレンガなど重量感や質感のある建材は、それを用いるだけで内装のグレードが上がり、高級感が生まれる。ただし張り物は端部の処理を間違えると安っぽく見えてしまうので納め方に注意したい。

### 院内石積みの壁

秋田県湯沢市院内付近で採れる凝灰岩の石材。熱容量を上げるということだけでなく、室内空間に安定感や落ち着きを出すという目的も兼ねて採用した。石材は強い素材だが、ほどよく風化したテクスチュアは圧迫感を与えない。素材の厚みを生かして側面も見せるようにしている。

（もるくす建築社）

### 廃材のブリックタイルの壁

築100年を超える古い建物を解体した際に発生したレンガをスライスして建材に再生し、ブリックタイルとした商品。シャビーな風合いが好まれ、商業施設の内装などに使われるが、木材や金属などの自然素材を、多用した住宅とも相性がよい。

（三五工務店）

真：諏訪智也（12頁）

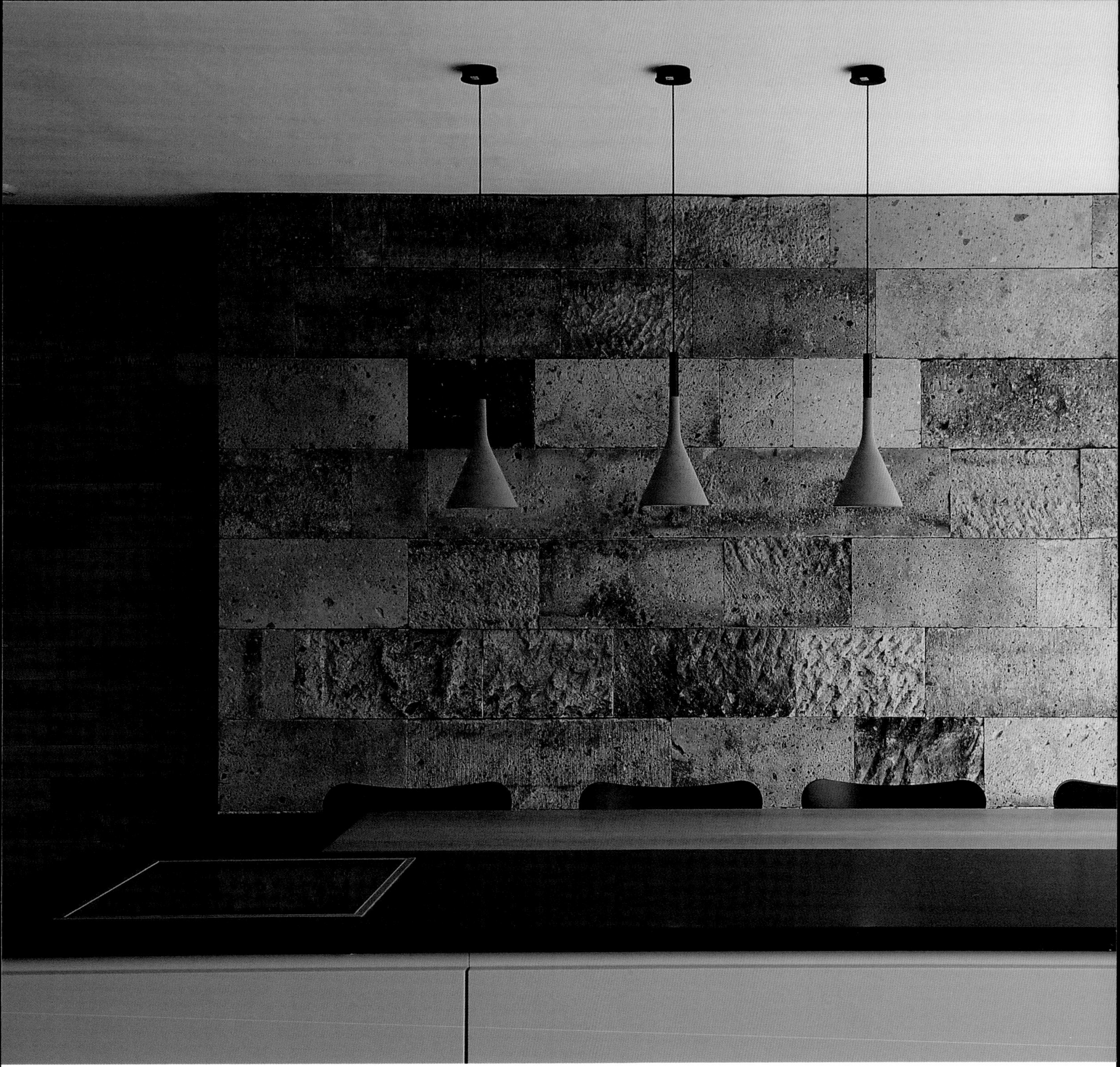

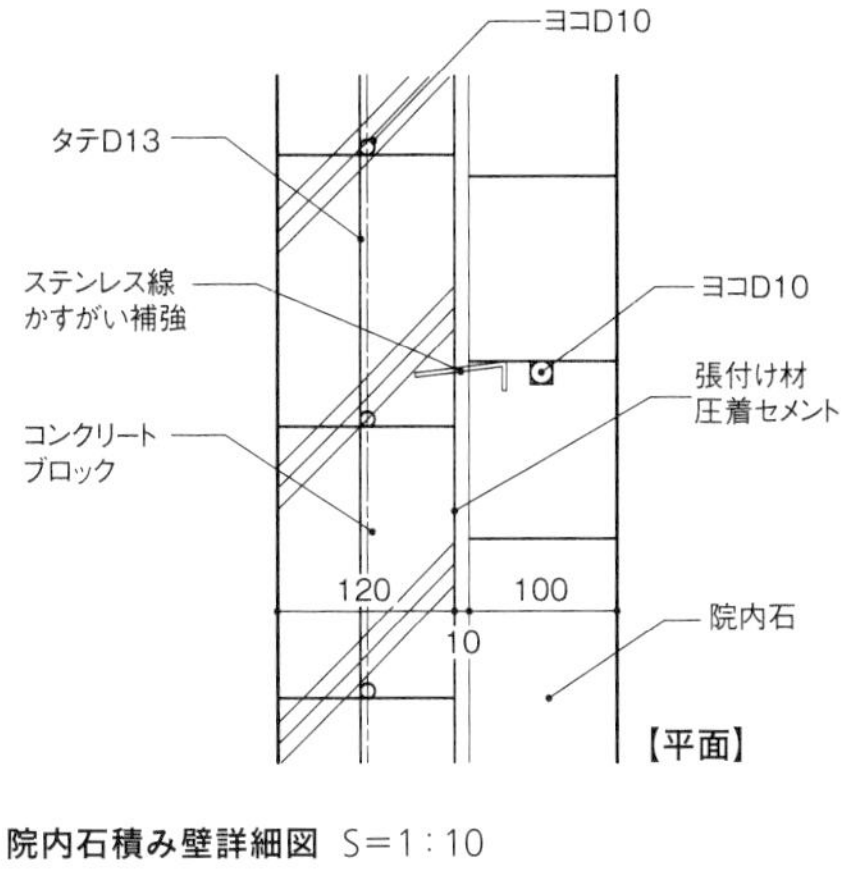

ヨコD10
タテD13
ステンレス線
かすがい補強
ヨコD10
張付け材
圧着セメント
コンクリート
ブロック
120
100
10
院内石
【平面】


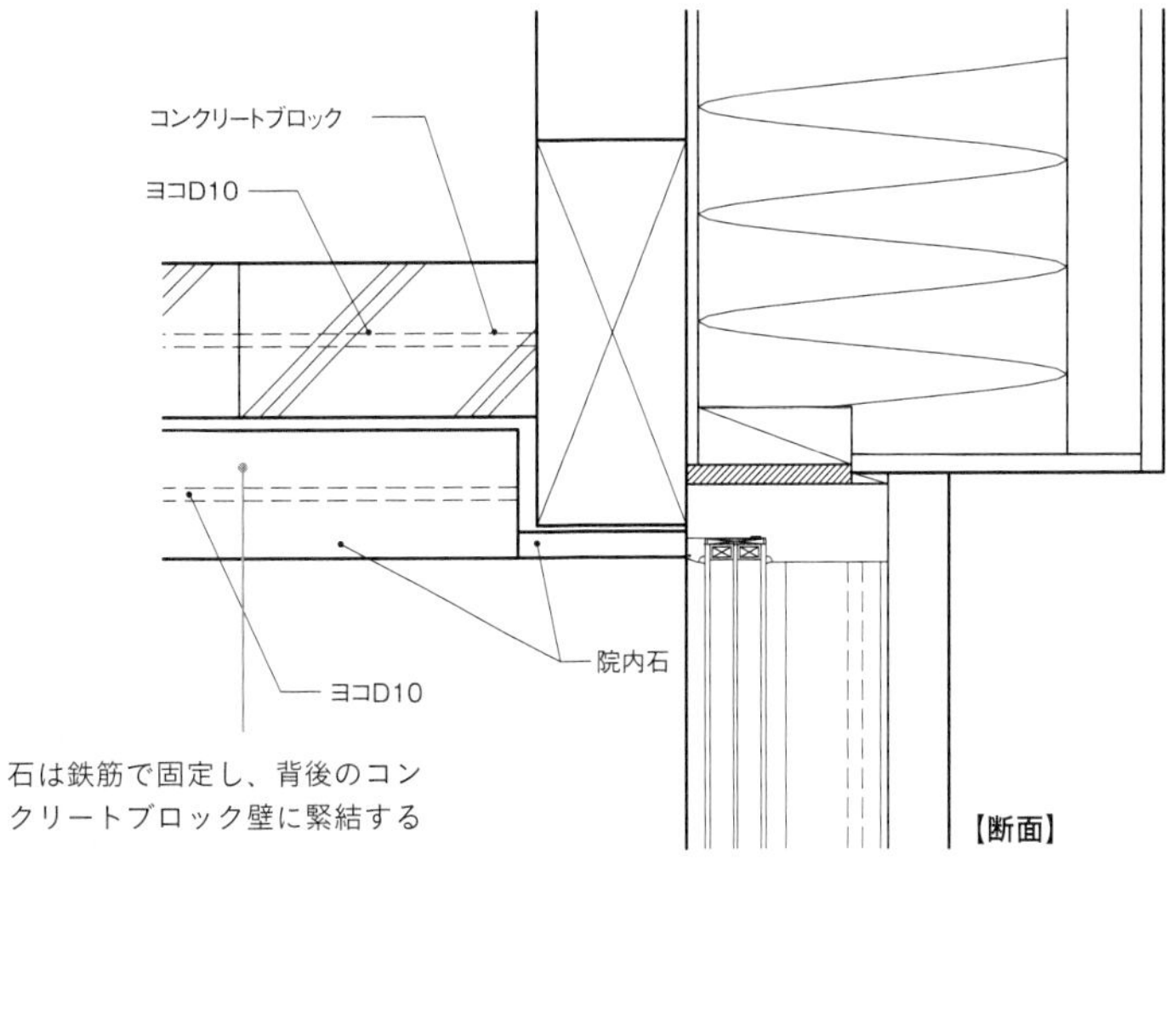

コンクリートブロック
ヨコD10
ヨコD10
院内石
石は鉄筋で固定し、背後のコンクリートブロック壁に緊結する
【断面】


**院内石積み壁詳細図** S＝1：10

写真：諏訪智也

\スゴ技/

07

インテリア

# 見せ場になる窓のすっきり納め

リビングの大きな窓は住宅の見せ場である。サッシの枠を壁や床、天井、柱などでうまく隠し、室内からはガラスだけが見えるようなディテールの工夫が求められる。

## ペアガラスの木製カーテンウォール

室内の明るさや日射取得などを考えると、吹抜けなどに大きな窓は欠かせない。だが、窓をすべてサッシでつくるとコストがかさむうえに、枠が目立つ無骨な仕上がりになってしまう。あまり開閉が必要でない窓であれば、軸組の外側にガラスを取り付けた木製カーテンウォールを製作するとよいだろう。なお、設計時に断熱性能を考えれば、日射熱取得率と熱貫流率のバランスのよいガラスなどを採用するとよい。（三五工務店）

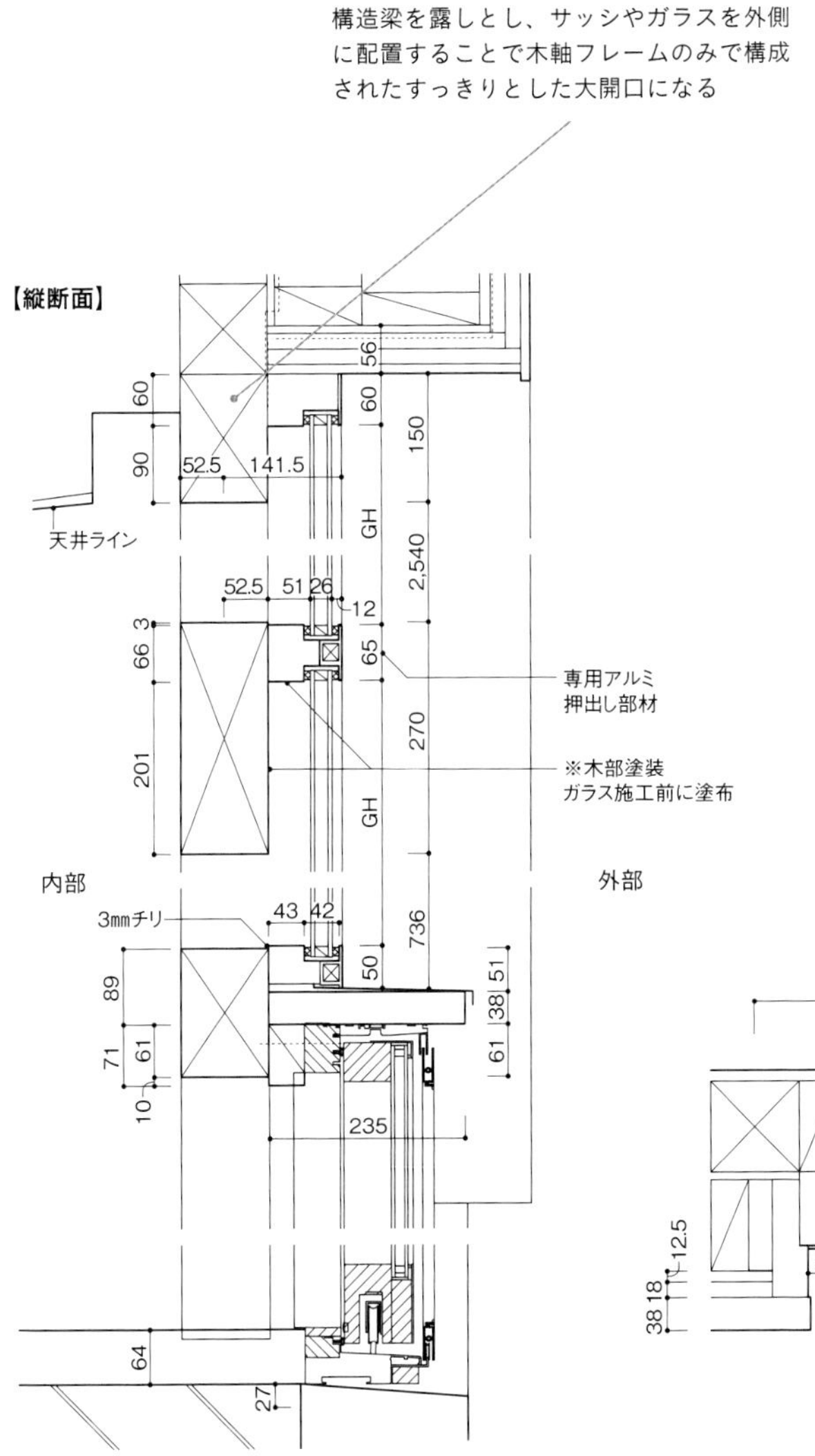

構造梁を露しとし、サッシやガラスを外側に配置することで木軸フレームのみで構成されたすっきりとした大開口になる
【縦断面】
天井ライン
内部
外部
3mmチリ
専用アルミ押出し部材
※木部塗装 ガラス施工前に塗布
GH


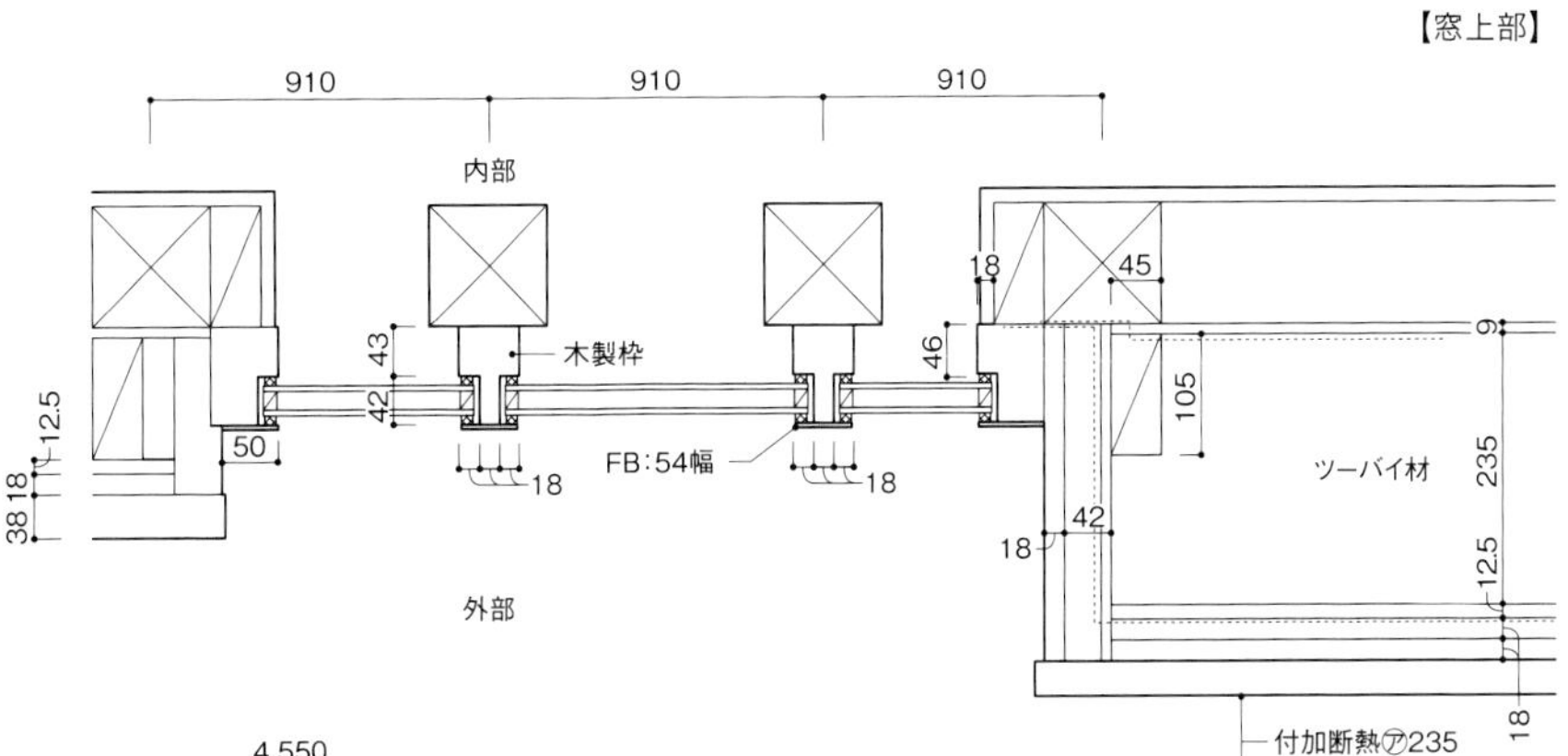

【窓上部】
内部
外部
木製枠
FB:54幅
ツーバイ材
付加断熱㋐235
石膏ボード
タイベック
胴縁×2
外壁仕上げ材㋐30


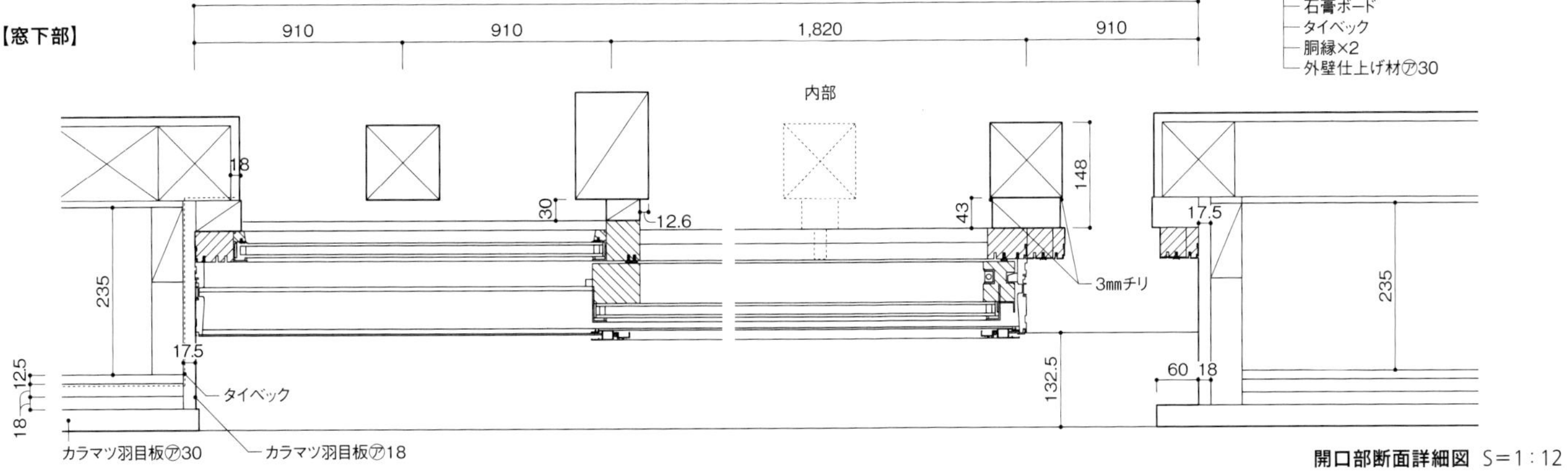

【窓下部】
内部
3mmチリ
タイベック
カラマツ羽目板㋐30
カラマツ羽目板㋐18


開口部断面詳細図 S=1：12

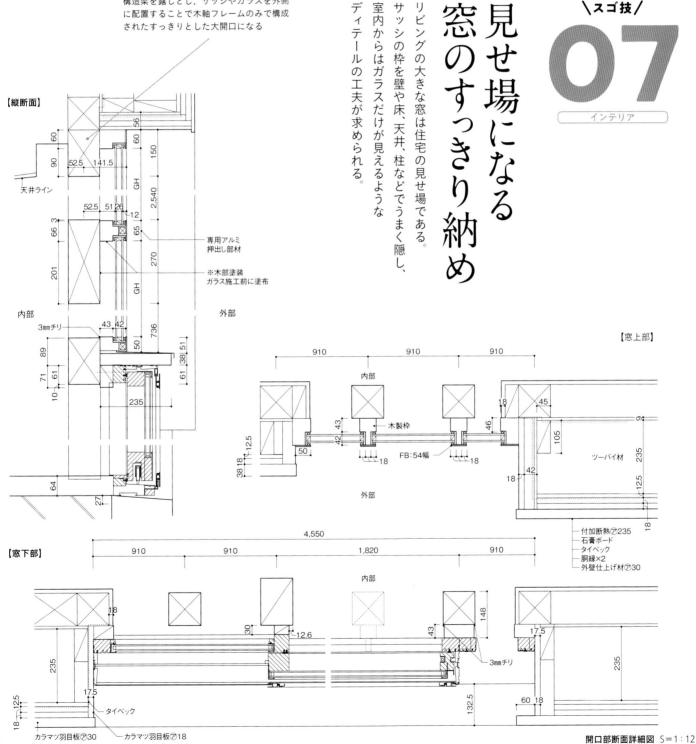

## 樹脂サッシをフレームレスに納める

樹脂サッシ「APW430」のFIX窓をフレームレスで納めた例。取り付ける木枠の全周囲に気密部材を回し、APW430を据え付け押縁で固定、下端にだけ板金を巻いた。最後に隙間をシーリングで防水。シーリング納めの心配があるが、窓上部が軒で守られていれば問題ない。野下の写真は天井のベイマツのルーバー。野縁材30×40㎜をプレーナー掛けし、20㎜透かして横からフィニッシュで留めている。目透しからは下地のさび色の自然塗料を塗ったラーチ合板が見える。（オーガニックスタジオ新潟）

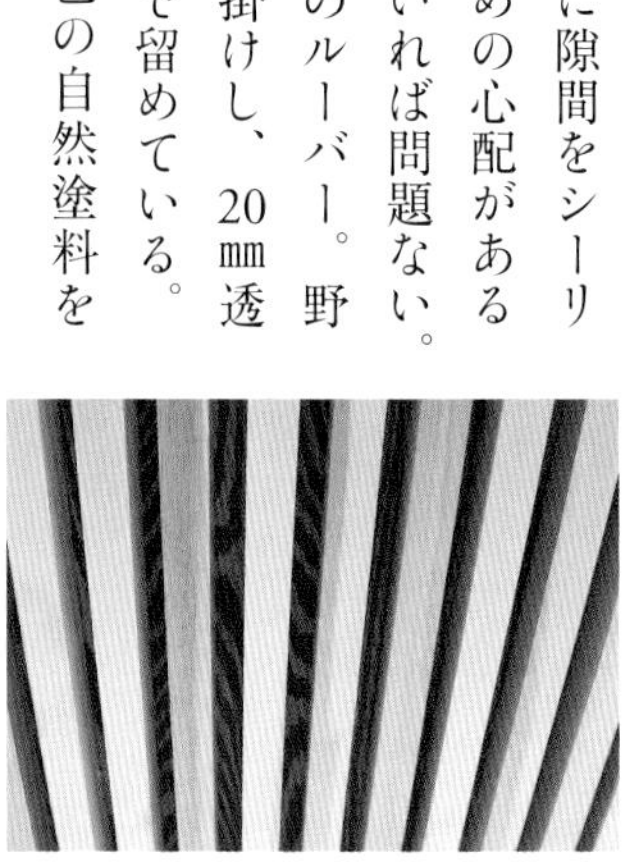

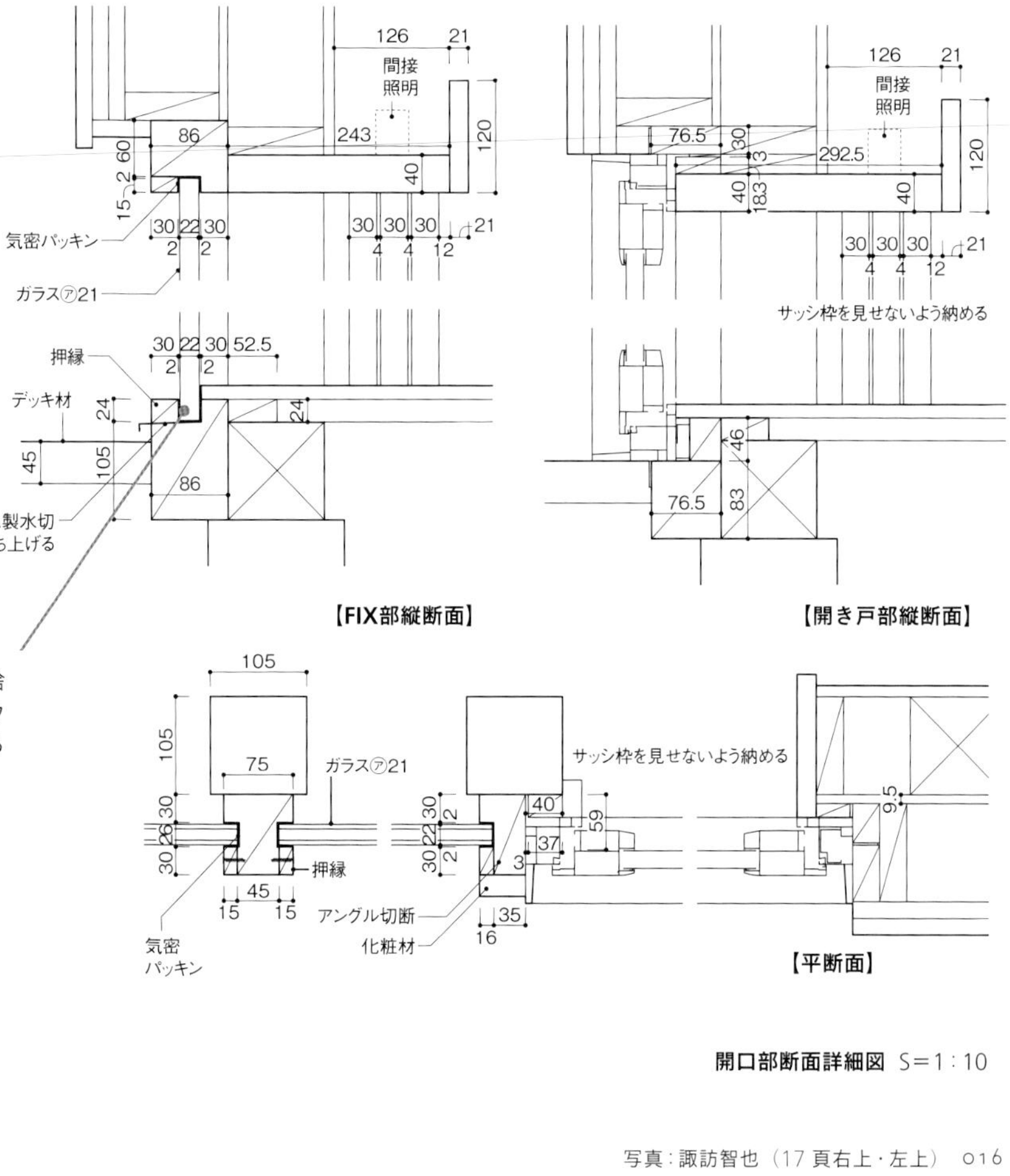

126
21
間接照明
243
86
60
2
15
120
40
30 22 30
2 2
30 30 30
4 4 12
21
気密パッキン
ガラス⑦21
押縁
30 22 30 52.5
デッキ材
24
45
105
86
ガルバリウム製水切
※伸ばして立ち上げる
【FIX部縦断面】
76.5
292.5
83
サッシ枠を見せないよう納める
46
【開き戸部縦断面】
APW430はサッシ枠を捨て、ガラスのみを柱へアウトセットで取り付けている
105
75
ガラス⑦21
30 26 30
45
15 15
気密パッキン
アングル切断
化粧材
40
59
37
3
35
16
9.5
【平断面】

開口部断面詳細図 S=1:10

＼スゴ技／

# 08

インテリア

## インテリアの印象が大きく変わる入り幅木

よく見かける白い壁と木の床板の内装。その印象を大きく左右する部位はどこか。それは端部であり、その処理である。一般的な付け幅木を入り幅木にするだけで、下端に影が生まれ、空間全体がシャープに見える。

### 木製幅木の入り幅木

シナベニア材の幅木を間柱に取り付け、その上に幅木より厚みのある石膏ボード下地を張って入り幅木にした例。シンプルな納まりながら、入り幅木らしい陰影が出る。

（三五工務店）

入り幅木断面詳細図 S＝1：10

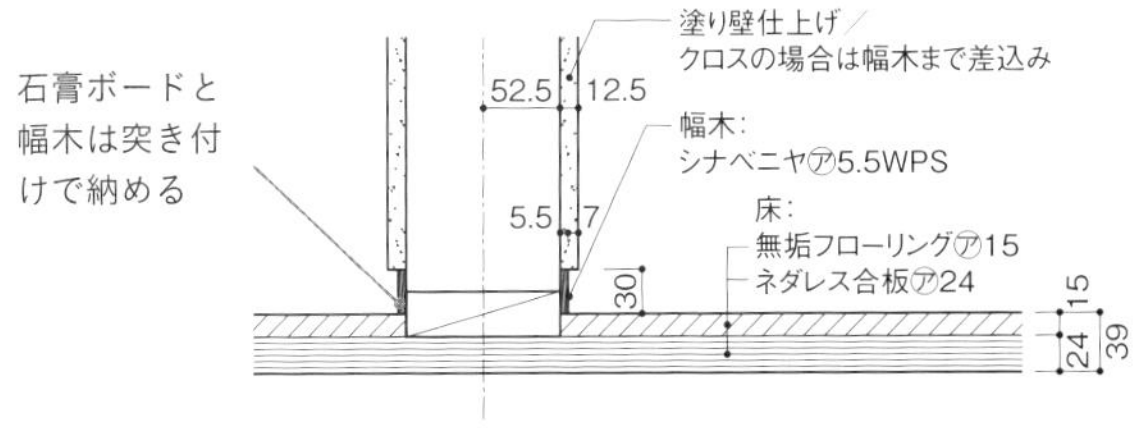

塗り壁仕上げ／
クロスの場合は幅木まで差込み
石膏ボードと
幅木は突き付
けで納める
52.5
12.5
幅木：
シナベニヤ㋐5.5WPS
5.5
7
床：
無垢フローリング㋐15
ネダレス合板㋐24
30
15
24
39

### コンクリートの入り幅木

基礎のコンクリートに厚みのある左官で仕上げながら下端だけ露出して入り幅木のように見せた例。事前の養生と左官の丁寧な施工がポイントになる。

（三五工務店）

### アルミ見切の入り幅木

アルミ見切を下地に打ち付けて、その上に石膏ボードを置いて納めた例。見切のラインを壁仕上げの面より少しだけ出しておくとうまく納まる。よりシャープな入り幅木の納まり。

（三五工務店）

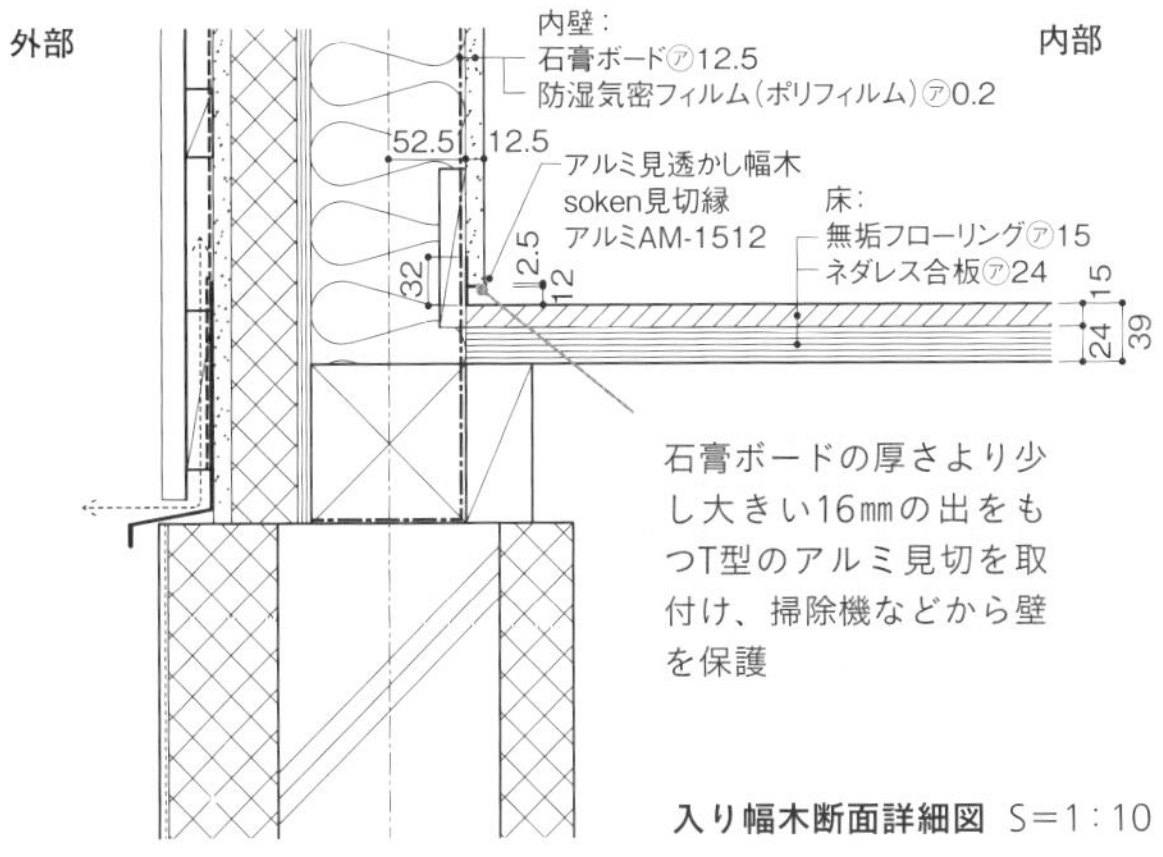

外部
内部
内壁：
石膏ボード㋐12.5
防湿気密フィルム（ポリフィルム）㋐0.2
52.5
12.5
アルミ見透かし幅木
soken見切縁
アルミAM-1512
床：
無垢フローリング㋐15
ネダレス合板㋐24
32
2.5
12
15
24
39
石膏ボードの厚さより少
し大きい16㎜の出をも
つT型のアルミ見切を取
付け、掃除機などから壁
を保護


入り幅木断面詳細図 S＝1：10

＼スゴ技／

# 09

インテリア

# 階段を見せ場にする

階段は住宅において数少ない造作工事の目玉であり、狭小住宅などではどうしても目立ってしまう場所でもある。どうせならしっかりと造作して、魅せる階段として設計したい。

## 木製片持ち階段

鉄骨ではなく木製の部材で階段を軽快に見せた例。階段フレームを合板で組んで、その上に段板を並べている。フレーム側は幅の半分の寸法に抑え、かつ周囲の内装に溶け込むよう壁面と同じモイスで覆っている。一方、段板は濃いめの黒で塗装し、段板だけの軽快な階段に見せている。

（サトウ工務店）

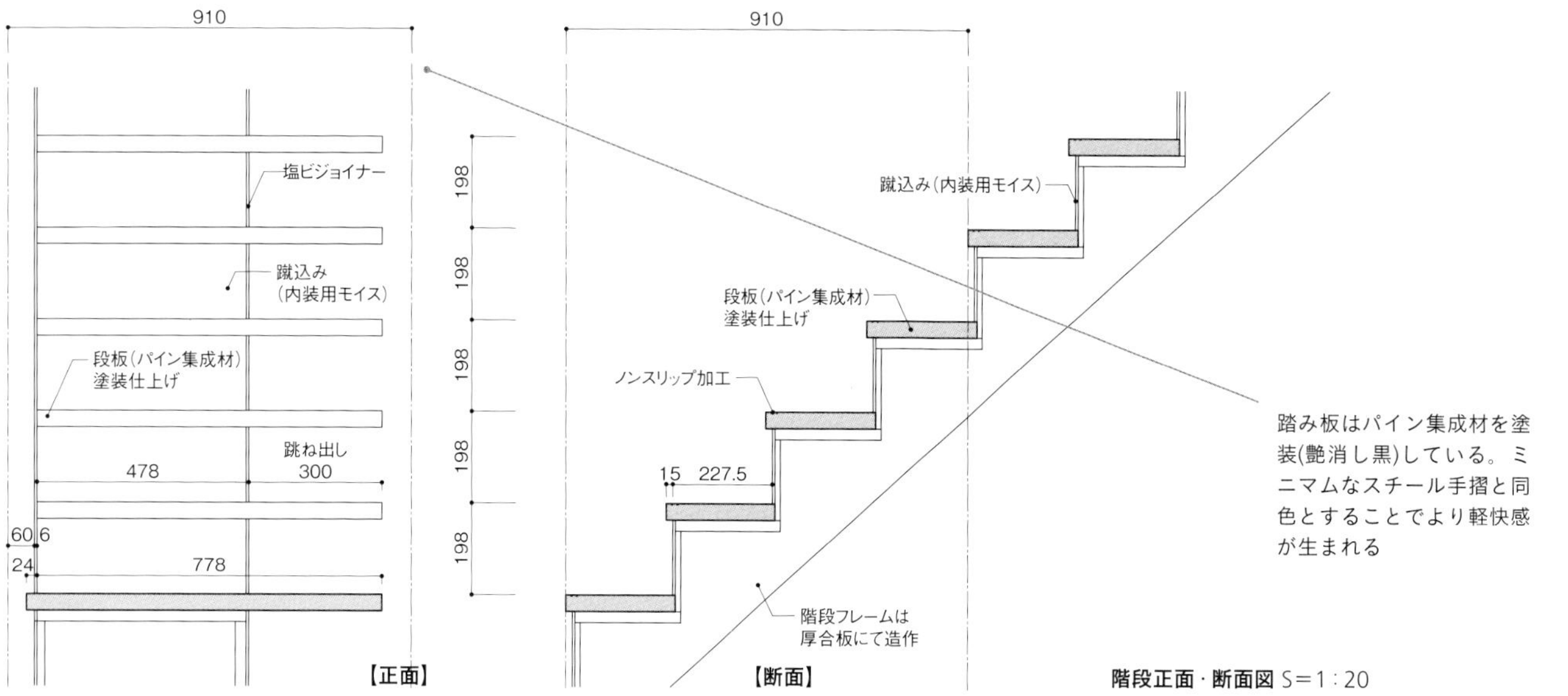

910
塩ビジョイナー
蹴込み（内装用モイス）
段板（パイン集成材）塗装仕上げ
跳ね出し
478
300
60
6
24
778
【正面】
910
198
198
198
198
198
蹴込み（内装用モイス）
段板（パイン集成材）塗装仕上げ
ノンスリップ加工
15
227.5
階段フレームは厚合板にて造作
【断面】
踏み板はパイン集成材を塗装(艶消し黒)している。ミニマムなスチール手摺と同色とすることでより軽快感が生まれる

階段正面・断面図 S＝1：20

## プレカット木製階段

階段は上小節のスギ材をプレカットで製作。既製品のように簡単に施工でき、現場の木工事の手間を軽減することができる。また、デザイン的にもすっきり見えるように、段板がささら桁に取り付く個所に欠込みを入れて、接着剤とビスケットで固定した。

（ウッドシップ）

## 蹴込み収納階段

蹴込みの一部を引出し収納とした例。階段がリビングに面して設置されているため、生活小物などを収めるのにちょうどよい。収納とはいえ蹴込み部分は厚みのある材料を選ぶ。

（夢・建築工房）

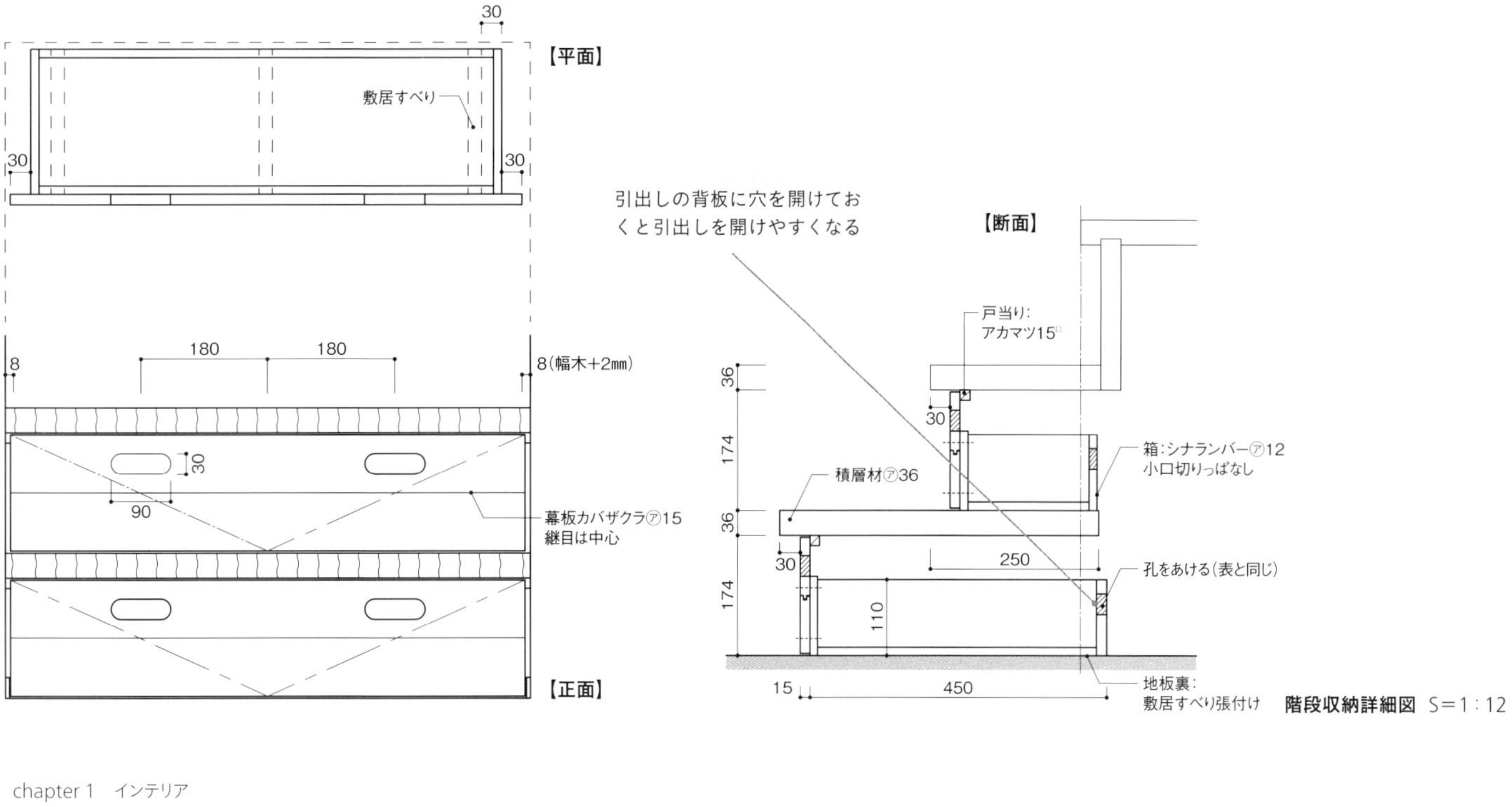

【平面】
30
敷居すべり
30
30
180
180
8
8(幅木+2mm)
30
90
幕板カバザクラ㋐15
継目は中心
【正面】
引出しの背板に穴を開けておくと引出しを開けやすくなる
【断面】
戸当り:
アカマツ15□
36
30
174
箱:シナランバー㋐12
小口切りっぱなし
積層材㋐36
36
30
250
孔をあける(表と同じ)
174
110
地板裏:
敷居すべり張付け
15
450

階段収納詳細図 S＝1：12

## ＼スゴ技／ 10 インテリア

# 照明は天井に納める

インテリアを重視するのであれば、照明を設計側でデザインしてしまうことが望ましい。目指す内装空間に合わせて、建築化照明やダウンライト、スポットライトなどを配置する。

### 天井の建築化照明

照明では電球などの光源の存在を隠して光として見せるのが、建築デザインの基本だ。ここでは天井内に照明を仕込み、それを乳白色のアクリル板で隠すことで、自然な光を表現している。（サトウ工務店）

**天井埋め込み照明断面詳細図** S＝1：10

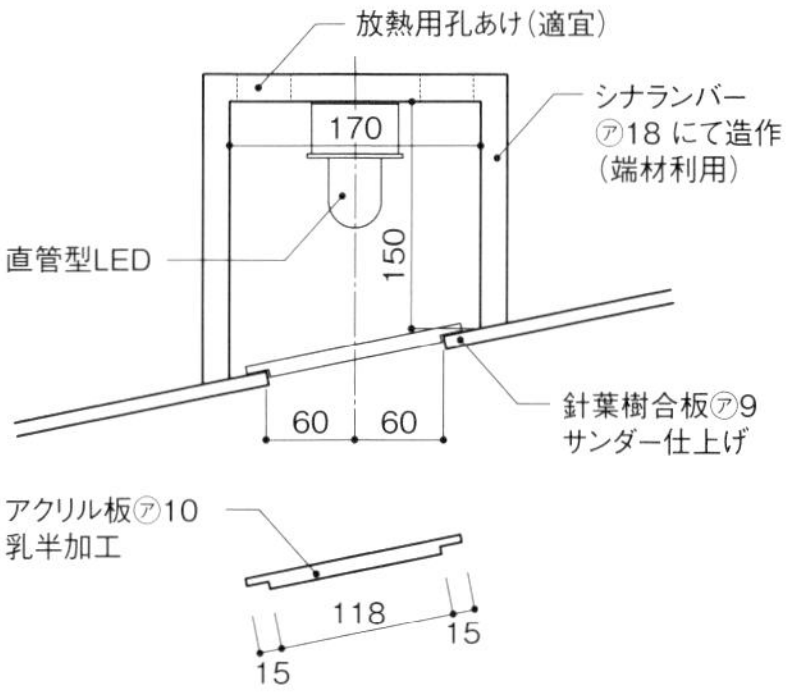
放熱用孔あけ（適宜）
シナランバー
㋐18にて造作
（端材利用）
170
150
直管型LED
60
60
針葉樹合板㋐9
サンダー仕上げ
アクリル板㋐10
乳半加工
118
15
15

### 既製品の天井照明

ダウンライトは埋込み型（DAIKO製）がベストだが、下地やスペースの問題で埋込みが不可能な場合は、シンプルなデザインの照明（ODELIC製）を選択した。（三五工務店）

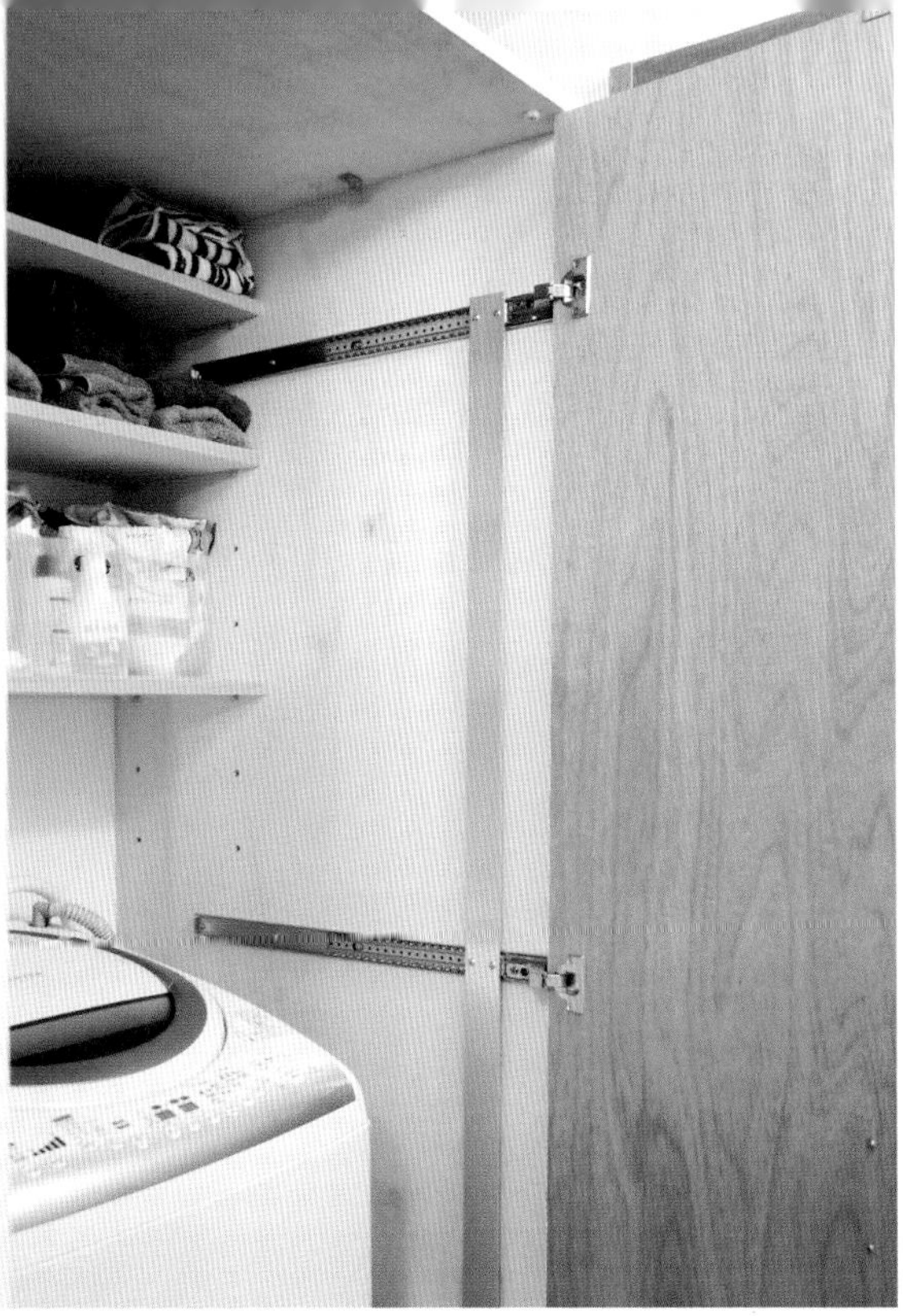

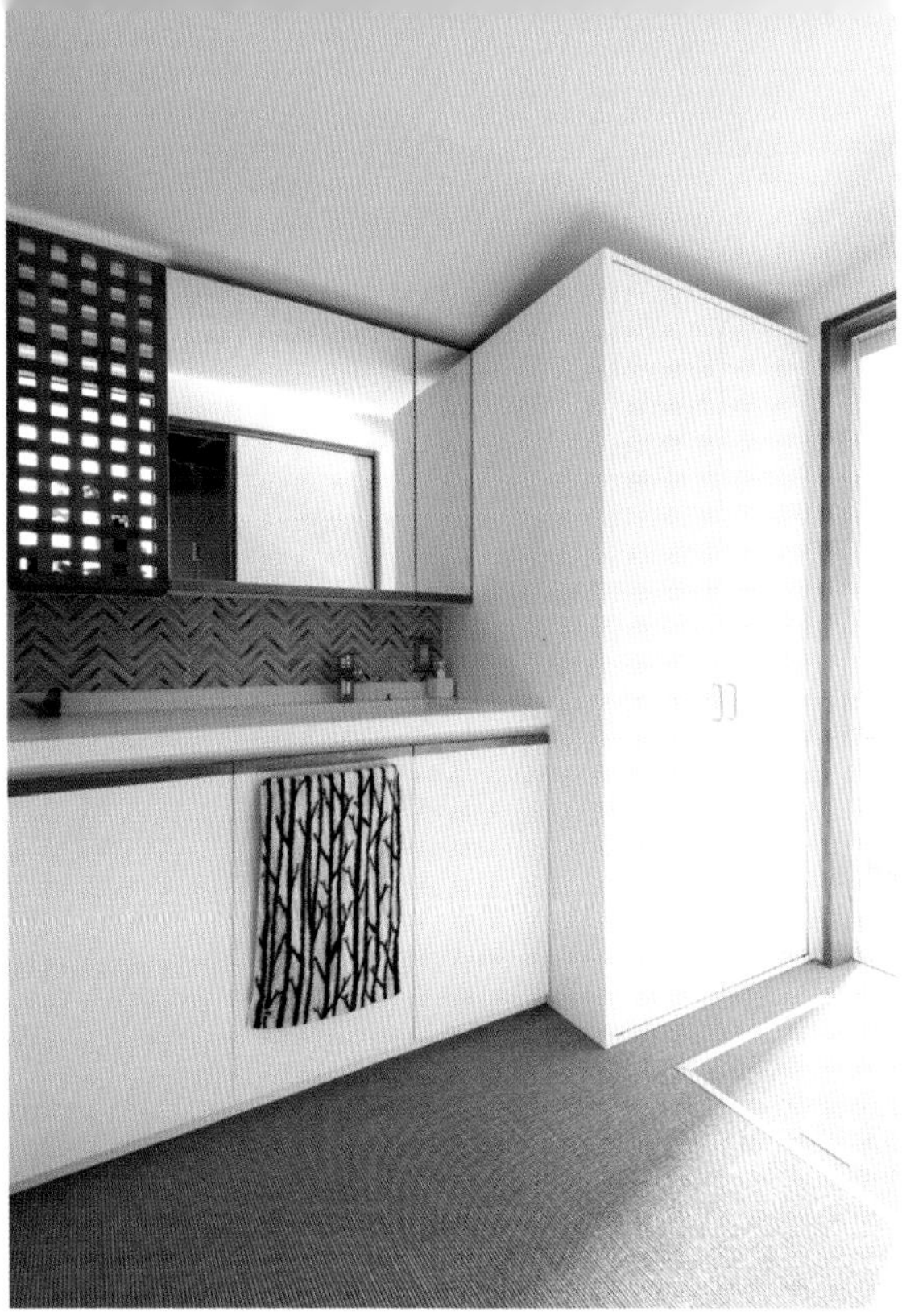

\スゴ技/

11

インテリア

# 目立つ洗濯機は収納する

家電のデザイン性は格段に向上したが、インテリアとの相性は必ずしもよくない。したがって、大型家電や目立つ場所にある家電はできるだけ収納するか、目立たないように配置する必要がある。

**洗濯機収納**

洗濯機を収納するための収納家具。大きな家具となるため、周囲に溶け込むよう白の塗装を施し、圧迫感を抑えた。上部には洗剤などを収納する棚を設けた。

（飯田亮建築設計室×COMODO建築工房）

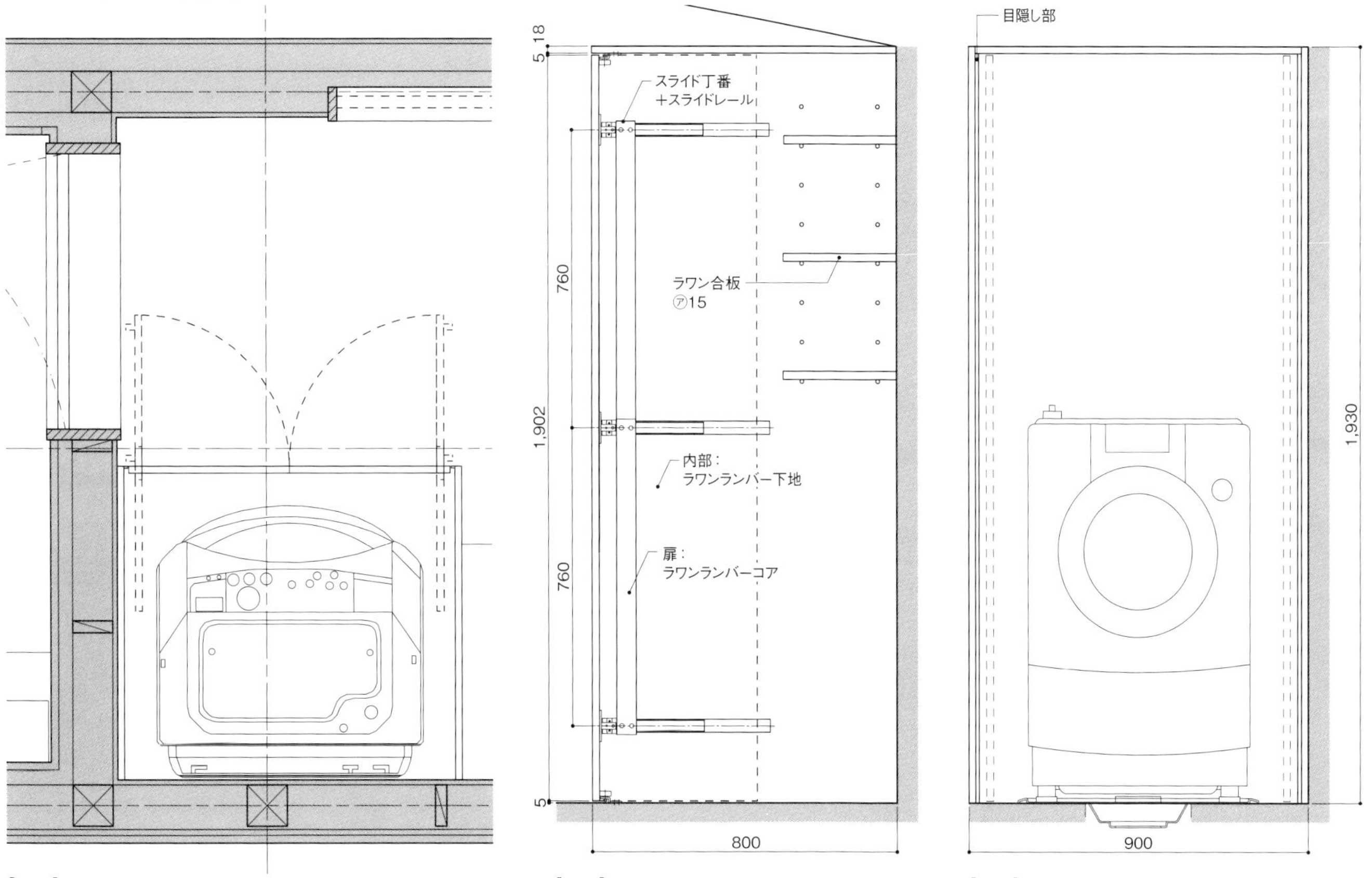

目隠し部
5
18
スライド丁番
＋スライドレール
760
ラワン合板
㋐15
1,902
内部：
ラワンランバー下地
760
扉：
ラワンランバーコア
5
800
1,930
900


【平面】　【断面】　【正面】　洗濯機収納詳細図 S＝1：20

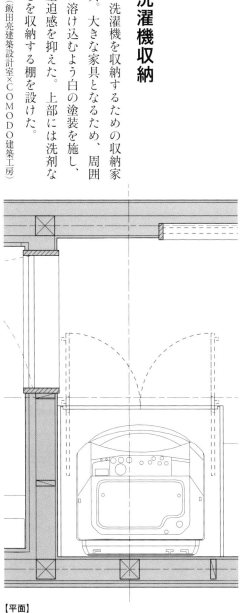

上／道路側の壁には、道南スギ（ウッドロングエコ塗装）を下見板張りにしている。そのほかSUDOホームでは、壁の仕上げは珪藻土入り漆喰を標準仕様としている
左／玄関の傘も掛けられる手摺は、オリジナル

＼スゴ技／
# 12
インテリア

# オリジナリティのある内装・造作で差別化を

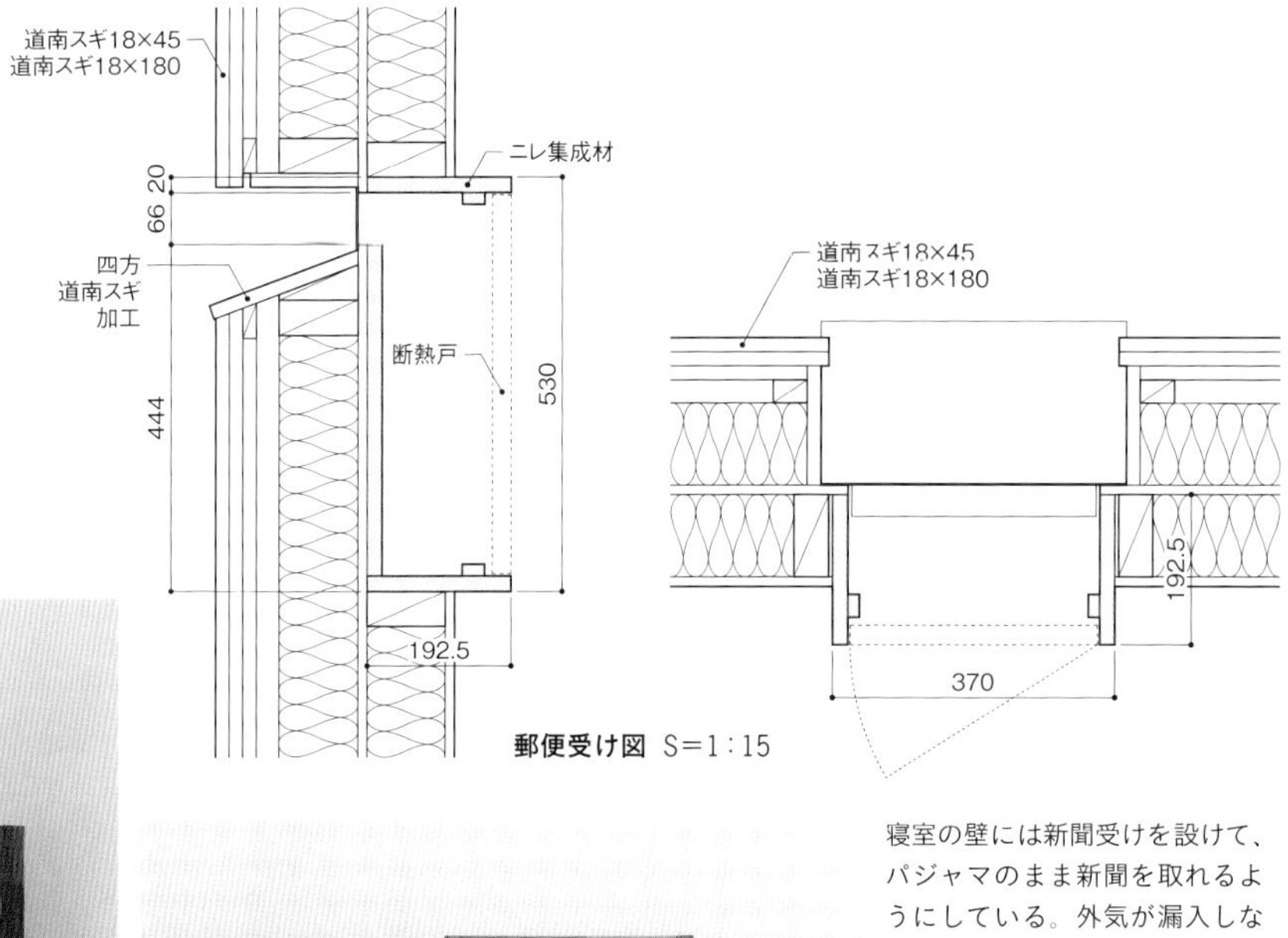

道南スギ18×45
道南スギ18×180
ニレ集成材
20
66
四方
道南スギ
加工
断熱戸
444
530
192.5
道南スギ18×45
道南スギ18×180
192.5
370

郵便受け図 S=1:15

寝室の壁には新聞受けを設けて、パジャマのまま新聞を取れるようにしている。外気が漏入しないように気密をしっかり取っている

玄関を開けると外壁の色と合わせた木材仕上げが奥まで続いている。また、玄関からひとつながりになっているリビングが丸見えにならないように壁を斜めに振って配置したことで、奥行きもプラスしている

平面図 S=1:200

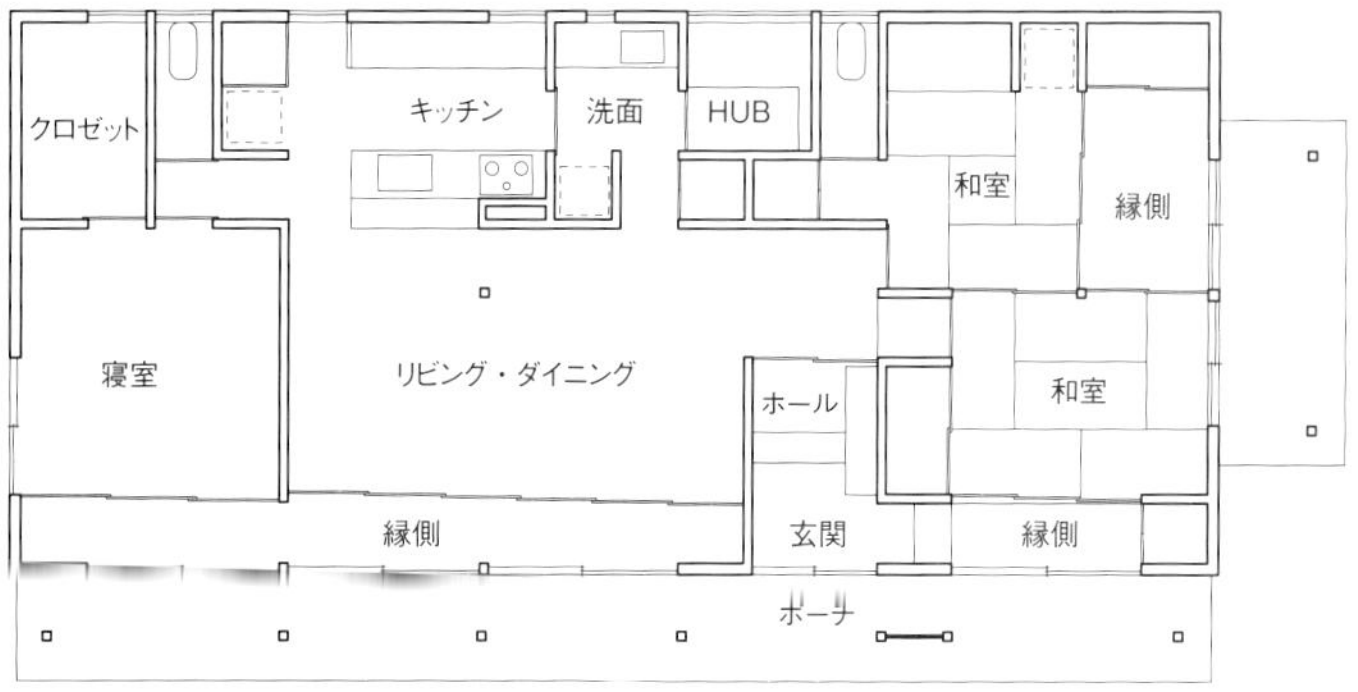
クロゼット
キッチン
洗面
HUB
和室
縁側
寝室
リビング・ダイニング
ホール
和室
縁側
玄関
縁側
ポーチ

スゴ技

13

インテリア

# 杉・檜で美しい内装をつくる

事例は浜松市の郊外にあり、道路沿いのゆったりとした敷地に建てられた平屋である。そこで暮らすのは建て主の夫婦とその親夫婦。同じ敷地の隣には、かつて建て主の両親が住んでいた離れが建つ。

構造材には天竜杉を主に使用し、4面が露出する大黒柱や一部の梁に天竜檜を使い、その多くは真壁として室内側に露出している。構造材の継手・仕口はプレカットを使わない手刻みで加工されており、木の特性や木柄などを考えながら、追掛け大栓継ぎなど伝統的な継手により架構が組み上がっている。なお、真壁は柱・梁などの線が目立つので大壁などに比べて野暮ったい印象になりがちだが、番匠では間取りと木組みの整合性を図り、無理のない架構軸組を大切にし、すっきりとしたデザインに仕上げている。

室内側の壁は石膏ラスボードに漆喰が中心で、水廻りなど汚れやすい場所は塗装で仕上げている。なお、番匠では土壁の割合も高く、全体の4割を占める。もちろんコストはかかるのだが、質感や調湿性能、蓄熱性などのメリットを建て主が評価し、採用されることが多いようだ。

天井は梁や柱を露し、その上にスギやヒノキなどの無垢の板などを張って仕上げとすることが多い。事例では、天竜杉の無垢板が張られている。また、天井は水平剛性を取る目的もあるため、梁などの天端高さをそろえられている。

床には天竜檜の無垢板が張られている。番匠では、ほかの仕上げに合わせて天井スギやヒノキなどの針葉樹の無垢板が使うことが多い。幅木、廻り縁、建具枠などの造作にもスギやヒノキなどが使われる。

（番匠）

写真：杉野圭（24-27頁）

上／食堂から居間を見る。天井は天竜杉の梁を露出させている。ただし、太い梁は天竜檜。異なる成の梁はすべて天端を揃えて、その上にスギの無垢板が張られている
下／食堂から台所を見る。壁は漆喰にスギ板の腰壁である。大黒柱には2,400㎜角の天竜檜が使われている

台所から庭を見る。大きな掃出し窓からの光が室内を明るく照らす。食堂と居間を仕切る障子を閉めるとより和の雰囲気となる

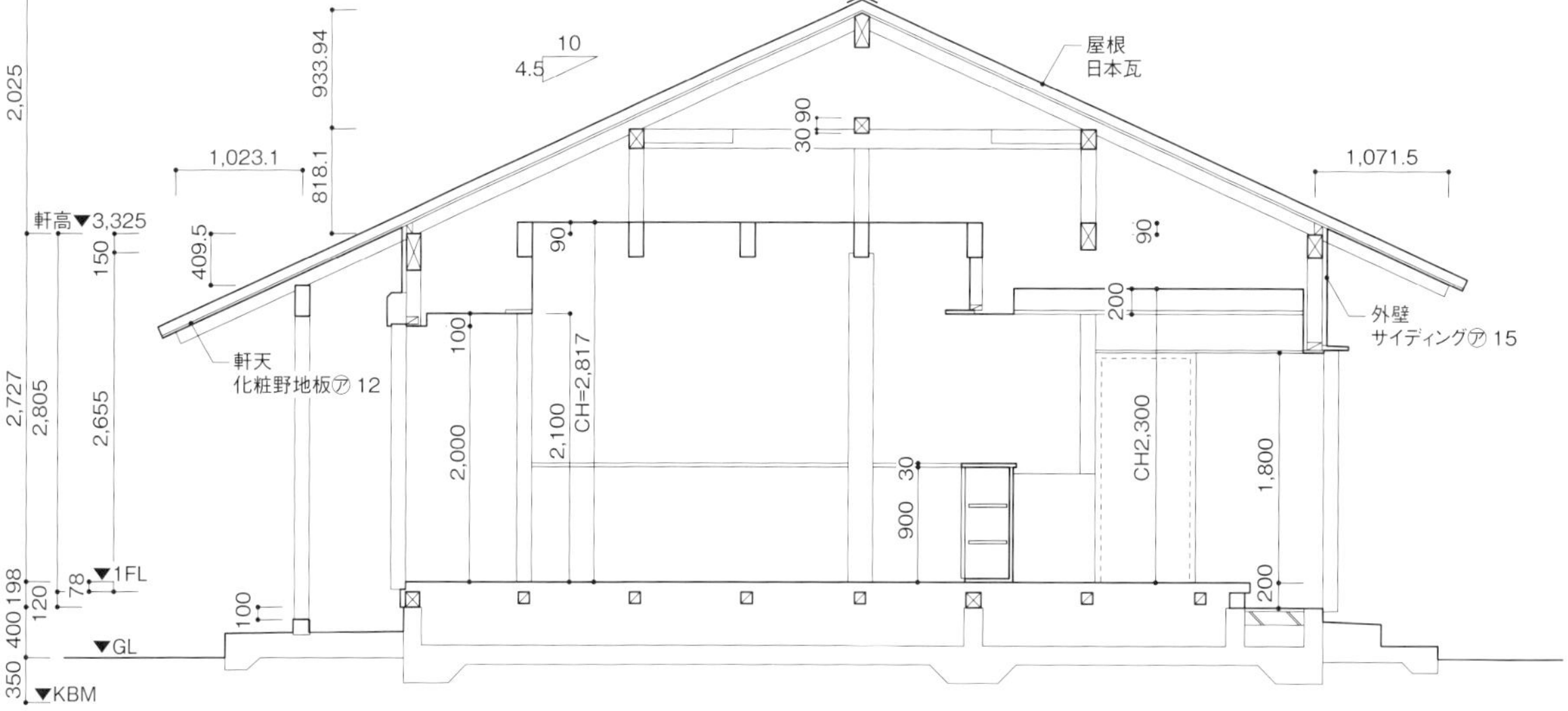


矩計図 S=1:80

リビング廻り構造図 S=1：30

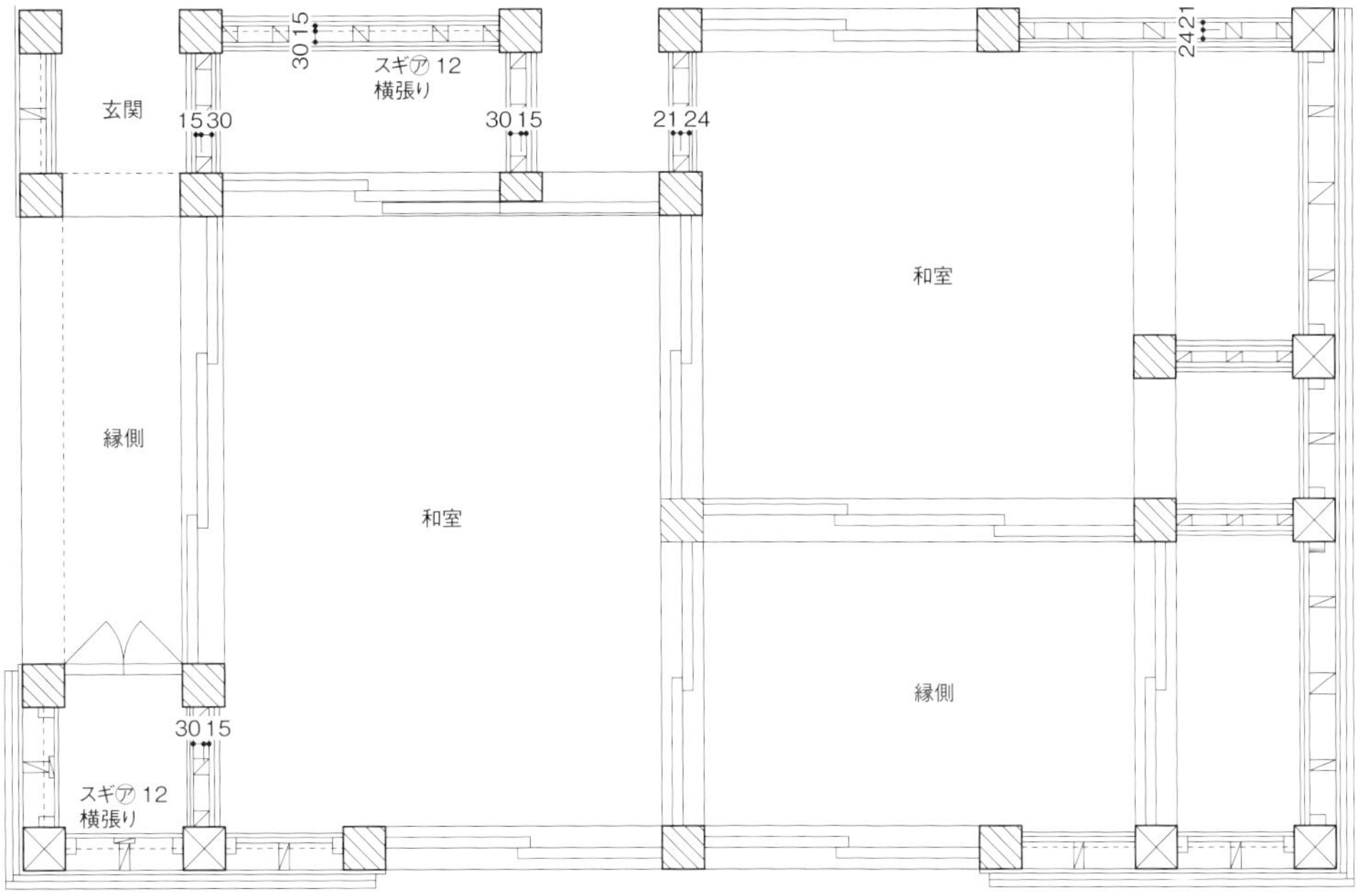

30 15
スギア 12
横張り
2421
24
玄関
1530
3015
2124
和室
縁側
和室
縁側
3015
スギア 12
横張り


\スゴ技/

14

インテリア

# 地元の木を全面に出すデザイン

構造材や造作材には、主に地元静岡の天竜杉や天竜檜が使用されている。番匠と木材業者との強いパイプを生かして、質の高い木材を確保している。番匠では真壁の家をつくることが多いため、木の色味を損なわないように注意深く自然乾燥と低温乾燥を施したものを使い、さらに木材の露出面の見え方や金物の位置などを考えた「手刻み」を有効活用して、デザイン性を向上させている。

また、東海地域に残る土壁を積極的に採用。地元の土と左官職人の技術を生かしながら、土壁のある家を数多く手がけている。(番匠)

右／居間から和室を見る。手前の和室は居間より天井を下げ、空間に変化と落ち着きを与えている
左／和室から奥の板の間、障子を見る。壁は色漆喰仕上げ、天井は板目のスギ板を目透かし張りとしている

＼スゴ技／

# 15

インテリア

## こだわりに応えるディテール施工

スキップフロアをつなぐ階段の手摺は、1階から2.5階まで、スチール手摺がひとつながりで描かれている。飯塚氏は「手摺は現場溶接でよい」としたが、監督と金物制作の職人はそれ以上の答えを模索。3つのユニットで製作し、現場でビスで継いだ。これにより施工を簡略化でき、将来、手摺を取り外したり交換したりすることがあっても、解体が容易だ。取合部は継目がまったく見えない精度で納められ、この家のプランを象徴するような美しい手摺に仕上がっている。

（オーガニックスタジオ新潟）

**階段図** S＝1：30

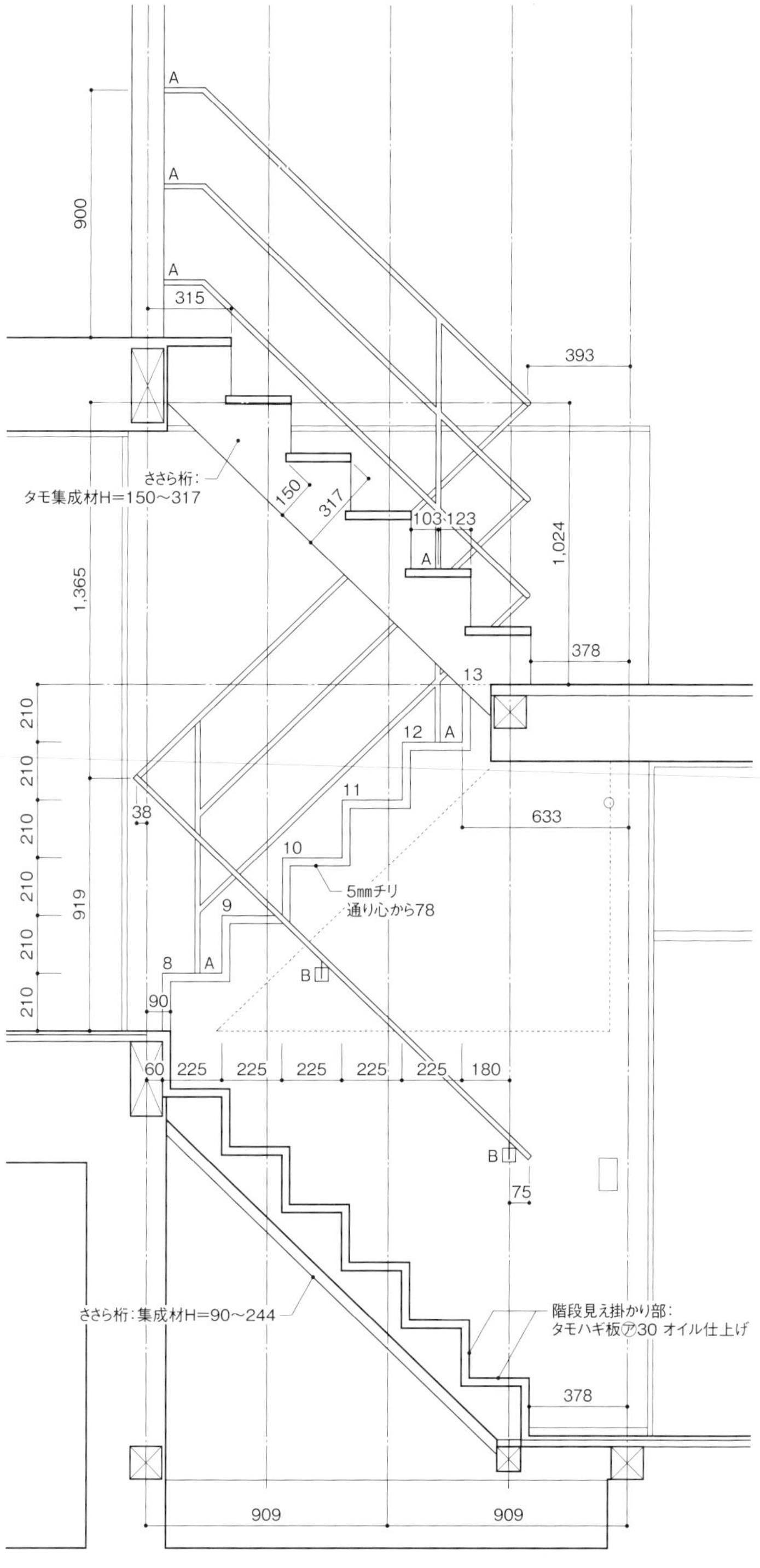

ささら桁：
タモ集成材H＝150～317
5㎜チリ
通り心から78
ささら桁：集成材H＝90～244
階段見え掛かり部：
タモハギ板ア30 オイル仕上げ
900
1,365
919
1,024
315
393
150
317
103
123
378
633
38
90
60
225
180
75
909
210


スキップフロアで各室をつなぐ階段室は、軽やかな黒のスチール手摺が誘導する

写真：山本育憲（28-29頁）

収納扉が壁の一部のように納められている。仕上げのクロスを扉の裏まで巻き込むことで、扉の小口の存在が消え、壁と一体化する

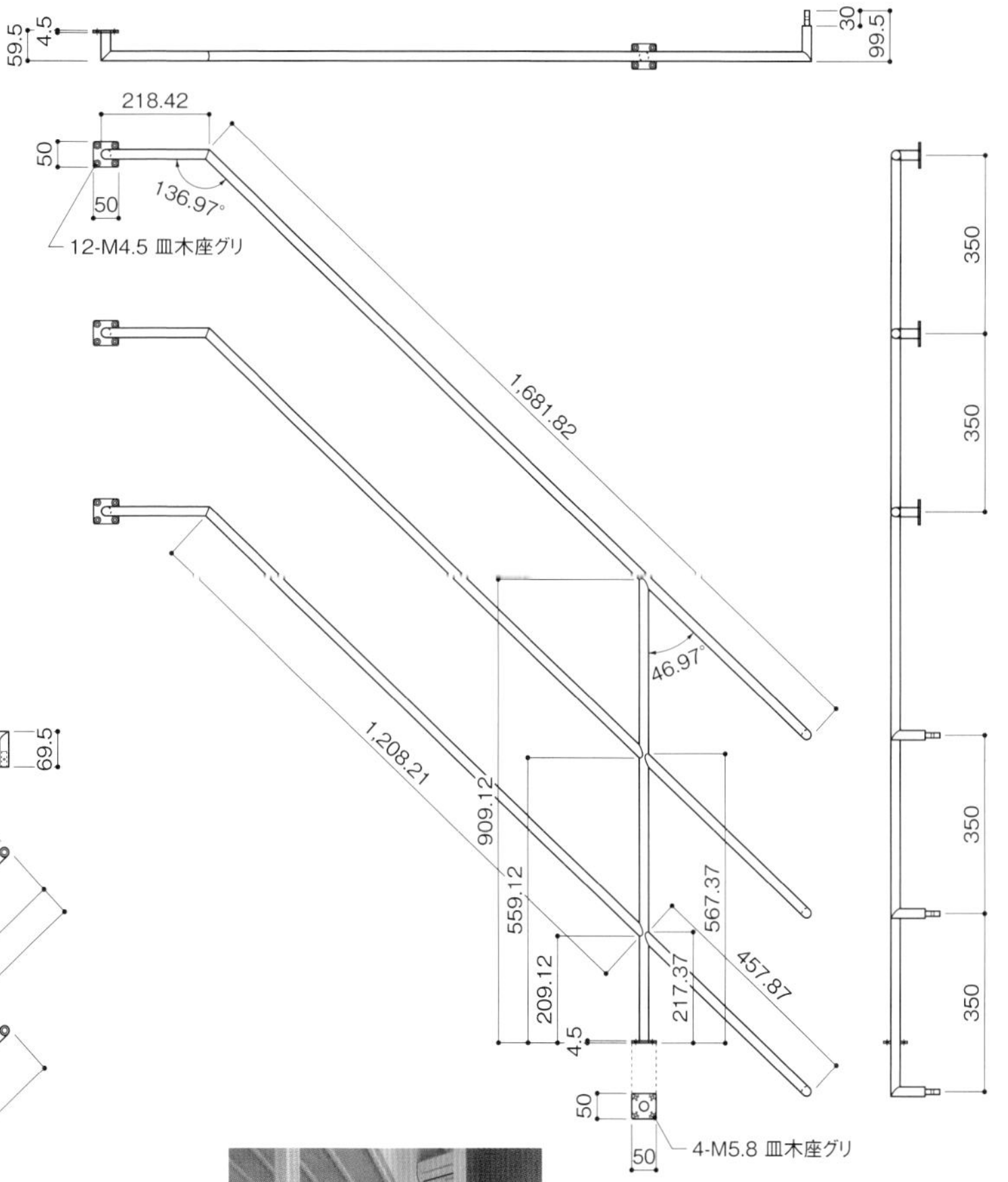

ひとつながりのように見える手摺は、現場でユニットをビスで接合してつないでいる

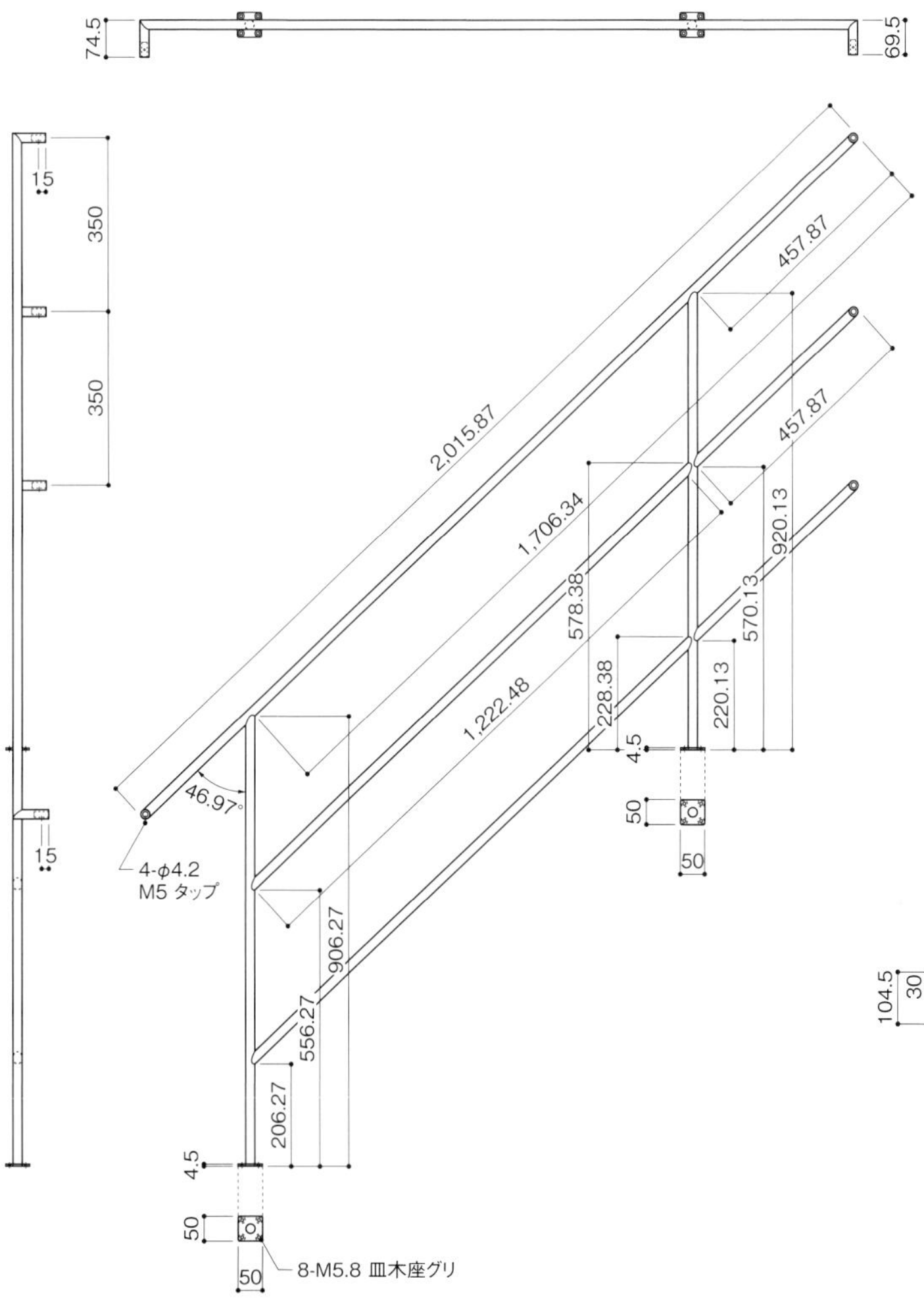


手摺施工図 S=1:20

階段と壁の取り合いは幅木を用いず、すっきり納めている

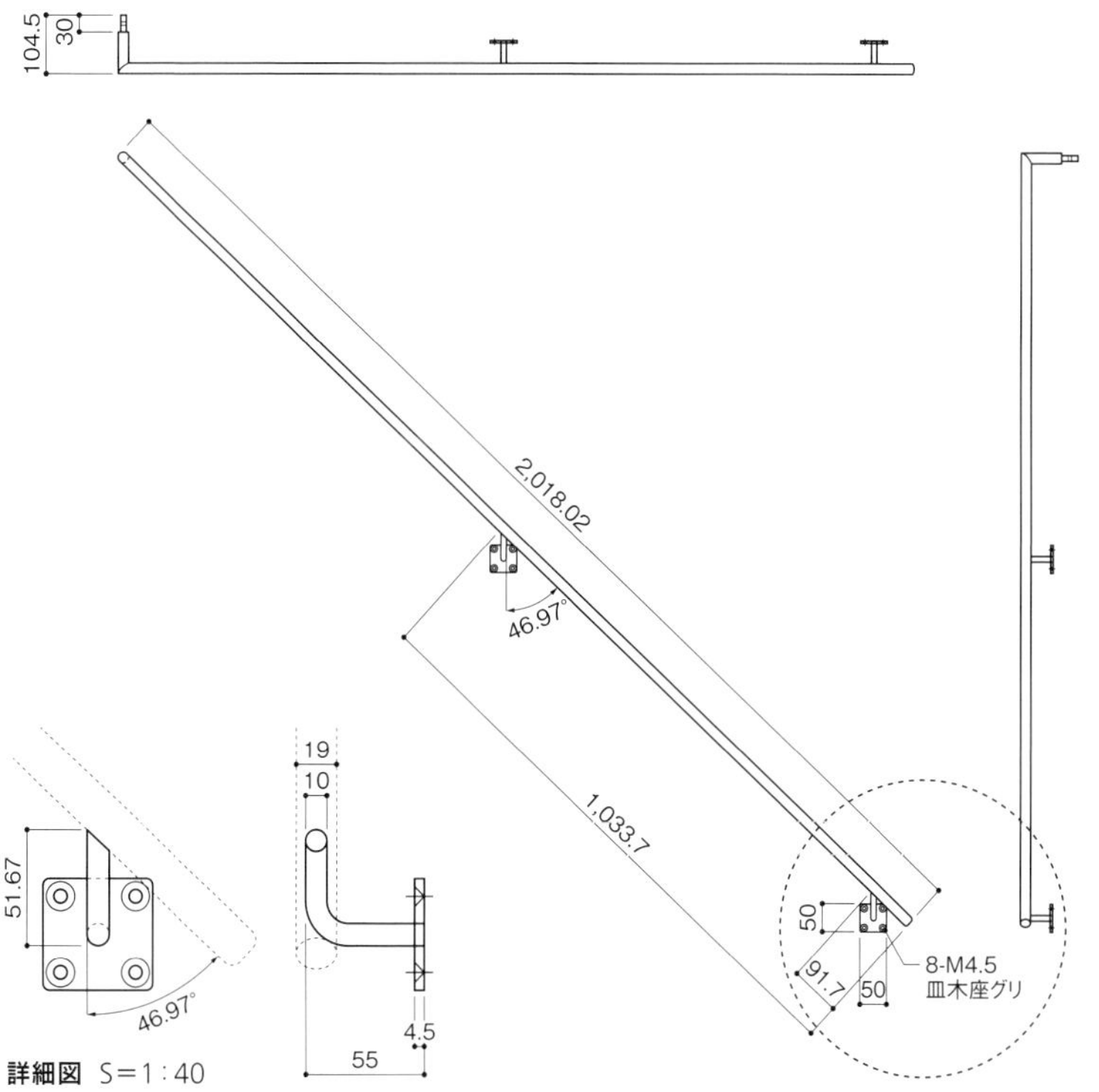


詳細図 S=1:40

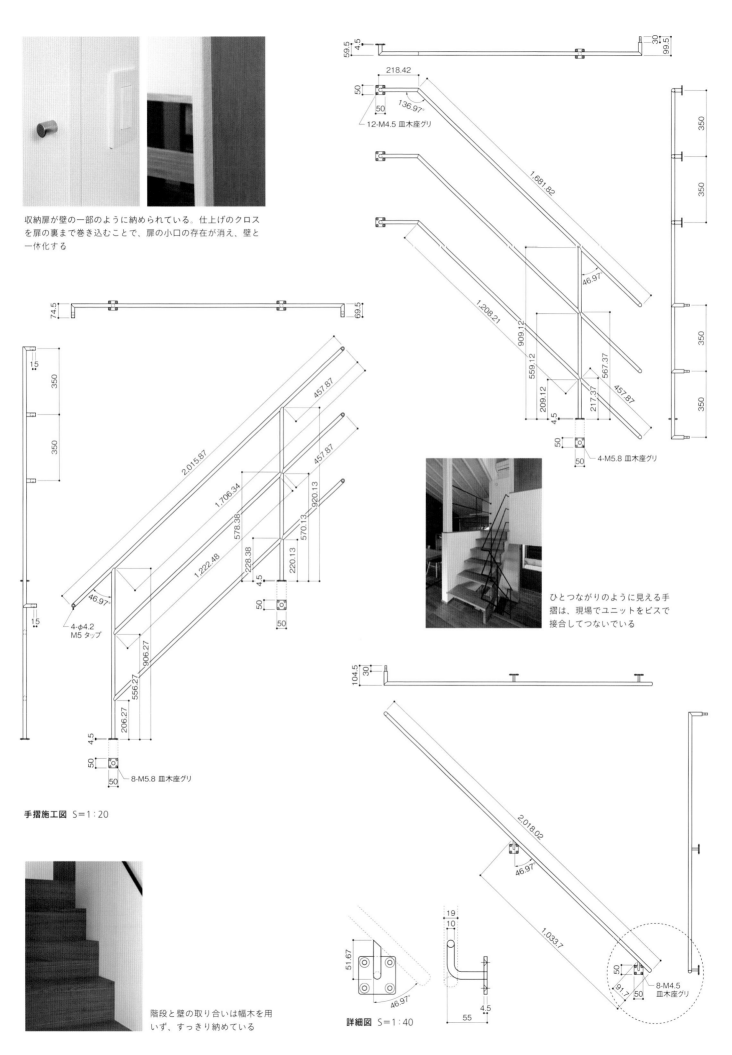

上／玄関から家族室を見る。左奥が和室の客間。吹抜け空間に大きな成のスギの梁とヒノキの大黒柱が存在感が際立つ
下／食堂から家族室を見る。南面に2層分の大きな窓をもつ。吹抜けの2階にはキャットウォークが設置されている

田中博敏氏の洗練された納まりと
小林建設の質の高い施工で実現した
モダンで品のある大壁の木の家

\スゴ技/

16

インテリア

# 建築家と新しい大壁のデザインをつくり出す

事例は群馬県高崎市郊外の住宅地にあり、道路沿いのゆったりとした敷地に建てられた2階建ての木造住宅である。敷地が200坪と広いため、離れ（庵《いおり》）や門、石釜と大きな庭をもつ、ライフスタイル全般を提案できる施設とした。

設計は、建築家・田中敏溥氏と共同で行われた。田中氏のモダンで品のある大壁の木の家が、小林建設の新しい大壁造住宅のコンセプトに合うと考えたためだ。なお、おおまかには全体の意匠や造作、構造を田中氏、パッシブデザインやシミュレーション、全体的なゾーニング計画などを小林建設が受け持っている。

内装は、小林建設が構造材としてよく使うスギとヒノキを1階、2階で使い分けており、1階はヒノキ中心の構成、2階はスギ中心の構成となっており、建て主がその違いを体感できるようになっている。壁は石膏ボードの上に白く調合された珪藻土が塗られ、明るい雰囲気を演出。天井はスギの梁を露出させ、その間には和紙が張られている。なお、吹抜けの天井はスギの羽目板張りとなっている。

幅木や枠廻りの造作などにはスギが多用されているが、田中氏らしい、繊細で品のよい仕上がりとなっており、スギ独特の木目は気にならない。造作家具も、オーク無垢材の天板に、サクラの面材の扉を使用する組み合わせが中心だが、一部は扉に和紙を巻くなどアクセントも加えられている。

外部は、そとん壁（左官調吹付け塗材）の壁にガルバリウム鋼板平葺きの切妻屋根の構成。ただし、1階は雨戸の戸袋などで構成したため、板張りのような印象である。

また、庭側に窓を多く設け、庭と建物が一体となるような工夫がなされている。特に1階の掃出しの窓には、アイランドプロファイルの木製ガラス戸を採用。庭の木々や空が室内からよく見え、建物にいながら庭や植栽が生活に与える豊かさを実感できる。

（小林建設）

家族室から食堂、2階ホールを見る。天井のスギ羽目板張りと床のヒノキのフローリングの木質仕上げが美しい。2階ホールと吹抜けは障子で仕切ることができる

\スゴ技/

# 17

インテリア

# 木造空間の要、建具・枠廻りを美しく

ガラリ戸は、中央部の格子のピッチが細かくなっている。これは外から手を入れて鍵を開けられることがないようにするため

設計・施工：安成工務店、写真：矢代写真事務所（32-35頁）

リビング窓は、障子、サッシ、網戸、ガラリ戸の構成。分厚い窓枠を軽く見せるため、切り欠いて見えがかりを細くし、厚みを残した部分は珪藻土を塗って目立たないようにしている

**リビング開口詳細図** S=1：20

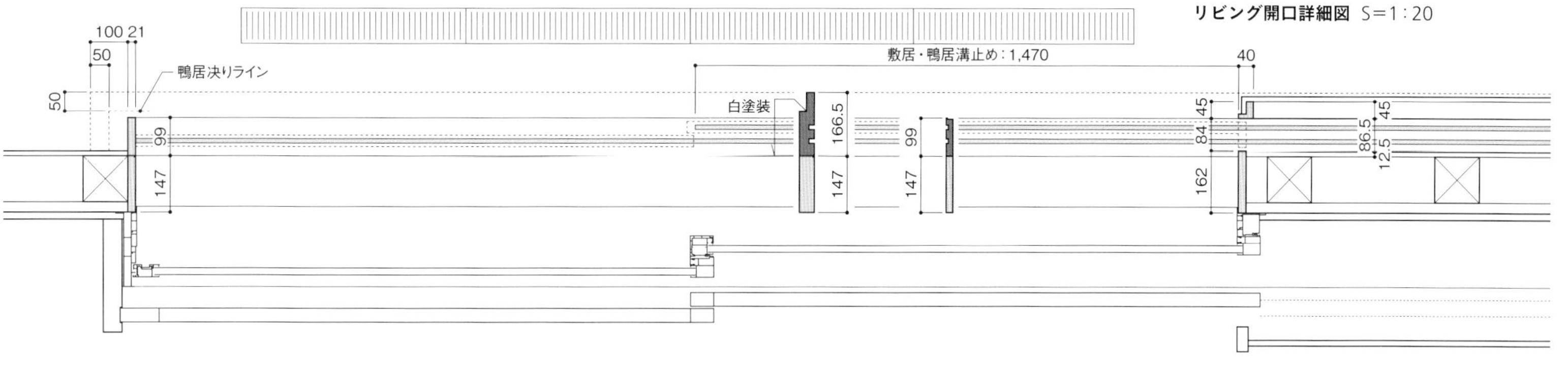
100 21
50
鴨居決りライン
50
99
147
敷居・鴨居溝止め：1,470
40
白塗装
166.5
147
99
147
45
84
162
45
86.5
12.5

H邸小上り畳コーナー。腰壁や障子枠にニヤトー（南洋桜）を使用し、和風に強すぎないデザインにしている

上／和室の小窓とソファの背の間にコンセントを設け、スマートフォンの充電場所に
下／小上りの下は、引出し収納になっている

和室枠回り詳細図 S=1：30

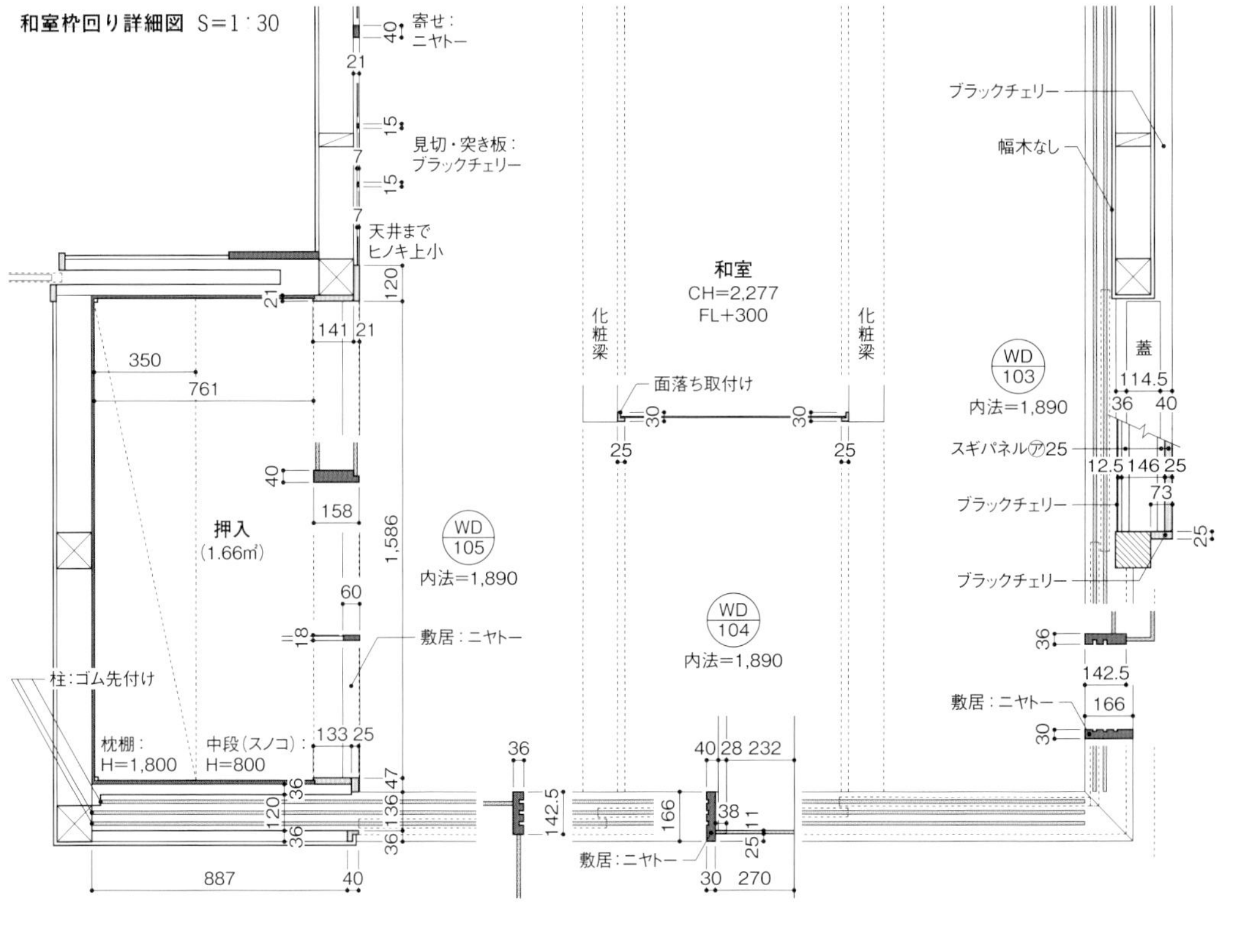

寄せ：ニヤトー
見切・突き板：ブラックチェリー
天井までヒノキ上小
押入
（1.66㎡）
WD 105
内法＝1,890
敷居：ニヤトー
柱：ゴム先付け
枕棚：H＝1,800
中段（スノコ）：H＝800
和室
CH＝2,277
FL＋300
化粧梁
化粧梁
面落ち取付け
WD 104
内法＝1,890
敷居：ニヤトー
ブラックチェリー
幅木なし
蓋
WD 103
内法＝1,890
スギパネルア25
ブラックチェリー
ブラックチェリー
敷居：ニヤトー
40
21
15
7
15
120
21
141 21
350
761
40
158
1,586
60
18
133 25
47
36
136
36
887
40
36
142.5
40 28 232
166
38
25 11
30 270
114.5
36 40
12.5 146 25
73
25
36
142.5
166
30

床の間は設けず、窓際に飾り棚を取り付けて、和の設えを自由に楽しむ。ニヤトーの板はテーパーをかけて、華奢に見せることで和の雰囲気に合わせている

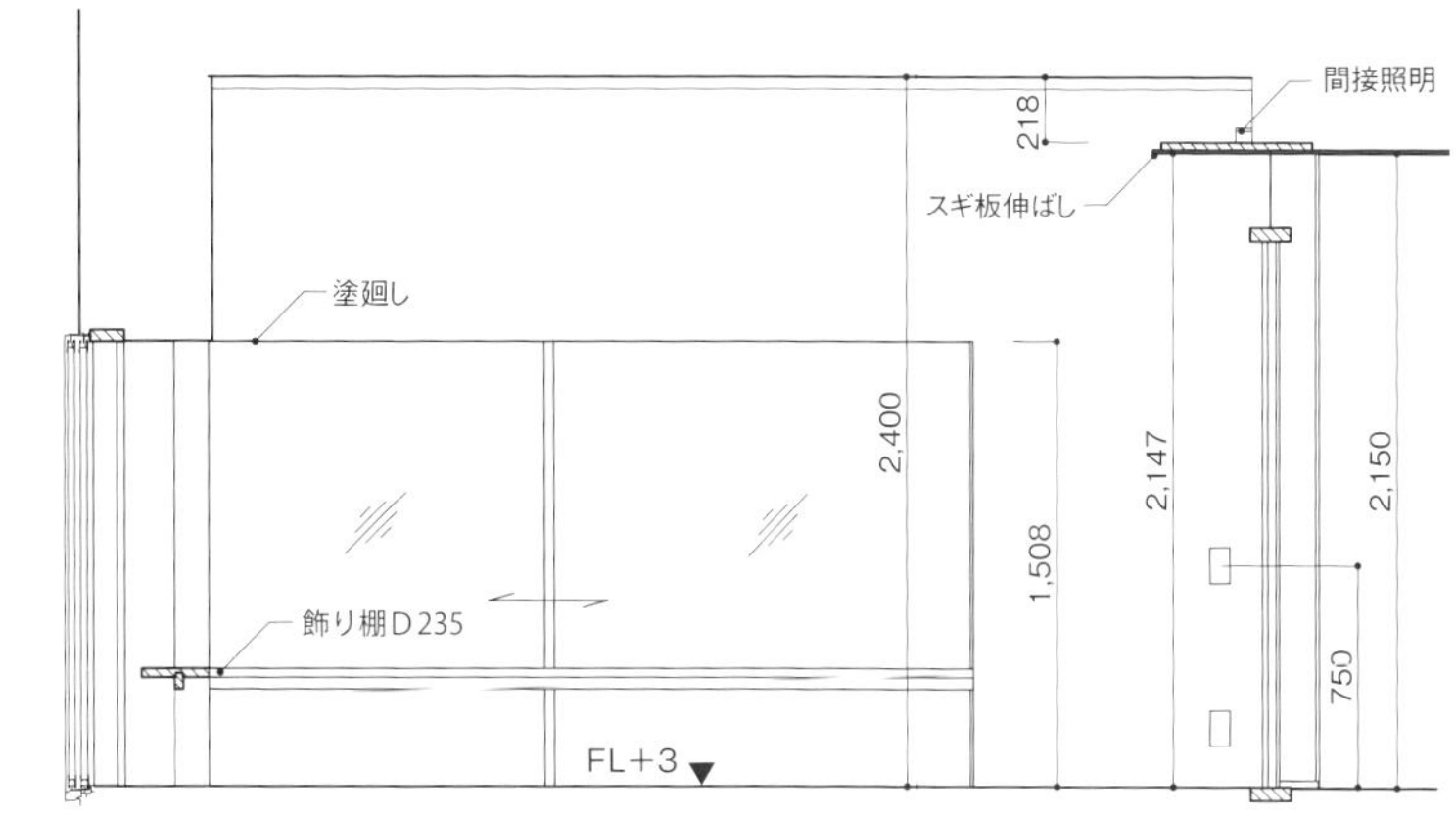

間接照明
218
スギ板伸ばし
塗廻し
2,400
2,147
2,150
1,508
飾り棚D235
750
FL+3

和室の横の卵型のふすま。階段下を利用した小さな収納

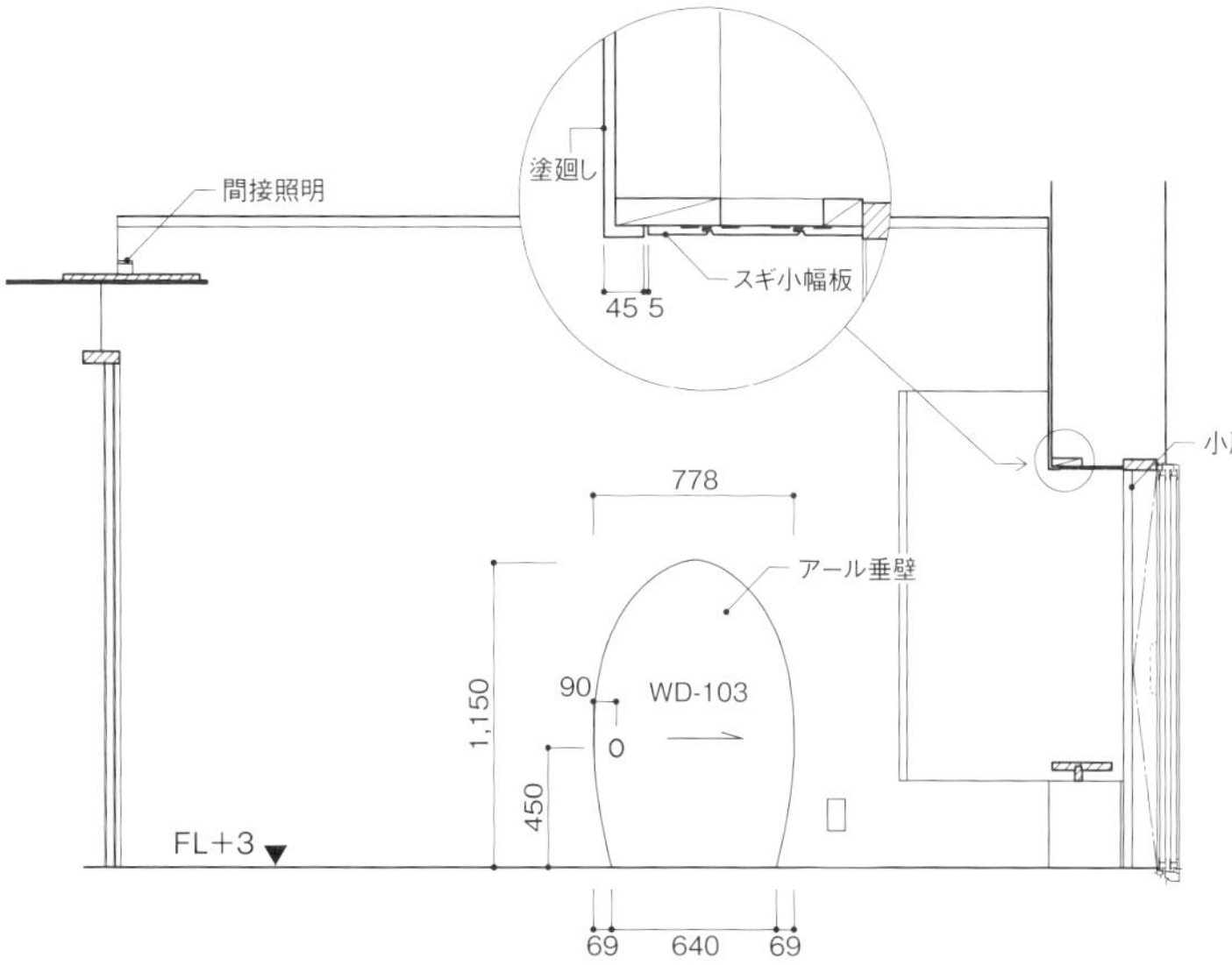

塗廻し
スギ小幅板
45 5
間接照明
小扉
778
アール垂壁
90
WD-103
1,150
0
450
FL+3
69
640
69


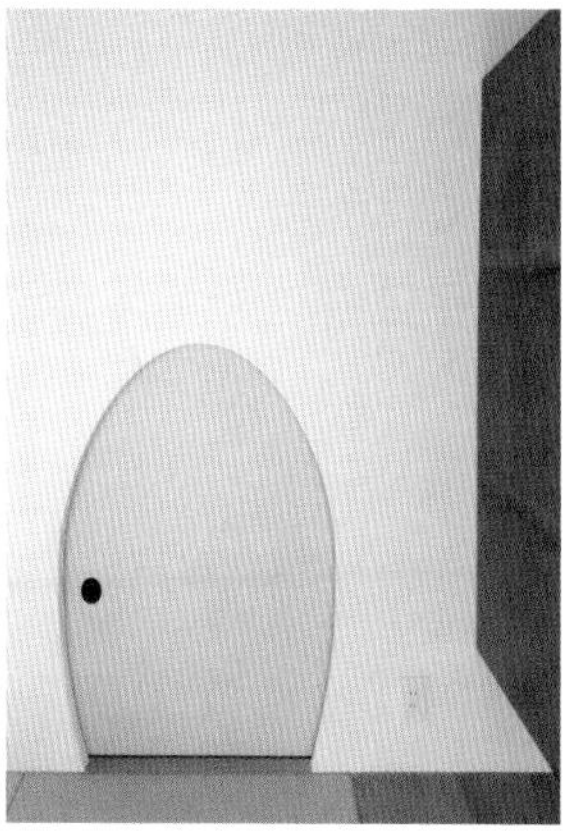

**和室展開図** S=1:50

安岡エコタウン宿泊体験施設・やすらぎ館（モデルハウス）の和室の設え。従来の和室の様式にとらわれない、自由な畳空間のデザインを提案している

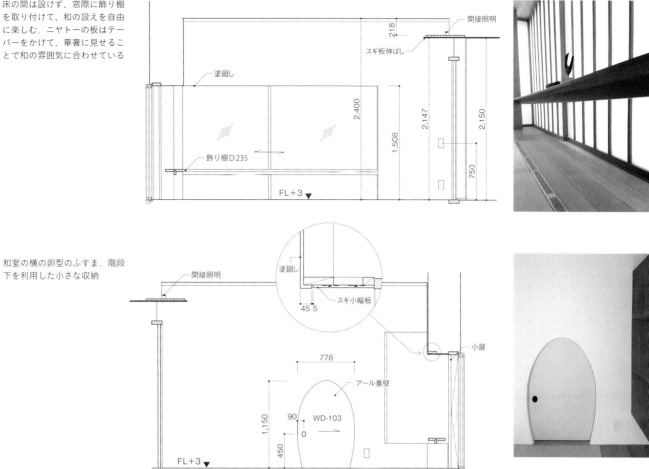

\スゴ技/

# 18

インテリア

# 木材の天然乾燥にこだわる

構造材は、山口県の3つの流域材（豊田・萩・錦川）と、大分県日田市上津江町の「津江杉」を使用している。木材の輸送距離や地域循環の観点から、できるだけ近くの山から調達するほうがよいと考えているからだ。なかでも津江杉は、かつて九州の山で行われていた「輪掛け乾燥」という乾燥方法で、1年間、丸太の状態で天然乾燥させている。こうすることで、木の色に個性があるスギの色が均一になる。津江杉の木肌は、美しい淡いピンク色で、香りもよい。一般的な人工乾燥材と比べて、材の収縮や変形も少なく、何よりも調湿効果が違うという。強制的に水分を抜いたわけではないので、木材に湿気を吸う機能が残っているのである。安成工務店が、真壁の家をつくるようになったのは、この津江杉の魅力を生かすためだという。

（安成工務店）

輪掛け乾燥とは、樹齢60年以上のスギの丸太を風が通るように井桁（いげた）に積み、1年間自然に乾燥させる方法。樹皮をつけたまま土に触れないように土台の上に積むことで、虫がついたり腐ったりしないようにする。1年寝かせて含水率が40~50％になったところで製材する。その後、さらに3カ月以上、直射日光の当たらないところで乾燥させ、含水率を25％まで落としてから加工する

\スゴ技/

# 19

インテリア

# 木材プレカット工場を使い倒す

安成工務店がほかの地域工務店と最も違うのは、自社でプレカット工場をもっている点かもしれない。いわゆる大工の加工場が発展したもので、プレナーや、長さ、仕口の加工は機械で行うものの、墨付けやホゾ加工などは職人が手作業で行う半自動プレカットである。また、現場作業の削減と、雨で構造躯体を濡らさないために、屋根はパネル化しており、その作業もここで行われている。自社専用のプレカット工場をもつことで、天然乾燥材を使った職人による手加工という、現代では非効率な昔ながらの手法を、100棟以上の規模でやりきっているのだから、すごいとしか言いようがない。

（安成工務店）

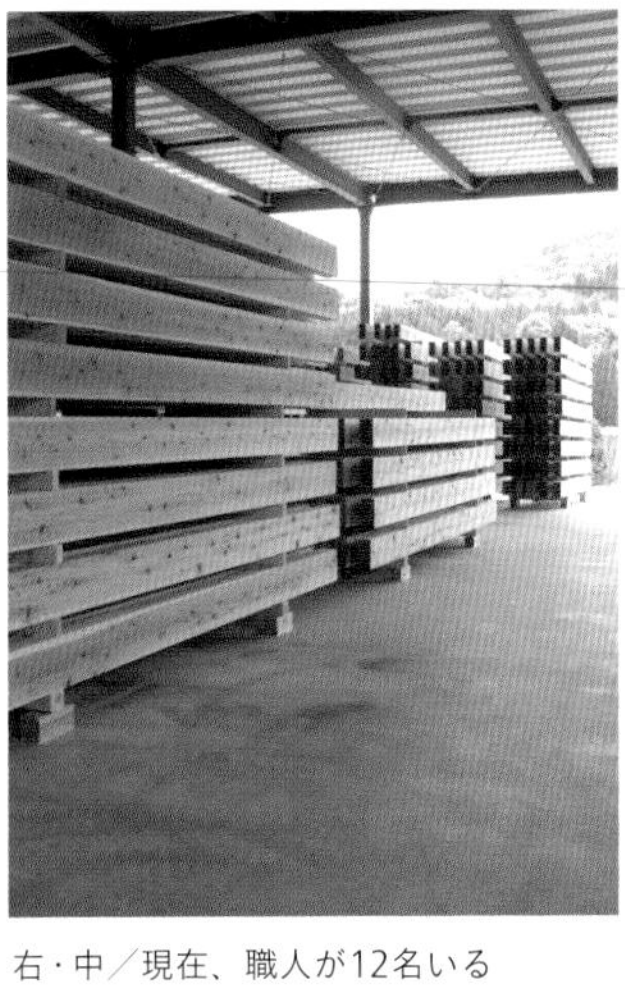

右・中／現在、職人が12名いるが、出荷できるのは1カ月当たり9棟分。ちょうど安成工務店の年間棟数分くらい
左／輪掛け乾燥を終えて製材された津江杉が、ここでさらに3カ月間養生され、含水率25％まで自然乾燥させる

\スゴ技/

# 20

インテリア

# さまざまなデザインの建具を使い分ける

右から、トイレの引戸に使われているスギの舞良戸、収納引戸のシナフラッシュ戸、クロゼットと廊下と寝室を仕切るスギの框戸、和室と玄関を仕切るガラスに布を挟み込んだ框戸

内部建具の大半は製作した木製建具とし、また、バリアフリーや通風、プランの可変性の観点から引戸中心の構成としている。特徴的なのはそのデザインで、機能や役割に応じてさまざまな形状の建具を使っている。

この事例でも、2枚のガラスに布を挟み込んだガラス框戸、天竜杉を組み合わせて製作した框戸、舞良戸、フラッシュ戸に無垢材の引手を組み合わせたもの、粗めに桟を割り付けた障子など、建て主の趣味や暮らし方、用途に合わせてさまざまなデザインの木製建具を採用している。（番匠）

廊下との仕切りに障子を使用し、柔らかな光を寝室に届ける。荒く割り付けた障子が大壁の空間に合う

床座のリビング。右手にバルコニー、左手にキッチンが見える。掃出し窓の座れる敷居の高さ、キッチンの段差がよく分かる

\スゴ技/ 21 インテリア

# コンパクトな床座のリビングダイニング

掃出し窓の建具の構成。左から雨戸、葦簾戸、ガラス戸、障子となる。季節や天候、時間でこれらの建具を使い分ける

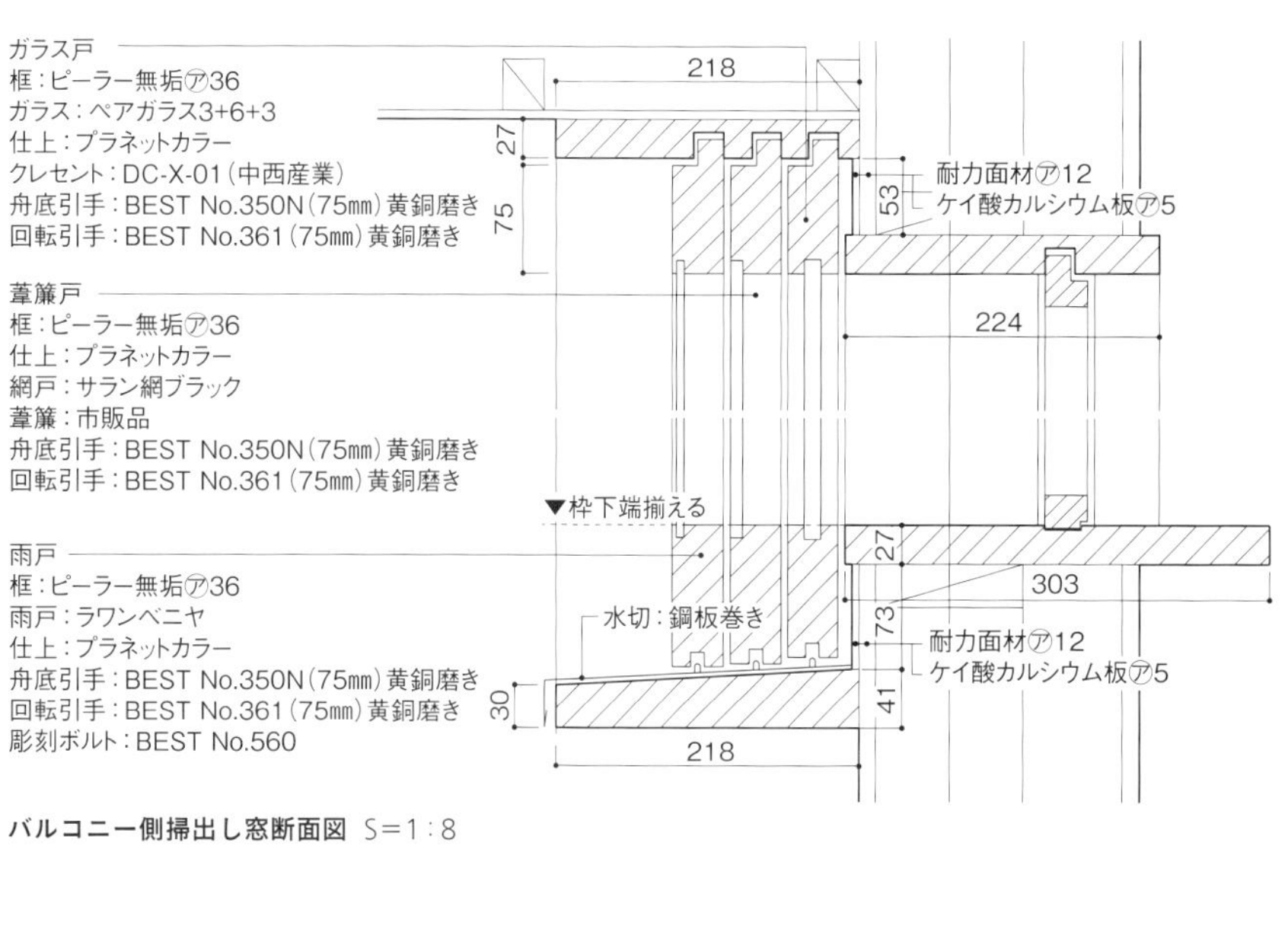

ガラス戸
框：ピーラー無垢⑦36
ガラス：ペアガラス3+6+3
仕上：プラネットカラー
クレセント：DC-X-01（中西産業）
舟底引手：BEST No.350N（75㎜）黄銅磨き
回転引手：BEST No.361（75㎜）黄銅磨き
葦簾戸
框：ピーラー無垢⑦36
仕上：プラネットカラー
網戸：サラン網ブラック
葦簾：市販品
舟底引手：BEST No.350N（75㎜）黄銅磨き
回転引手：BEST No.361（75㎜）黄銅磨き
雨戸
框：ピーラー無垢⑦36
雨戸：ラワンベニヤ
仕上：プラネットカラー
舟底引手：BEST No.350N（75㎜）黄銅磨き
回転引手：BEST No.361（75㎜）黄銅磨き
彫刻ボルト：BEST No.560
218
27
75
53
耐力面材⑦12
ケイ酸カルシウム板⑦5
224
▼枠下端揃える
27
303
水切：鋼板巻き
73
耐力面材⑦12
ケイ酸カルシウム板⑦5
30
41
218


**バルコニー側掃出し窓断面図** S＝1：8

リビングダイニングで用いられる仕掛けが、床座である。床座にすると、ちゃぶ台を囲む空間が自然にダイニング兼リビングとなり、通常のリビングダイニングより面積が小さくても、広さを感じながら快適に過ごせるようになる。実際に日本人は一般的に食とくつろぎのシーンを分けていないことが多く、その意味で飯田さんもダイニング兼リビングのほうが理にかなっていると考えている。

ただしキッチンに立つと、床座の人と視線の高さが違うので、違和感を覚えることがある。そこで、キッチンの床高さを変えて視線の高さを調整している。また、椅子に腰掛けたいという気持ちにも応えるため、掃出し窓の高さと出寸法を調整して敷居に座れるようにしている。また、もう少しゆったり座りたい場合などは壁際にソファを造作することもある。

（飯田亮建築設計室×COMODO建築工房）

右頁写真と同じリビングダイニングの窓の建具を変えた例。右写真は掃出し窓と腰窓を葦簾戸にしたもの。左写真はすべての窓を障子としたもの

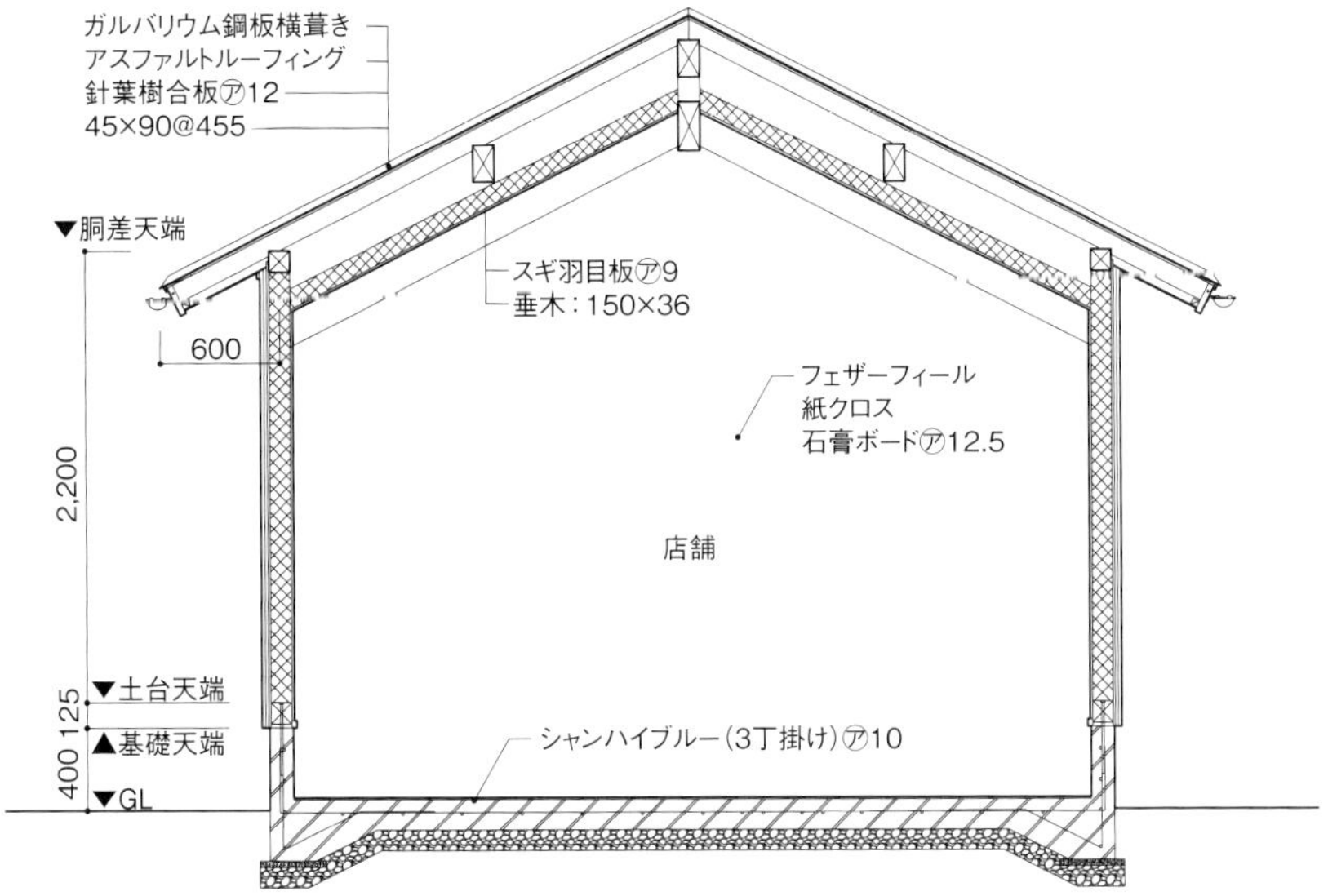

ガルバリウム鋼板横葺き
アスファルトルーフィング
針葉樹合板㋐12
45×90@455
▼胴差天端
スギ羽目板㋐9
垂木：150×36
600
フェザーフィール
紙クロス
石膏ボード㋐12.5
店舗
2,200
125
400
▼土台天端
▲基礎天端
▼GL
シャンハイブルー（3丁掛け）㋐10


矩計図 S＝1：60

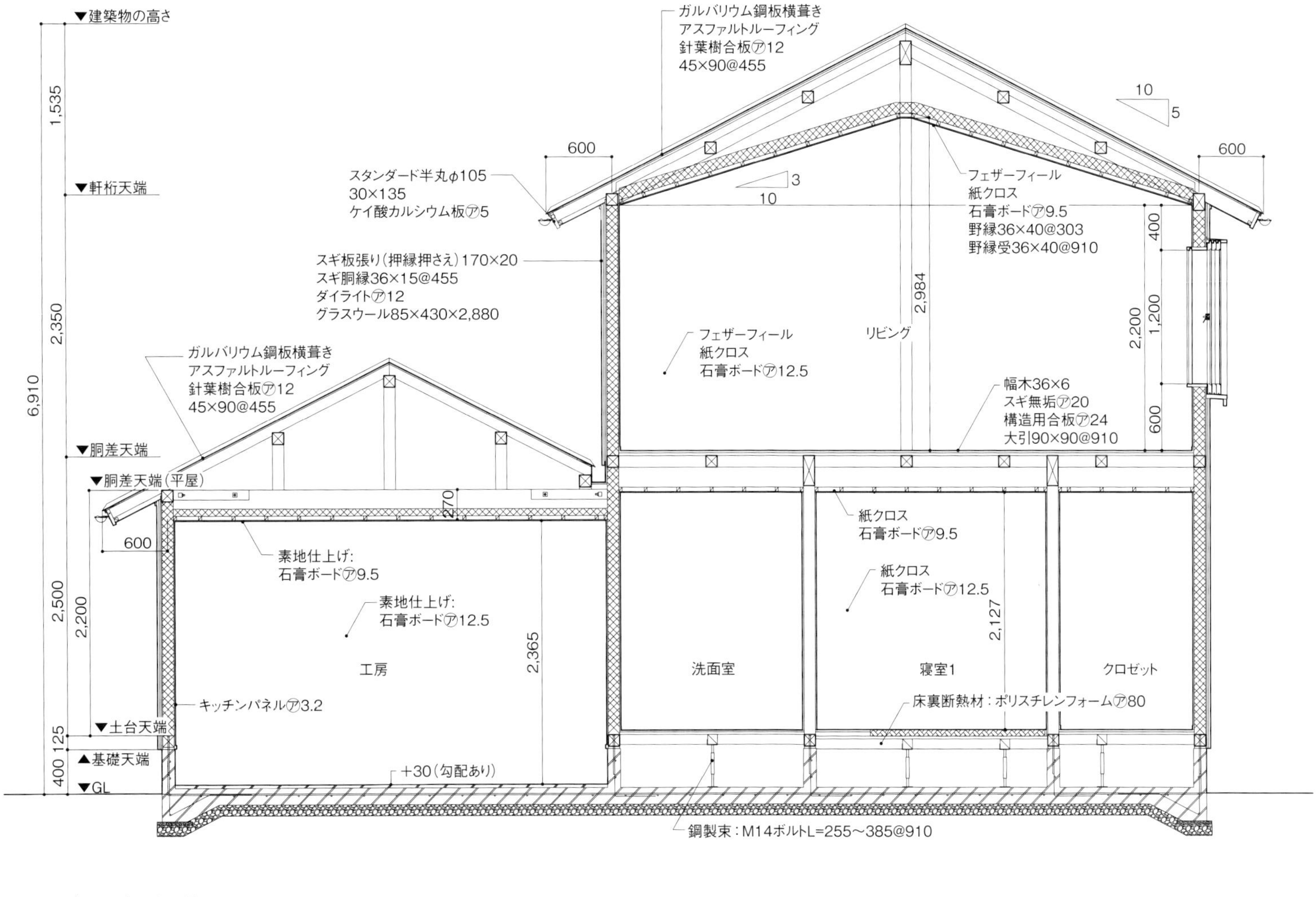

▼建築物の高さ
1,535
▼軒桁天端
2,350
6,910
▼胴差天端
▼胴差天端（平屋）
2,500
2,200
125
400
▼土台天端
▲基礎天端
▼GL
ガルバリウム鋼板横葺き
アスファルトルーフィング
針葉樹合板㋐12
45×90@455
10
5
600
600
スタンダード半丸φ105
30×135
ケイ酸カルシウム板㋐5
3
10
フェザーフィール
紙クロス
石膏ボード㋐9.5
野縁36×40@303
野縁受36×40@910
スギ板張り（押縁押さえ）170×20
スギ胴縁36×15@455
ダイライト㋐12
グラスウール85×430×2,880
2,984
400
1,200
2,200
600
リビング
フェザーフィール
紙クロス
石膏ボード㋐12.5
幅木36×6
スギ無垢㋐20
構造用合板㋐24
大引90×90@910
ガルバリウム鋼板横葺き
アスファルトルーフィング
針葉樹合板㋐12
45×90@455
270
600
素地仕上げ：
石膏ボード㋐9.5
紙クロス
石膏ボード㋐9.5
素地仕上げ：
石膏ボード㋐12.5
紙クロス
石膏ボード㋐12.5
2,365
2,127
工房
洗面室
寝室1
クロゼット
キッチンパネル㋐3.2
床裏断熱材：ポリスチレンフォーム㋐80
+30（勾配あり）
鋼製束：M14ボルトL=255～385@910

\スゴ技/

# 22

インテリア

# ラワン使いでほかとは違う内装に

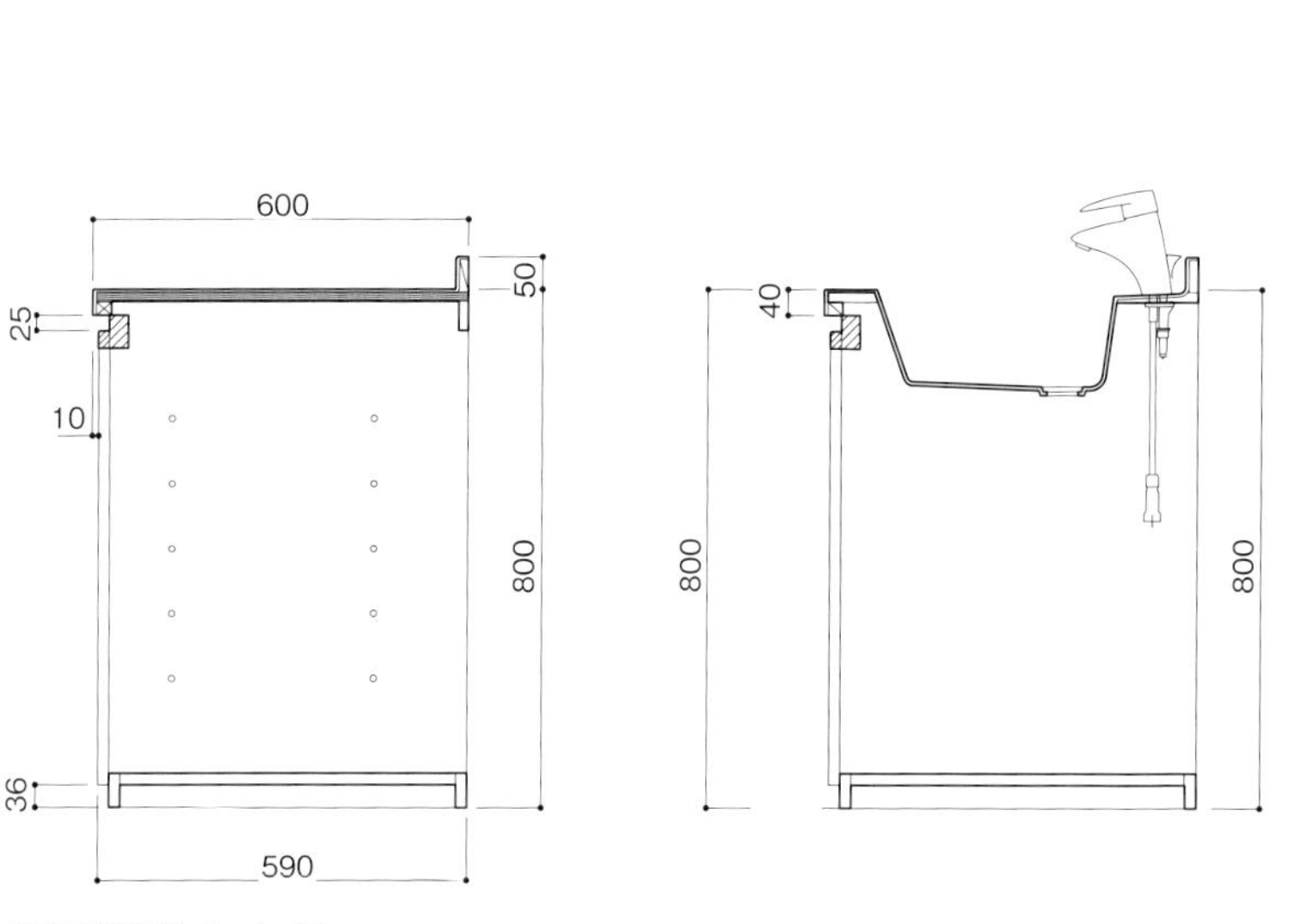


洗面台断面図 S＝1：20

写真：西川公朗（40-41頁）

右／洗面所から浴室を見る。浴室はシンプルなユニットバスに、木の額縁を付けた腰窓を設置。ちょっとした工夫で、浴室の雰囲気が格段に向上する。右の壁には左図のタオル掛けが見える
左／主寝室。4畳分の畳に、1畳分の板間で構成される。左にはクロゼットの入口が見える

飯田亮建築設計室が好んで使っているのが、ラワン材である。目が細かく、質感に優れたラワンの表面に柿渋を塗って色合いを濃くし、より落ち着いた印象の建具や造作に仕上げている。

取っ手部分の角材と面材にラワンを使って、濃い茶色で存在感のあるフラッシュ戸としたり、それらと接する柱をラワン材で包んで重厚感のある造作として一体に見せたりしている。そのほか、建具の敷居や鴨居、窓の額縁、手掛け、壁の出隅部の保護などの造作にも使い、白い壁や明るい色のスギ材の柱、床材、タモ材の天板とのコントラストを強調して、飯田さんらしい独特の空間づくりのスパイスとなっている。

（飯田亮建築設計室×COMODO建築工房）

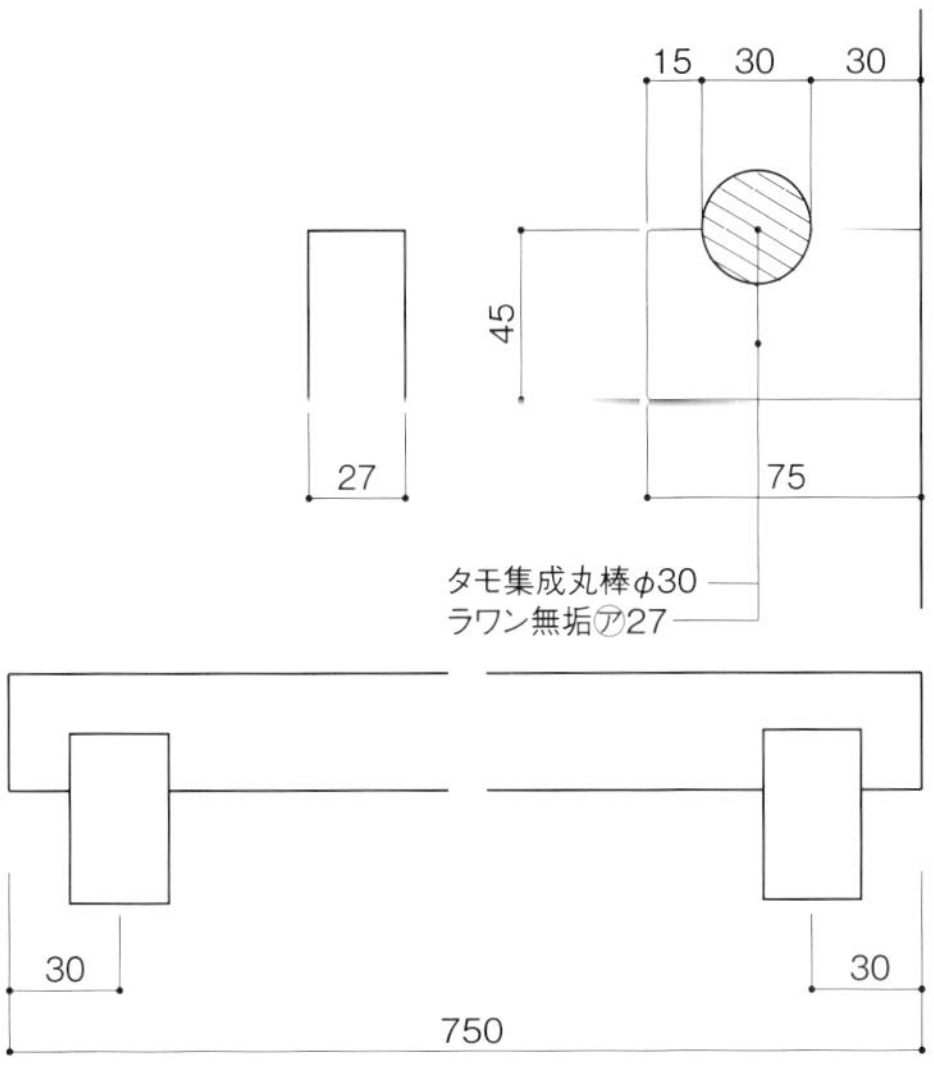
15
30
30
45
27
75
タモ集成丸棒φ30
ラワン無垢㋐27
30
30
750

タオル掛け詳細図 S=1:4

# 濃い色味のラワン材で空間を引き締める

フラッシュ戸は手掛けや面材にラワンを使用

90
90
36

子供室ベッド断面図 S=1:20

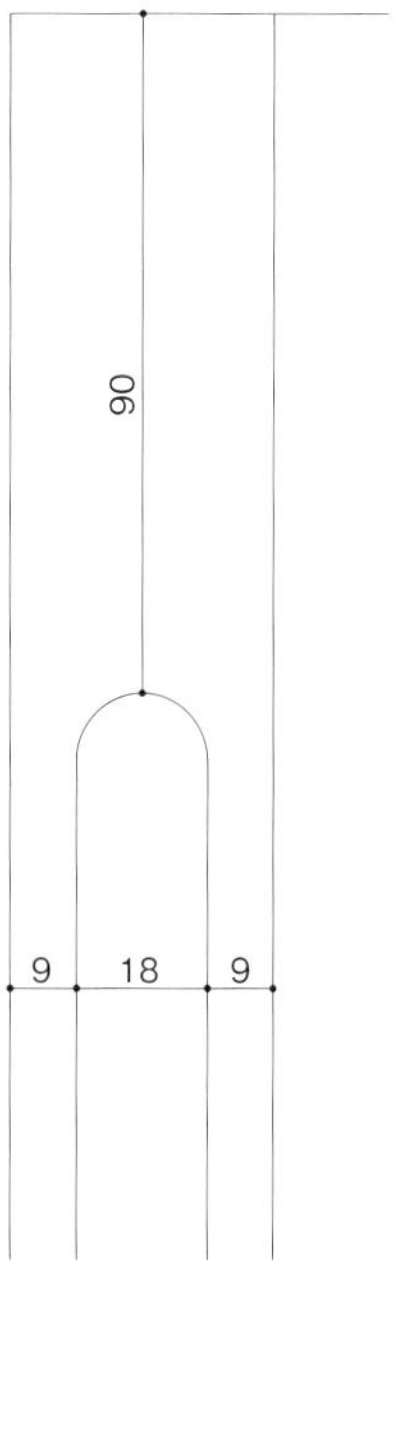
90
9
18
9

手掛け詳細図 S=1:2

\スゴ技/
# 23
インテリア

# 木を使った家で癒しの空間をつくる

事例は横浜市郊外の閑静な住宅街に建つ南西角地の敷地。西側には道路、そして川が流れ、その先には団地がある。目の前の道路はそれほど人通りがないものの、団地からの視線が気になる立地であったので、落ち着いて過ごせるように窓を少なめにして外側に対してやや閉じたプランとした。

建て主の要望は、「愛犬や家族とともに家で楽しく過ごすこと、趣味である自転車を楽しめること」であった。リビングは採光しやすい2階に設けた。いわゆる逆転プランである。2階は階段を中心に、南側から東側に向かってリビング、ダイニング、キッチンを並べ、リビングの先、南西の角にはセカンドリビングとしてバルコニーを設けた。そして西側には個室を設置。現在は夫婦と子供が一緒に寝る場所になっているようだ。

また、階段を囲むように配置されたLDK、バルコニー、個室、階段ホールはすべてが引戸でつながっており、引戸を開放すれば回遊動線が生まれる。この回遊動線は走り回る愛犬にとってちょうどよい運動ルートにもなっている。

1階は玄関ホール、主寝室や浴室、洗面脱衣室で構成。趣味の自転車を収納できるように、ビルトインの駐輪スペースなども用意されている。現在、主寝室はセカンドリビングとして、ビルトインの駐輪スペースは外物置として使われており、このあたりは家族の生活スタイルの変化とともにその使い方も変わっていくと思われる。

建物は寛建築工房の特徴でもある木材を生かした仕上げや造作で溢れており、家の内外から木のもつ癒しや存在感を感じることができる。これからの木造住宅を真剣に考える溝部さんのこだわりが詰まった家となっている。

（寛建築工房）

**寛の家0103**

| | |
|---|---|
| 所在地 | 横浜市泉区 |
| 居住者 | 夫婦＋子供 |
| 構造 | 木造2階建て（在来構法） |
| 敷地面積 | 156.49㎡（47.35坪） |
| 1階床面積 | 55.89㎡（16.91坪） |
| 2階床面積 | 57.29㎡（17.33坪） |
| 竣工年月 | 2017年5月 |
| 設計 | 寛建築工房 |
| 施工 | 寛建設 |
| 木材 | 溝部木材 |

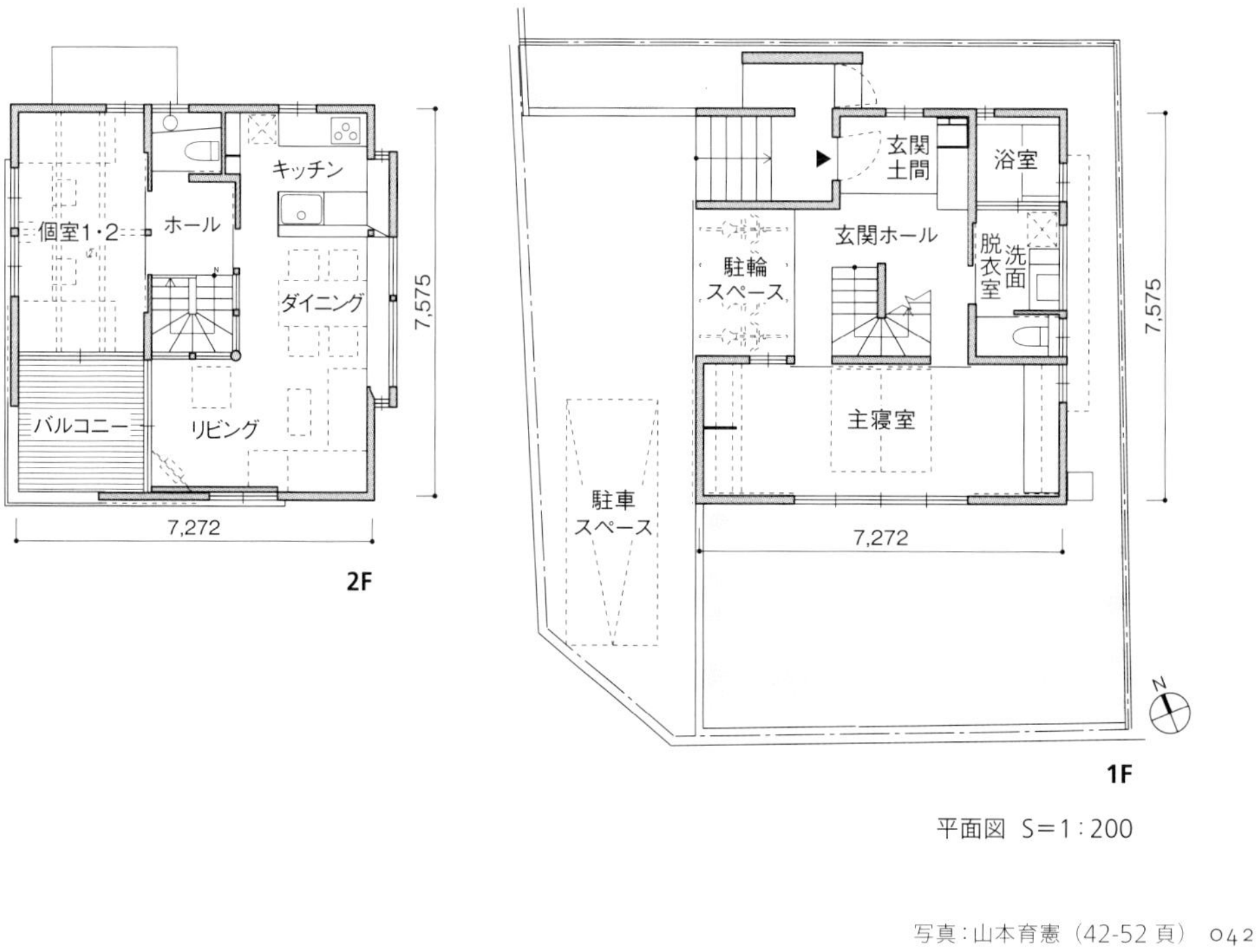

個室1・2
ホール
キッチン
ダイニング
バルコニー
リビング
7,575
7,272
2F
玄関土間
浴室
玄関ホール
駐輪スペース
脱衣室
洗面
主寝室
駐車スペース
7,575
7,272
N
1F


平面図 S＝1：200

南面外観。南面には無塗装の三河杉が張ってあるが、北面は板材が乾きにくく劣化しやすいので、ガルバリウム鋼板を張っている。また上下の窓の位置をそろえることで、雨垂れを目立たせないようにしている

＼スゴ技／
# 24
インテリア

# 銘木が住宅のアクセントになる

リビングからダイニング、キッチンを見る。柱を露出する一方で、壁・天井の仕上げや造付け家具などは白を中心とした構成にしてバランスをとっている

銘木は高価なうえに、現代的な部屋やインテリアに合わないこともあり、なかなか目にする機会が多いとはいえない。だが、溝部さんが材木屋の出自ということもあり、自社にストックされた銘木をうまく使うことでインテリアのアクセントにしている。特に床柱に使うような個性的な銘木は、床の間が少なくなった昨今、玄関の柱や階段の柱、リビングの柱など、特にポイントとなるような場所に使うことが多い。

この住宅では、北山杉の磨き丸太をリビングの中央の柱に使っている。周囲の吉野檜とは異なる白い木肌と艶やかさが際立った、ついつい触りたくなるような柱である。

（寛建築工房）

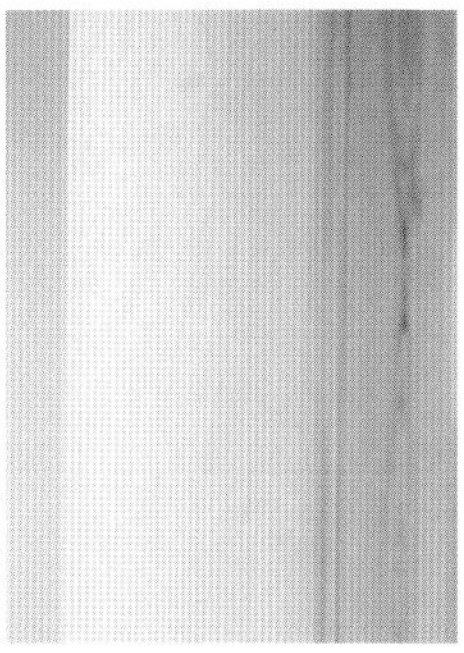

2階の中央に設置された北山杉の磨き丸太。その光沢のある表情は、吉野杉の柱が林立する空間でも大きなアクセントになっている

ダイニングから、リビング、バルコニー、階段、個室を見る。階段を中心とした回遊動線になっている。部屋ごとに、ホワイトオーク板目と柾目、節ありのスギ赤身、飫肥杉と床を張り分けている

ダイニングからリビングを見る。腰窓にあえて幅のある額縁を回して、窓の存在感を強調している。額縁にはツガを使用

リビングからバルコニー、階段室、個室を見る。西側や南側に窓を多く取っており、川沿い景色や団地の緑を眺望できる

＼スゴ技／

25

インテリア

# 数多くの樹種を使って表現の幅を広げる

寛建築工房の設計する住宅の特徴の1つが、数多くの樹種を仕上げや造作に用いることだ。溝部さんは、木材がもつ多様な色や木目、質感や触感などが、住宅のデザインを美しく、面白くすると考えている。

たとえば、2階LDKの床は、ホワイトオークの板目、階段ホールはホワイトオークの柾目、個室は節ありのスギ赤身のうづくり仕上げ、デッキは飫肥《おび》杉と、すべての床を張り分けている。部屋での過ごし方に合わせて、見た目や硬さ、足触りなどで樹種を変えているのだ。これは視覚的、触覚的なゾーニングにもなっている。

また、水に強いヒバを浴室の天井に、防虫・調湿効果のある桐をクロゼットに、かつて造船用に使われるなど吸水性が低く、スギの赤身よりは安価な飫肥杉をデッキに使うなど、その適材適所の使い分けぶりにも目を見張る。

そして、このような多様な樹種を使いながらインテリアがやぼったくならないのは、インテリアに現れる線や面などをうまく整理して割り付けて、納めているからにほかならない。

（寛建築工房）

右／階段はシナ合板30mm厚の上に乱尺のバーチ無垢フローリングを張っている
左上／LDKと階段室の床の境目。同じホワイトオークながら、板目と柾目で張り分けている
左下／個室の床に張った節ありのスギ赤身。うづくり仕上げとしているため、素足で歩くと心地よい

\スゴ技/

# 26

インテリア

# 格子戸で日々の暮らしを楽しむ

寛建築工房の設計する住宅では、格子戸が多用される。格子戸は視線をほどよく遮り、風や光を緩やかに通してくれる。そして、細かい密度で連続するその直線的なラインは、平面が多い建築の内外観の大きなアクセントになる。木や漆喰に代表される黒や白を中心に構成した場合の効果は絶大である。

2階のセカンドリビングとしても使われるバルコニーでも、外壁側に竪格子戸が採用されている。夏の日中など日射が強い時間や、外からの視線が気になるときなどは竪格子戸を閉じ、冬などの寒い日に日に当たりたい時や、周辺の景色を眺めたい時などは格子戸を全開するなど、竪格子戸を使うことでさまざまなバルコニーの楽しみ方、使い方が可能になるのだ。

（寛建築工房）

左写真の竪格子戸を開けた状態。花火大会や公園の桜を見るのに絶好の場所なのだそう

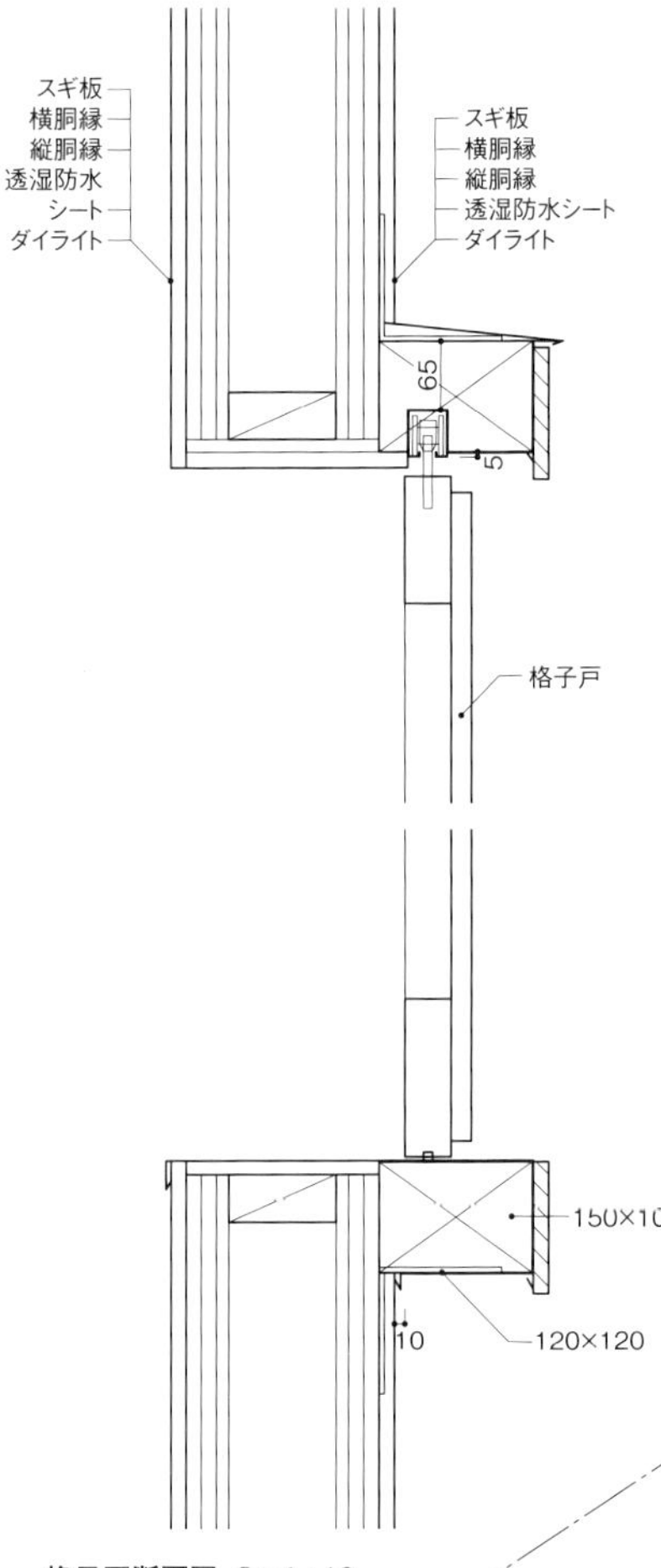

スギ板
横胴縁
縦胴縁
透湿防水シート
ダイライト
65
5
格子戸
150×105
120×120
10


**格子戸断面図** S＝1：12

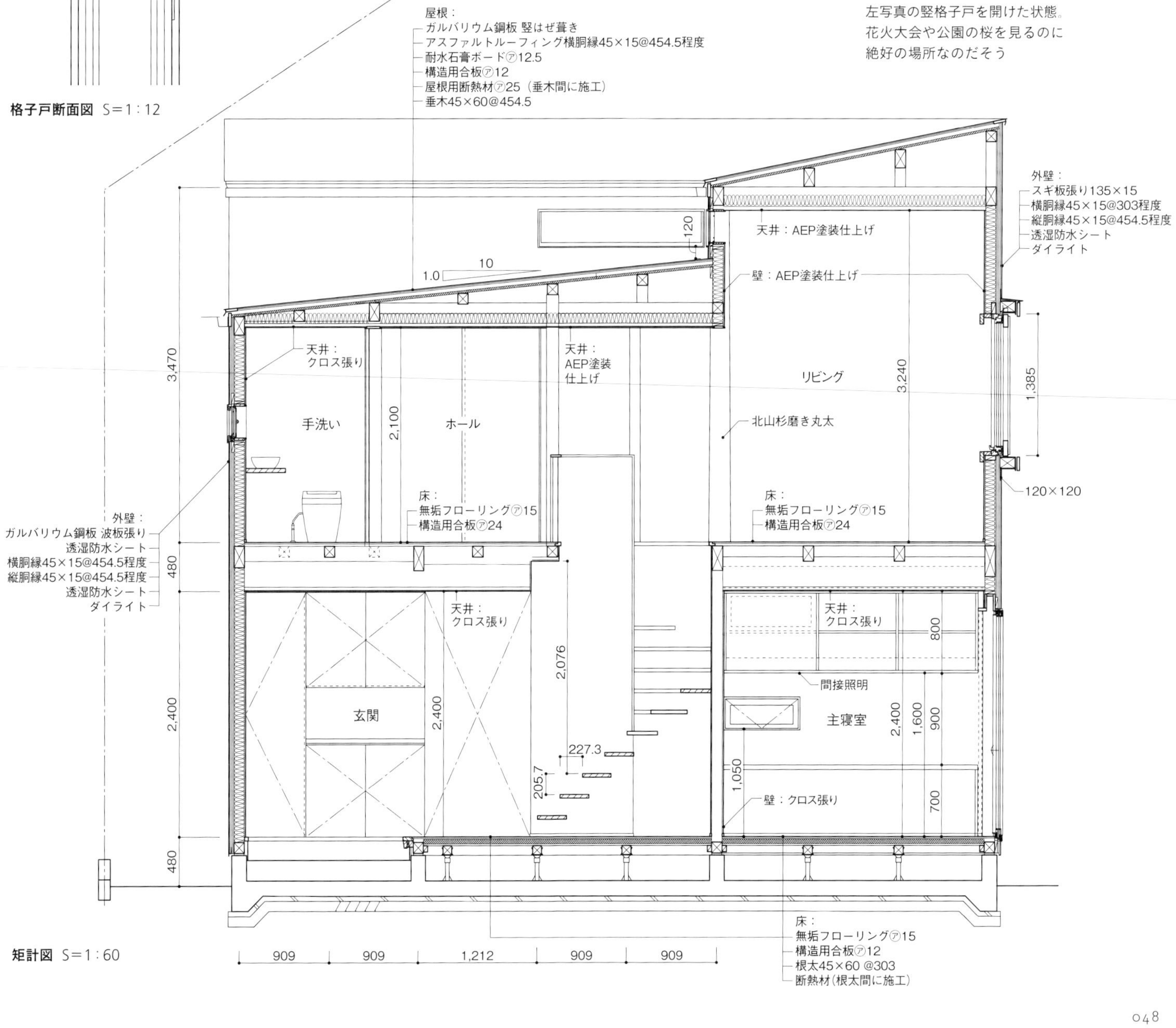

屋根：
ガルバリウム鋼板 竪はぜ葺き
アスファルトルーフィング横胴縁45×15@454.5程度
耐水石膏ボード⑦12.5
構造用合板⑦12
屋根用断熱材⑦25（垂木間に施工）
垂木45×60@454.5
外壁：
スギ板張り135×15
横胴縁45×15@303程度
縦胴縁45×15@454.5程度
透湿防水シート
ダイライト
天井：AEP塗装仕上げ
壁：AEP塗装仕上げ
天井：クロス張り
天井：AEP塗装仕上げ
リビング
北山杉磨き丸太
手洗い
ホール
床：
無垢フローリング⑦15
構造用合板⑦24
外壁：
ガルバリウム鋼板 波板張り
透湿防水シート
横胴縁45×15@454.5程度
縦胴縁45×15@454.5程度
透湿防水シート
ダイライト
天井：クロス張り
間接照明
玄関
主寝室
壁：クロス張り
床：
無垢フローリング⑦15
構造用合板⑦12
根太45×60 @303
断熱材（根太間に施工）
120×120
1.0
10
120
3,470
480
2,400
2,100
3,240
1,385
2,076
227.3
205.7
1,050
1,600
900
800
700
909
1,212


**矩計図** S＝1：60

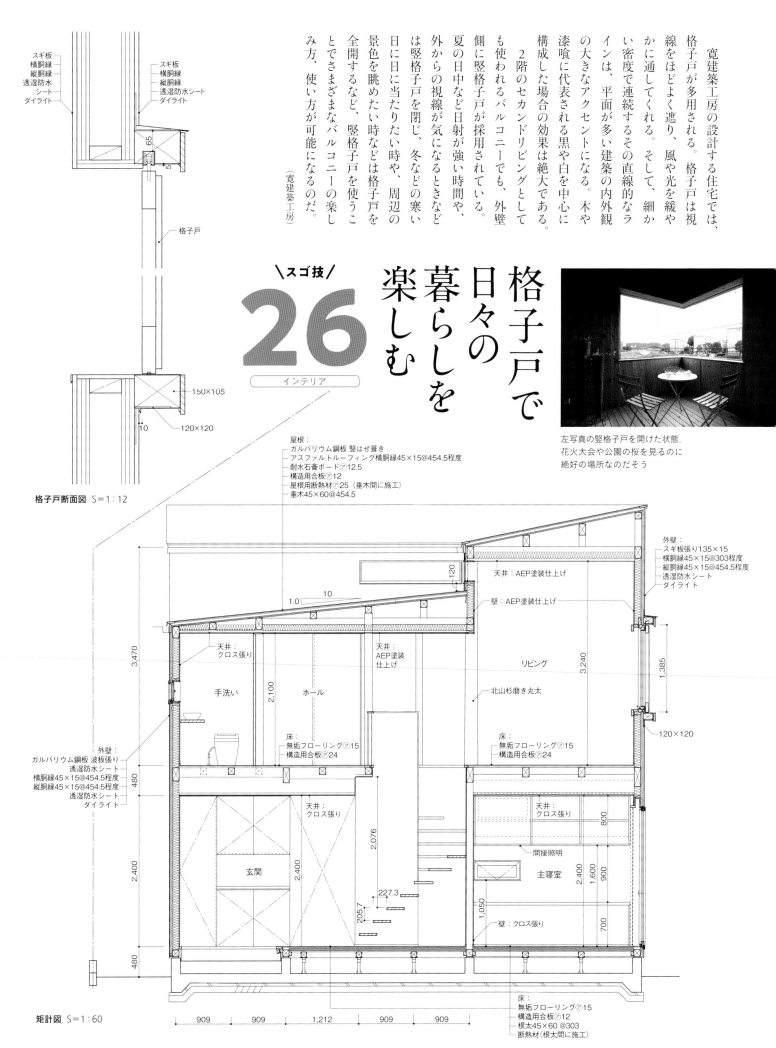

バルコニーの窓の竪格子戸を閉めた状態。天井と壁があるバルコニーなので、竪格子戸を閉めると室内にいるような落ち着き感を得られる

スゴ技
27
インテリア

# カウンターは木の形を生かして使う

机などの天板であるカウンターに無垢材を使うのは比較的よく行われる手法だが、単なる長方形の一枚板や集成材ではなく、必要に応じて耳付き材を使用すると、カウンターそのものの存在感や個性が強まるので、お勧めの使い方だ。

この住宅でも、あらゆるカウンターに耳付き材の一枚板が使われている。玄関のカウンターにはニレ、主寝室のデスクにはセン、2階のダイニングのカウンターにはタモ、トイレの手洗いのカウンターにはナラが使われているが、これらはすべて耳付きで、主寝室

右／2階トイレの手洗いカウンター。ナラの耳付きの一枚板を使用左上／2階のダイニングのカウンターに使用されたタモの一枚板　左下／1階腰窓の膳板には梎（ズミ）というリンゴの仲間の木の耳付きの一枚板を使用

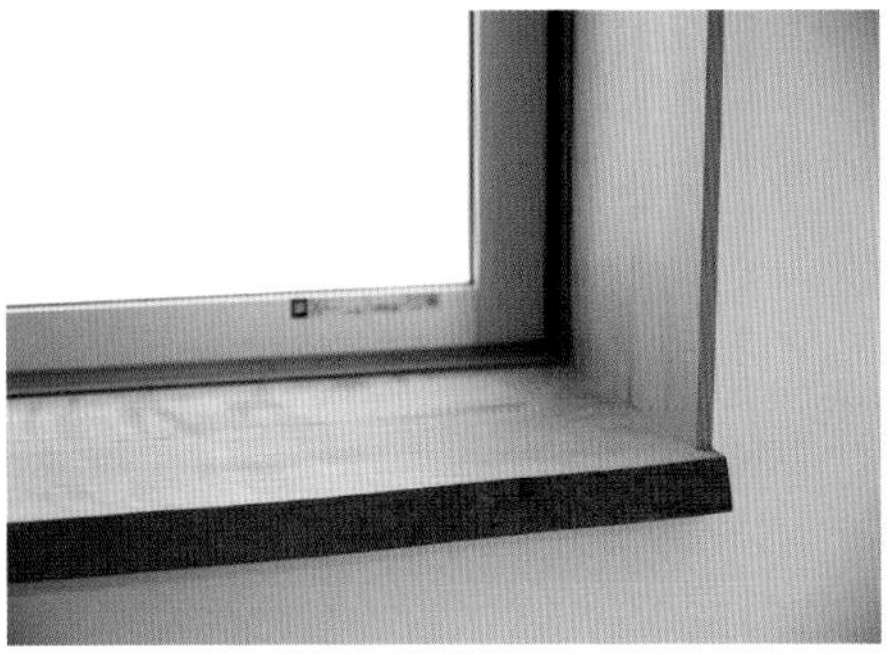

のデスクのセンには両側が耳付きかつ皮付きのものが使われている。

　ただしそのまま使うと、木の重厚な存在感に負けて和の雰囲気が強くなるので、支持材を見せないようにしたり、目透かしをして下の家具から浮かせて軽く見せたりするなど、納まり上の工夫を行っている。（寛建築工房）

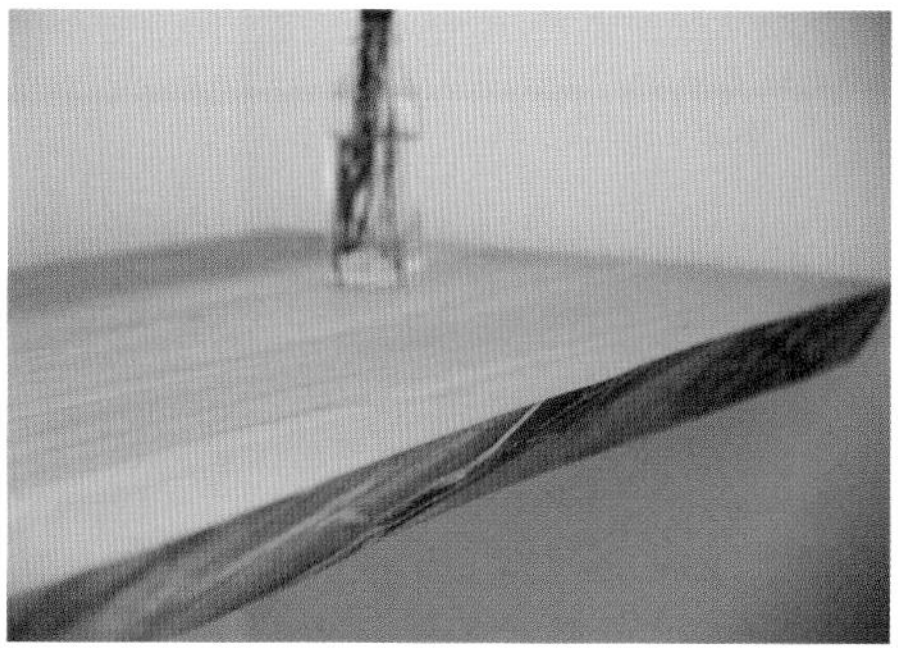

1階主寝室に造り付けられた机と吊り戸棚。掃出し窓からは庭に出ることが可能。左写真は机の詳細。丸太の形状を生かしたセンの一枚板をL字の金物で壁に取り付けている

## カウンターごとに異なる樹種の一枚板を使う

玄関から螺旋階段、その奥の主寝室を見る。自転車の下がビルトインの駐輪スペースとなっている。右写真は玄関のカウンターで、ニレの耳付きの一枚板を使用

上／玄関土間とホール。玄関ドアには柾目のピーラー材。階段の段板を中心で支える壁には雲杉（クモスギ）材を使用
下／玄関ポーチから階段のアプローチを見る。右の壁が防火壁になっており、この壁で延焼ラインを切ることで、玄関に木製ドアや通常の窓ガラスを使用することが可能になった

\スゴ技/

28

インテリア

# 防火壁で木の仕上げや建具を使う

都市部の住宅の木材使いで厄介なのが、防火規制の問題である。木材を外部に使いたくても、防火規制や延焼ラインに引っかかって使えない場合も出てくるだろう。

準防火地域に建つこの住宅は、特に延焼ラインにかかりやすい木製の玄関戸を、その手前に防火壁を設けることでクリアしている。具体的には、延焼ラインの基準点に当たる隣地境界線の近くにダイライトなどで防火構造とした壁を設置。これによってその内側に無垢の柾目のピーラーの玄関戸を取り付けることが可能になった。防火壁自体は玄関ポーチのやや外側に配置されており、その壁の裏側は愛犬の体を洗ったりできるようなスペースとなっている。

（寛建築工房）

chapter 2

# 家具のスゴ技06

ここでいう「家具」とは家と一体で設計される造付け家具のこと。
インテリアに合わせてデザインでき、
建て主の生活スタイルや持ち物の種類・量に応じて設計できるため、
建て主の満足度をかなり高めることができる。

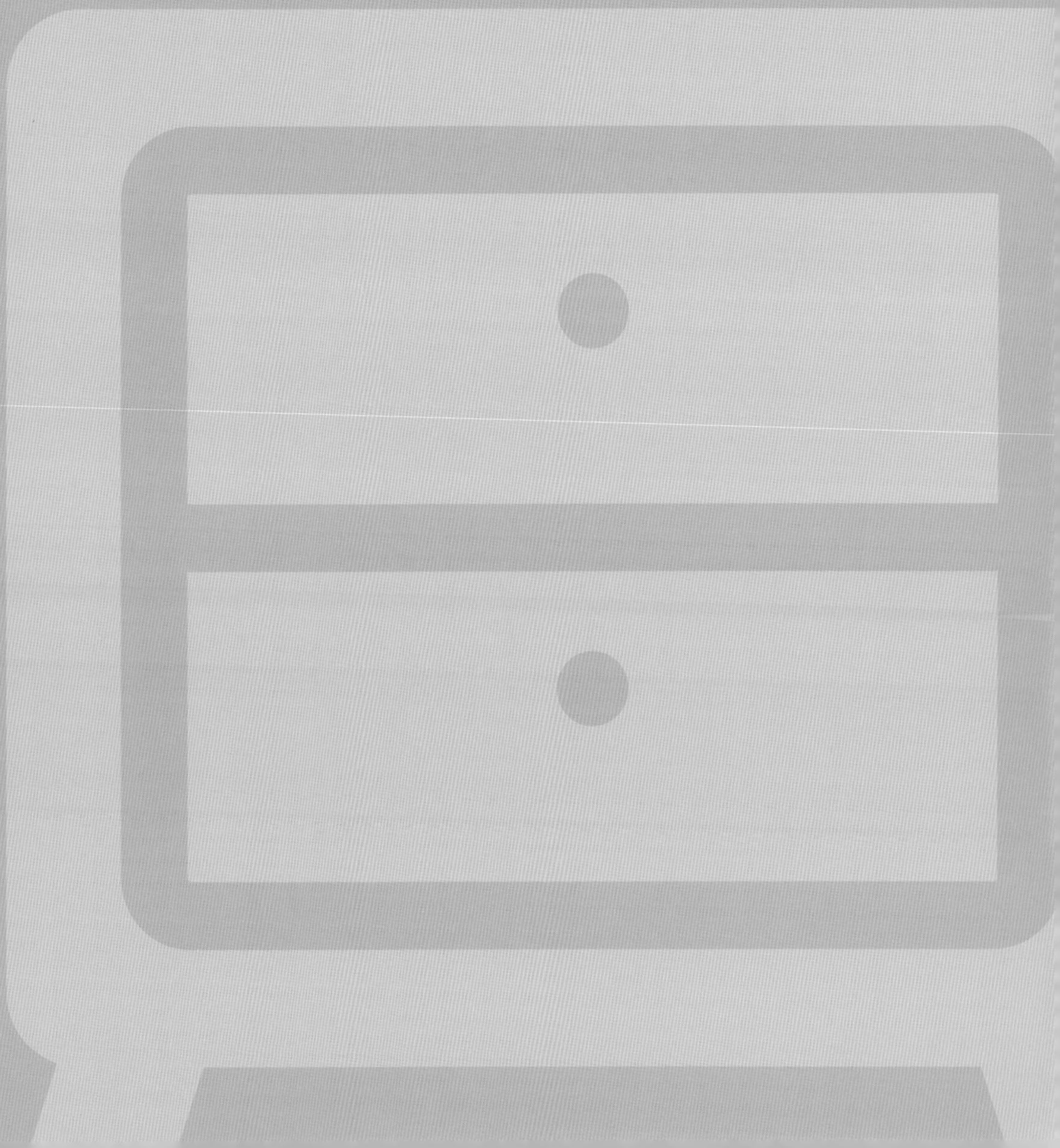

＼スゴ技／

# 29

家具

# 空間を変える造作キッチン・洗面化粧台

使い勝手の面では既製品がベストだが、あえて造作し内装の雰囲気と合わせることで、デザイン性が格段に向上し、ほかの工務店や住宅会社との差別化につながる。

## テーブルを兼ねたキッチン

カウンターの先がダイニングテーブルの天板になっている造作キッチン。調理したものをそのまま配膳でき、食事後の片付けも容易なため、使い勝手に優れる。（飯田亮建築設計室×COMODO建築工房）

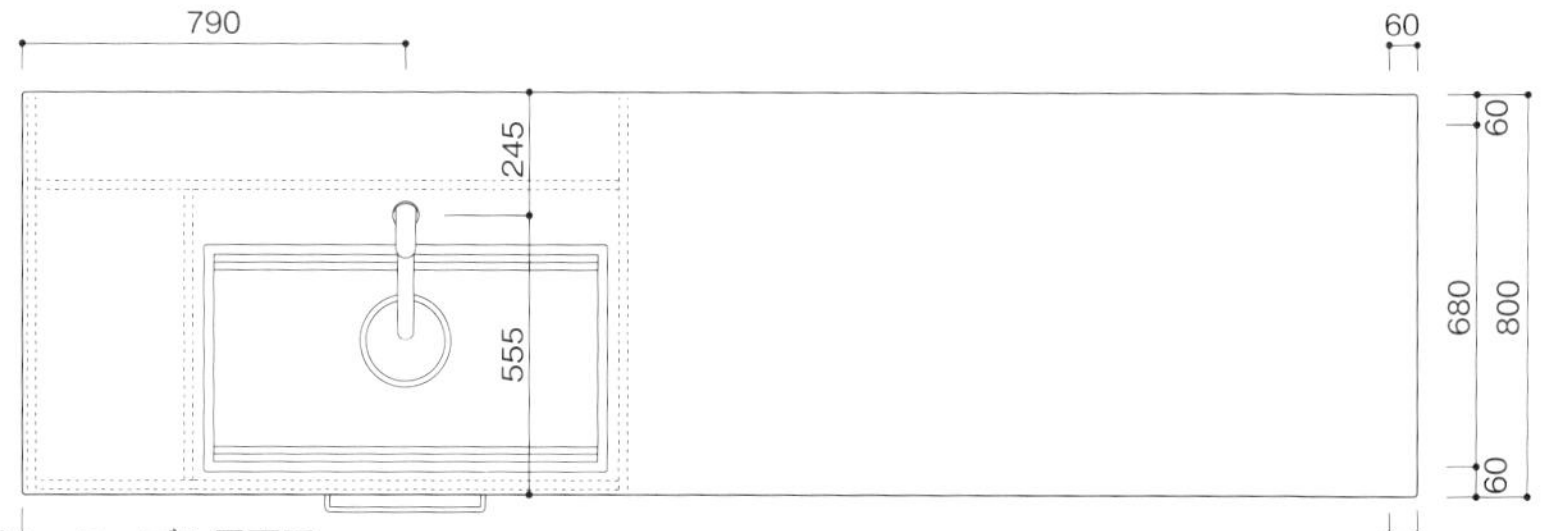
790
60
245
555
60
680
800
60
2,880
60

キッチン・テーブル平面図
S=1：30

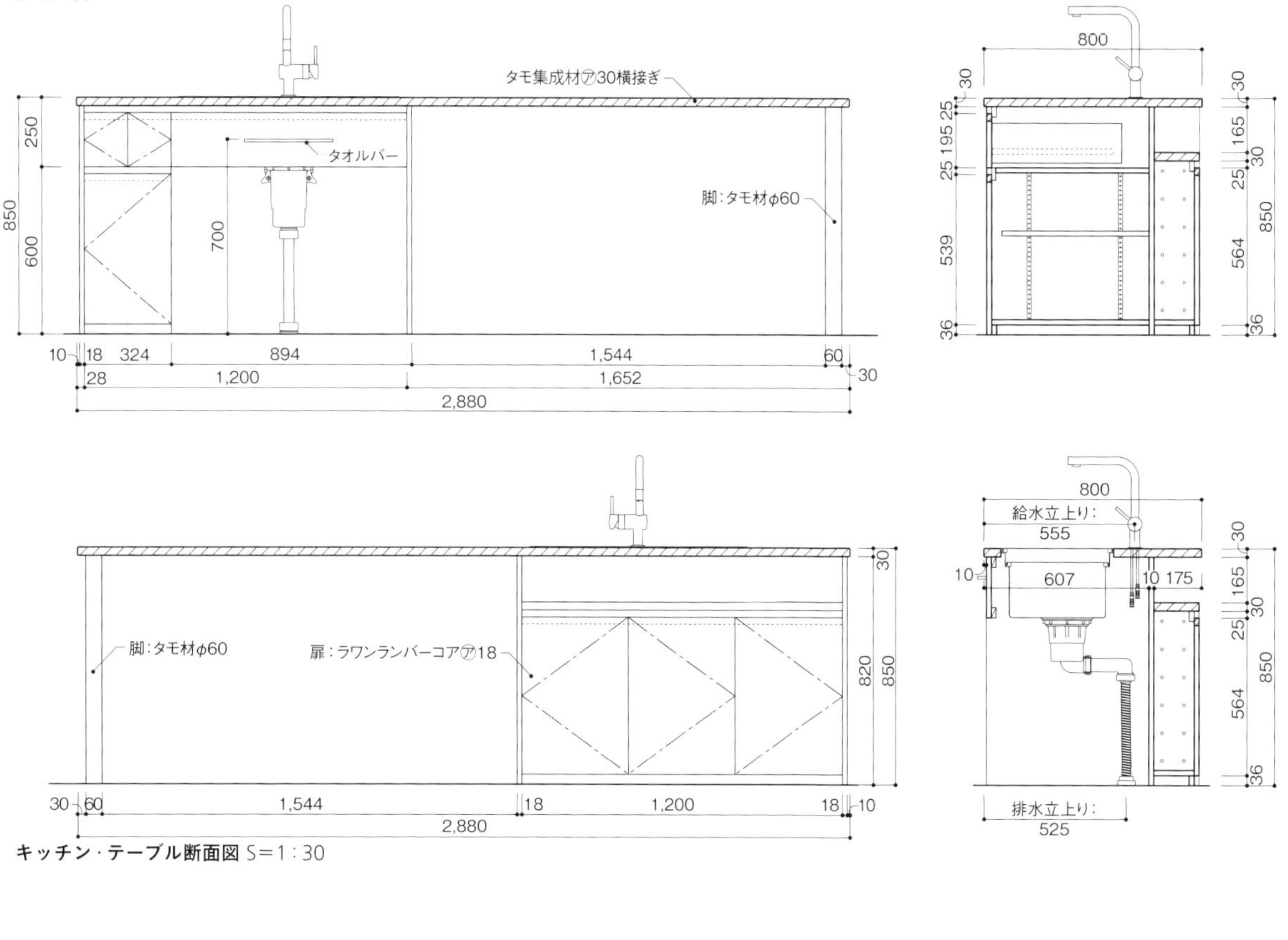
タモ集成材㋐30横接ぎ
タオルバー
脚：タモ材φ60
250
600
850
700
10
18
324
894
1,544
60
28
1,200
1,652
30
2,880
800
30
25
195
25
539
36
165
30
25
564
850
36
脚：タモ材φ60
扉：ラワンランバーコア㋐18
30
820
850
30
60
1,544
18
1,200
18
10
2,880
800
給水立上り：
555
10
607
10
175
165
30
25
850
564
36
排水立上り：
525

キッチン・テーブル断面図 S=1：30

# こたつを兼ねたキッチン

カウンターの先がこたつの天板になっている造作キッチン。こたつに座っての食事と、キッチンでの立ち作業が1つの家具で両立するように、それぞれの床の高さを調整している。

（飯田亮建築設計室×COMODO建築工房）

キッチン·こたつ平面図 S=1:30

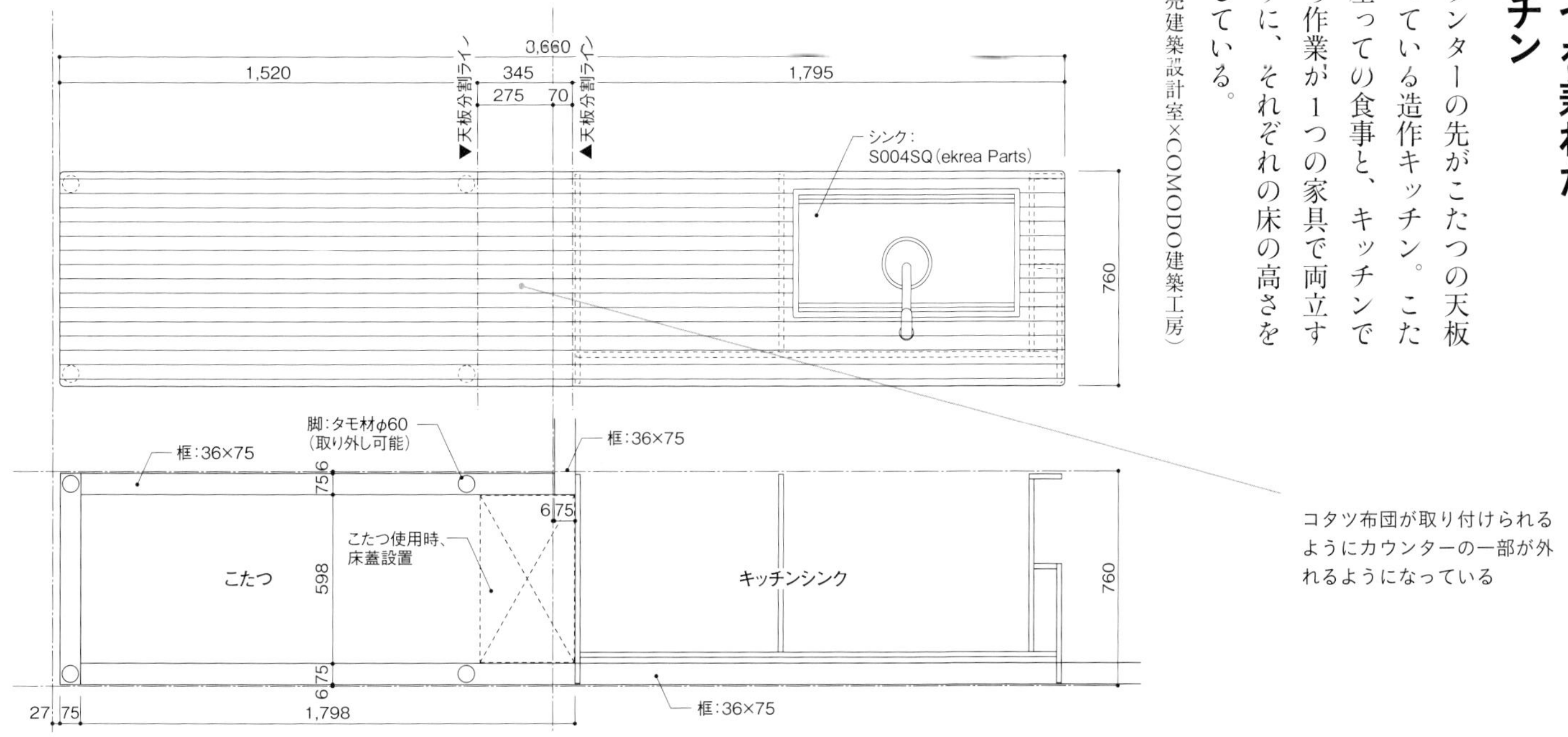

3,660
1,520
345
275
70
1,795
▼天板分割ライン
シンク：S004SQ（ekrea Parts）
760
脚：タモ材φ60（取り外し可能）
框：36×75
こたつ使用時、床蓋設置
こたつ
キッチンシンク
598
1,798
コタツ布団が取り付けられるようにカウンターの一部が外れるようになっている


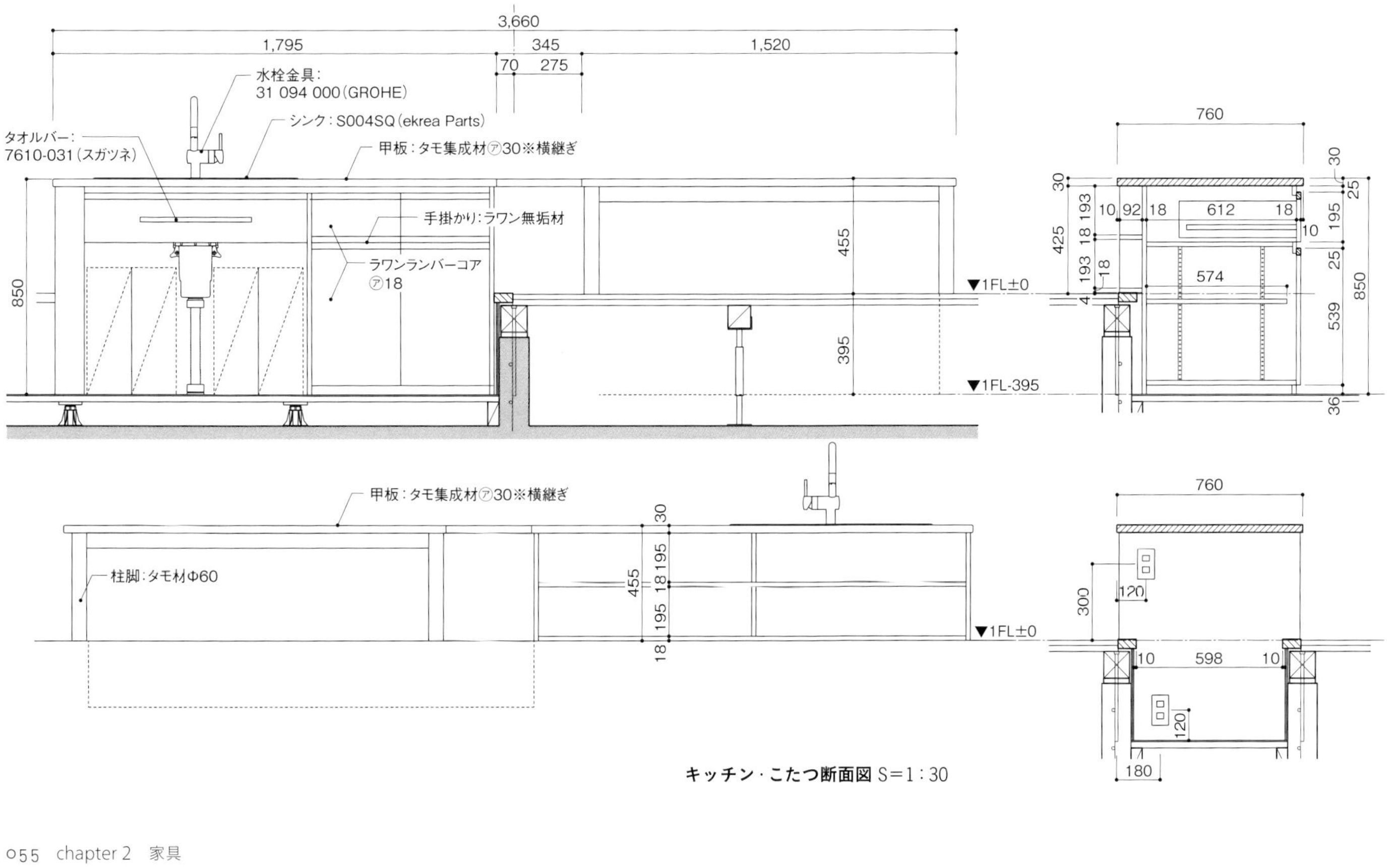

3,660
1,795
345
1,520
水栓金具：31 094 000（GROHE）
シンク：S004SQ（ekrea Parts）
タオルバー：7610-031（スガツネ）
甲板：タモ集成材㋐30※横継ぎ
手掛かり：ラワン無垢材
ラワンランバーコア㋐18
850
455
395
▼1FL±0
▼1FL-395
760
612
574
柱脚：タモ材Φ60
300
598
120
180


キッチン・こたつ断面図 S=1：30

# 跳ね出し作業台をもつキッチン

強度のある合板下地の天板と、土台となるスチールの骨組を組み合わせたキッチン。キッチン長さ2400㎜から天板だけ跳ね出してダイニングテーブル1600㎜がつくられている。構造計算して十分な強度が確認できれば、このような大胆な跳ね出しも可能になる。（サトウ工務店）

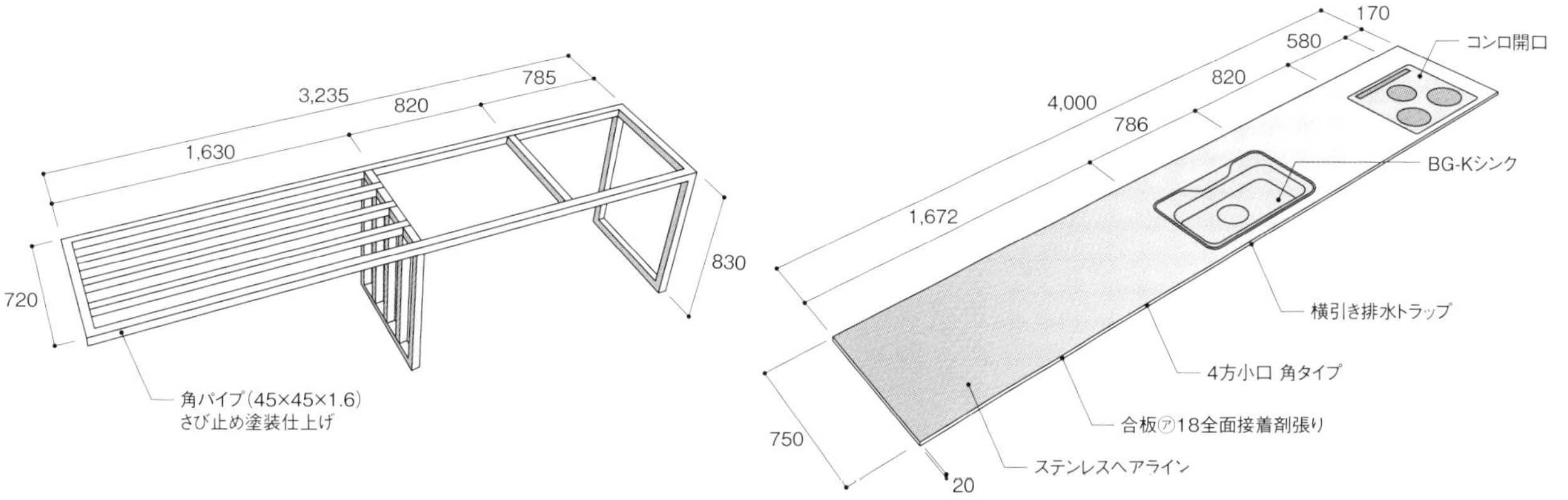


キッチン下地・カウンター図

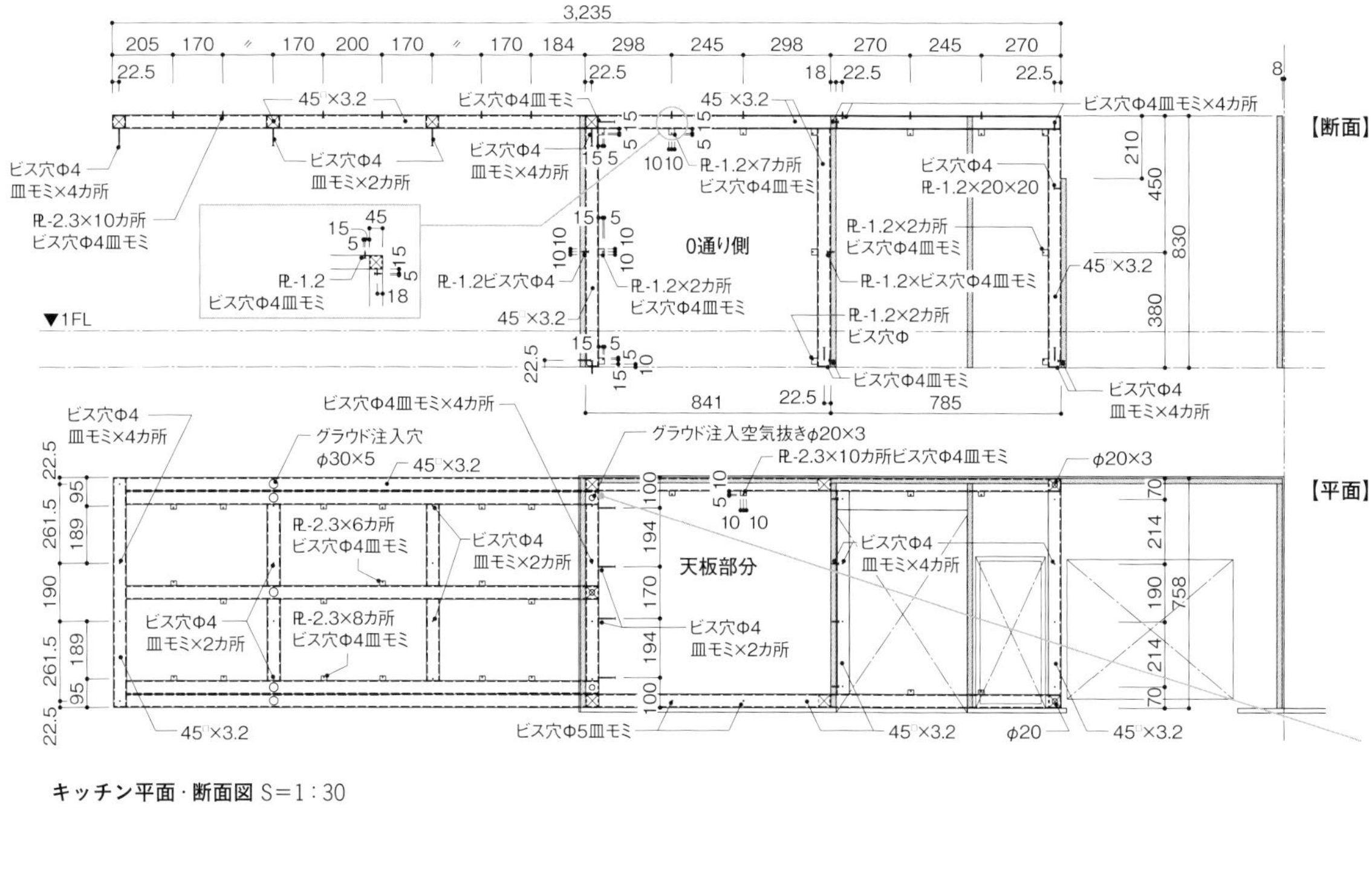


スチールの角パイプだけでは大きくたわむが、グラウドを充填することで動きが拘束され、たわみがなくなる

キッチン平面・断面図 S=1：30

# 洗練された家具のような洗面化粧台

既製品が充実している水廻り。可能な範囲で造作すれば、家全体の印象が大きく変わる。ここでは造作キッチンのような左官のカウンターや無垢材の建具を使うことで、家具の印象を強めた。

（もるくす建築社）

洗面化粧台シンク詳細図
S=1：10

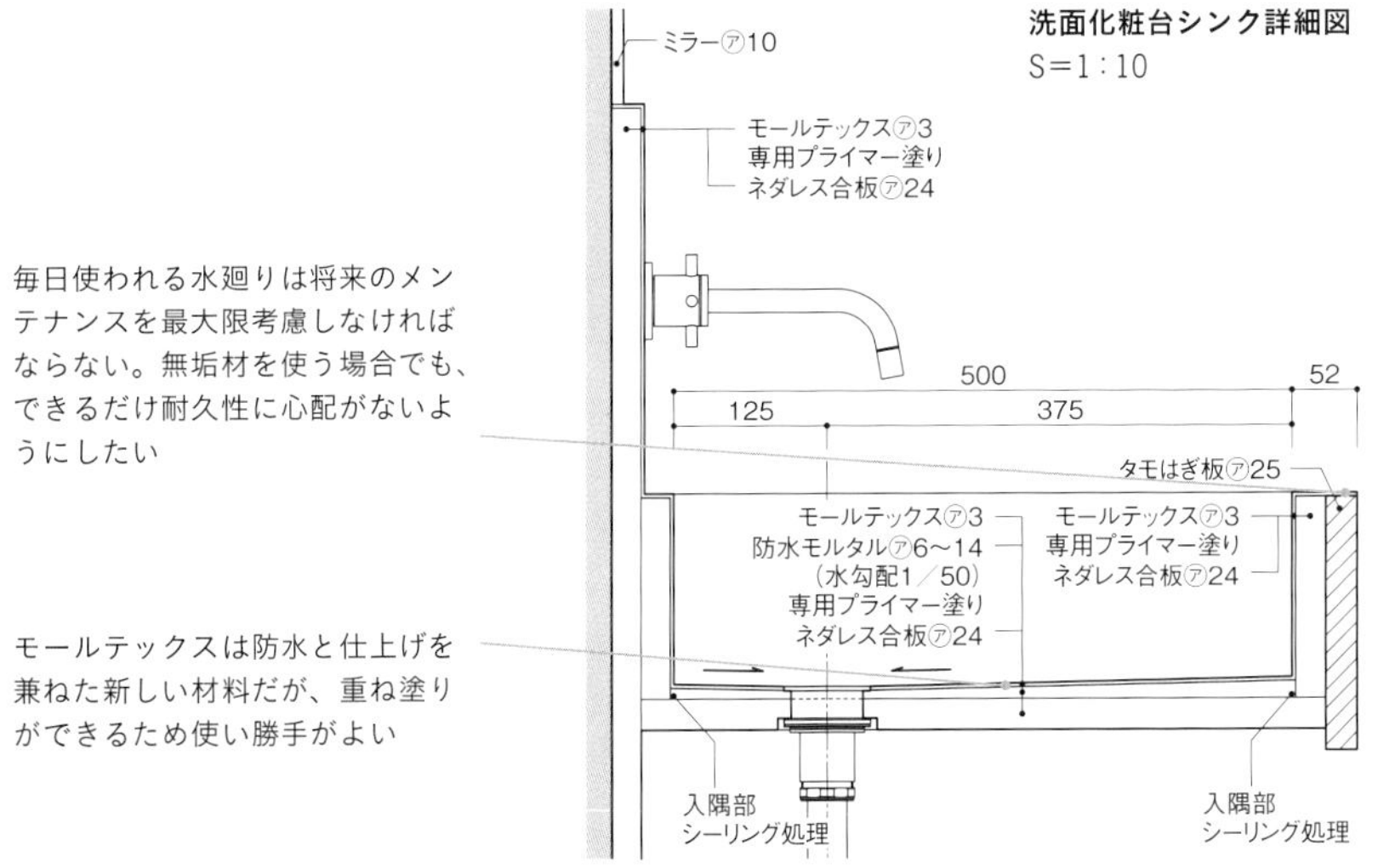


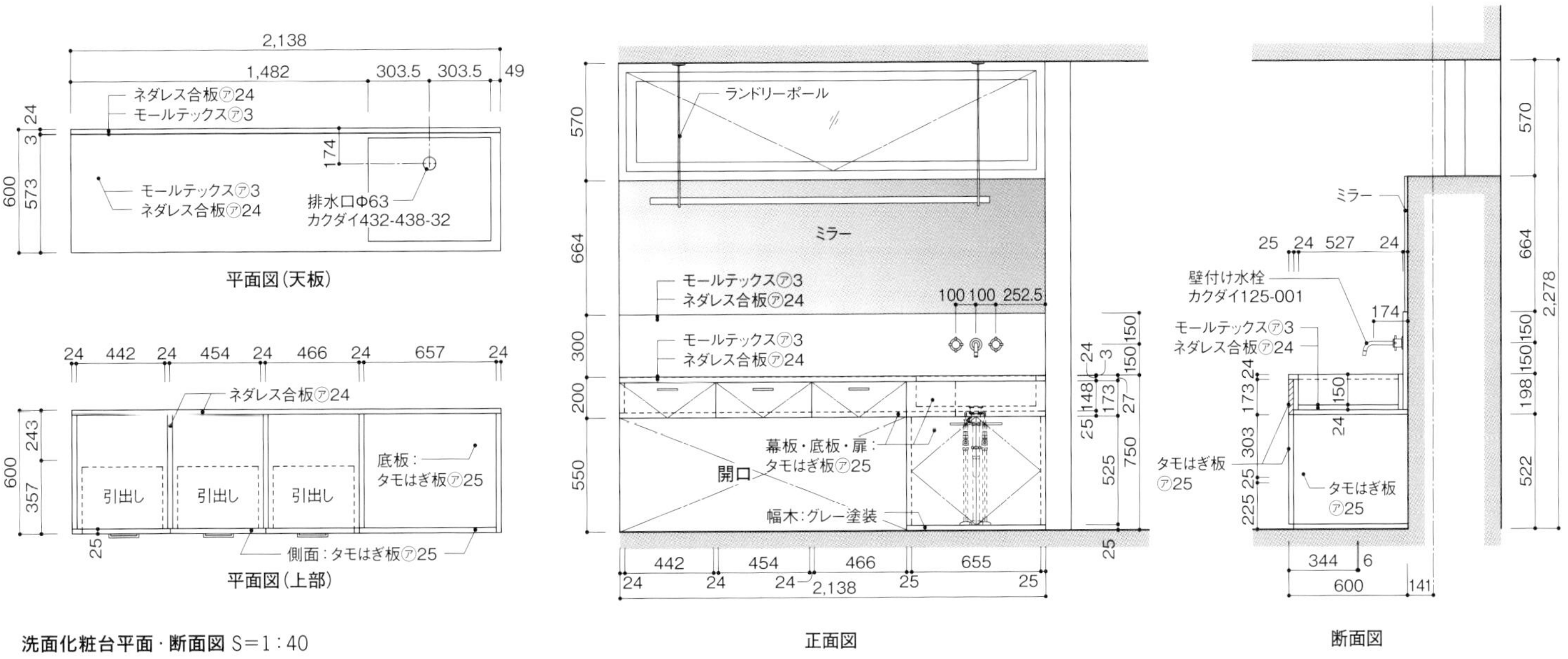


洗面化粧台平面・断面図 S=1：40

\スゴ技/

# 30

家具

# 家具デザイナーとのコラボで魅力的な付加価値をプラス

置き家具やギャラリーの内装、離れなどは家具デザイナー・小泉誠氏が手掛けている。小泉氏デザインの家具はデザイン性が高く、また価格も手ごろであるため、小林建設の住宅では従来からよく使われていた。今回モデルハウスを計画するにあたって、小泉氏の家具を全面的に取り上げることを決め、通常の椅子やテーブルだけでなく、間仕切とソファを兼ねた

上／2階吹抜けから1階の家族室を見る。ソファ兼カウンターの家具、テーブル、椅子などはすべて小泉誠氏によるもの
下／ベッド、テーブルと椅子、ミニテーブルと椅子、すべて小泉氏によるもの

右／庭に設置された離れ（庵）の内装をカウンターから造付けのソファを見る。床、壁、天井すべてスギの板張りながら、枠などを設けないため、すっきりとした見た目となっている
左／離れの造付けのカウンターを見る。カウンターがスギ3層パネル（Jパネル）であることが分かる

小泉氏が内装を手がけたギャラリー。すべての造作にスギやヒノキが用いられている。壁の珪藻土の白とも相まって、明るく柔らかな空間となっている

テーブルなど、オリジナリティ溢れる家具を所狭しと並べている。また、玄関脇には小泉氏が内装を手がけたギャラリーを設けている。ギャラリーでは、白く塗装した壁に白木のスギやヒノキの無垢材でつくられた棚などが設けられており、手触りがよく明るさに満ちた快適な空間となっている。

また庭に設けられた離れは6畳ほどのスペースで、アトリエや書斎、カフェなどに活用できるもの。こちらもスギの無垢材を多用した内装で、コンパクトながら居心地のよい空間となっている。

（小林建設）

引戸の枠に設置された手摺の詳細。柔らかなカーブが美しい。左見えるのが引戸に張られた麻

ギャラリーから室内に上がる引戸。その奥は玄関に通じる。引戸枠が額縁のようになっている

安成工務店が分譲開発した安岡
エコタウン内の宿泊体験施設
（モデルハウス）のキッチン

＼スゴ技／
# 31
家具

## 木製キッチンは上質に仕立てる

写真：矢代写真事務所（60-61頁）

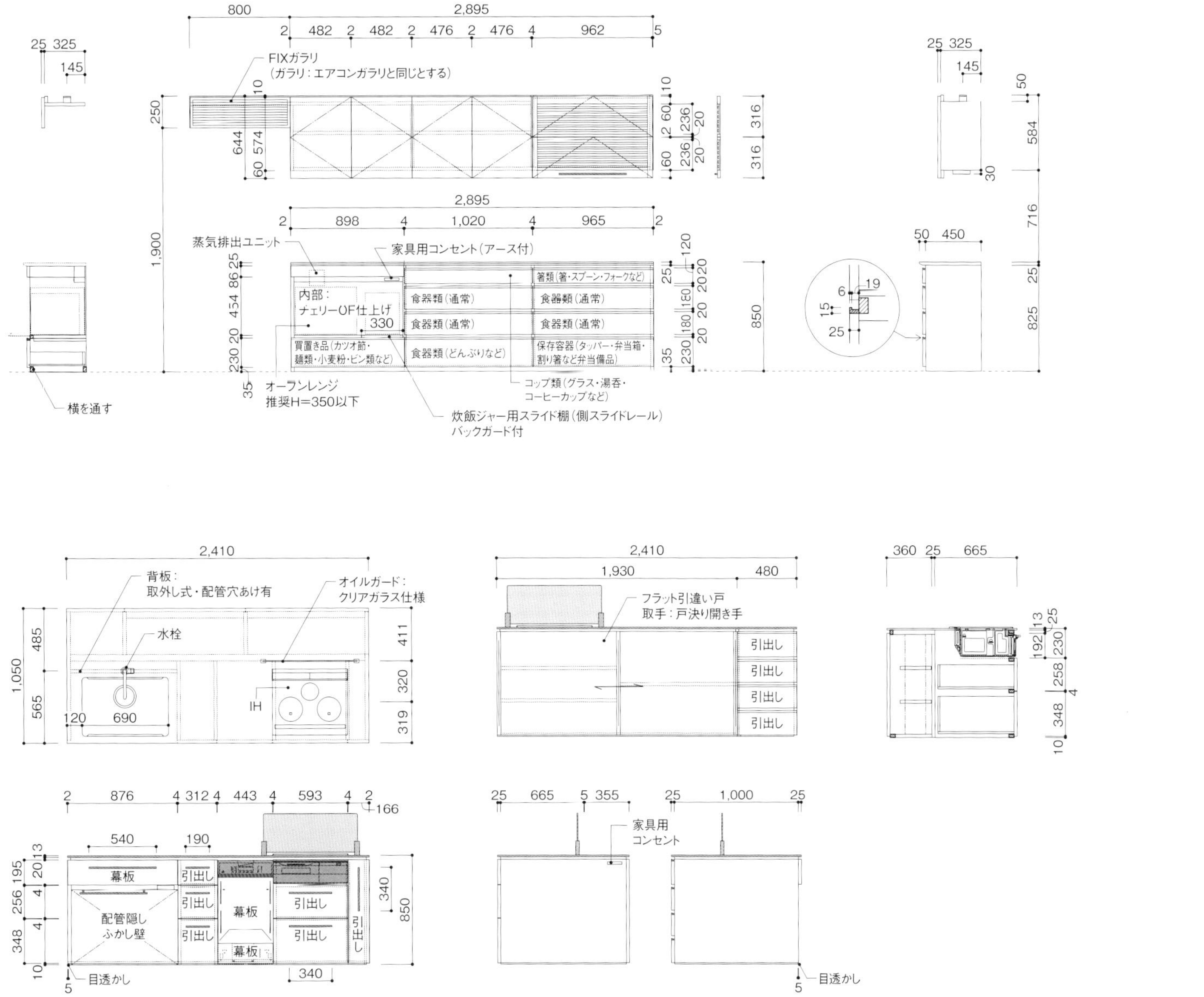

FIXガラリ
（ガラリ：エアコンガラリと同じとする）
蒸気排出ユニット
家具用コンセント（アース付）
内部：
チェリーOF仕上げ
箸類（箸・スプーン・フォークなど）
食器類（通常）
食器類（どんぶりなど）
買置き品（カツオ節・麺類・小麦粉・ビン類など）
保存容器（タッパー・弁当箱・割り箸など弁当備品）
コップ類（グラス・湯呑・コーヒーカップなど）
オーブンレンジ
推奨H＝350以下
炊飯ジャー用スライド棚（側スライドレール）
バックガード付
横を通す
背板：
取外し式・配管穴あけ有
水栓
オイルガード：
クリアガラス仕様
IH
フラット引違い戸
取手：戸決り開き手
引出し
幕板
配管隠し
ふかし壁
家具用
コンセント
目透かし


**キッチン展開図** S＝1：50

キッチンは、システムキッチンの面材を木質素材に変更してインテリアになじませることが多いが、予算に余裕があれば木製キッチンを製作している。構造材にはスギやヒノキを使用するが、室内の造作物はそれらに限らず、広葉樹や海外樹種も使用する。写真は、ブラックチェリーの板材を使って製作したキッチン。経年に伴い、赤味が増すカラマツの床とよくなじむため、薦めることも多い。

また、ダイニングテーブルやテレビボードなどの家具は、造作ではなく、自社でセレクトした国内外の木製家具を提案している。

（安成工務店）

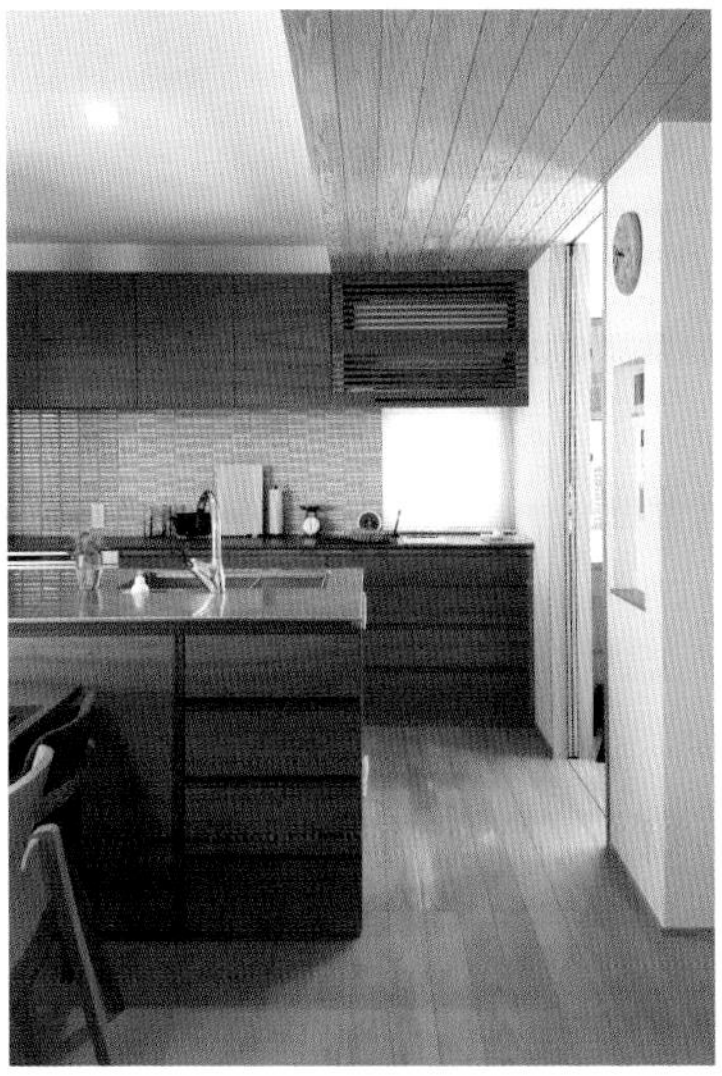

キッチンの吊り戸棚に合わせて、エアコンも格納

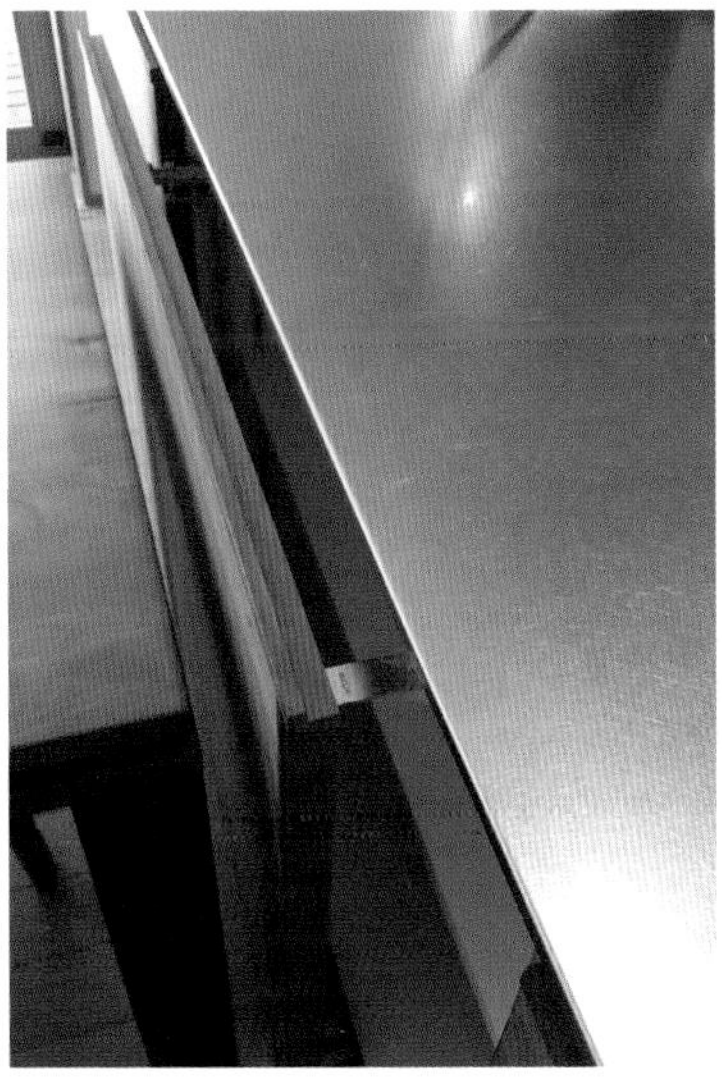

スライド金物を使って、大きな面の収納扉にしている

＼スゴ技／
# 32
家具

# 大工による家具で建築になじませる

岡庭建設の住宅の特徴が、大工造作による家具である。これは建築と一体で家具をつくることでインテリアになじませるという手法である。腕のよい大工さんに、長年にわたり仕事を発注して家具の製作を依頼してきたことも大きい。したがって、収納棚や押入れのようなものだけでなく、テレビ台、ソファ、キッチン、洗面化粧台などもほぼ大工さんによる造作工事でつくっている。

なお、このショーホームでは、ソファやキッチンなどは家具工事で行っているほか、洗面化粧台などは既製品の引出しの前板を張り替えるなどのアレンジを行っている。このあたりは、工期や予算に応じて臨機応変に対応している。（岡庭建設）

右／大工造作でつくったキッチン。キッチンを囲う袖壁とキッチンカウンターなどの仕上げがそろえてある
下／1階の洗面化粧台。こちらは既製品の洗面台の面材だけを張り替えた例。造作家具のように見える

＼スゴ技／

# 33

家具

# 建具屋でつくる端正な家具キッチン

飯田亮建築設計室では、建具屋さんが造作家具を製作し、据え付けまで行うやり方を採用している。メリットはなんといっても、家具の精度の高さと、建築への納まりのよさ。家具で難易度の高い部位は、扉などの建具部分や引出しなどであるが、建具屋さんならこれらの部位も得意なので、精度の高い仕上がりとなる。また、建具の据付けにも慣れているので、家具の現場調整もお手のもの。特別な調整材がなくても家具を建築と一体に納めることができる。これは家具屋さんの家具ではなかなかできないことだ。

（飯田亮建築設計室×COMODO建築工房）

キッチン断面図
S＝1：10

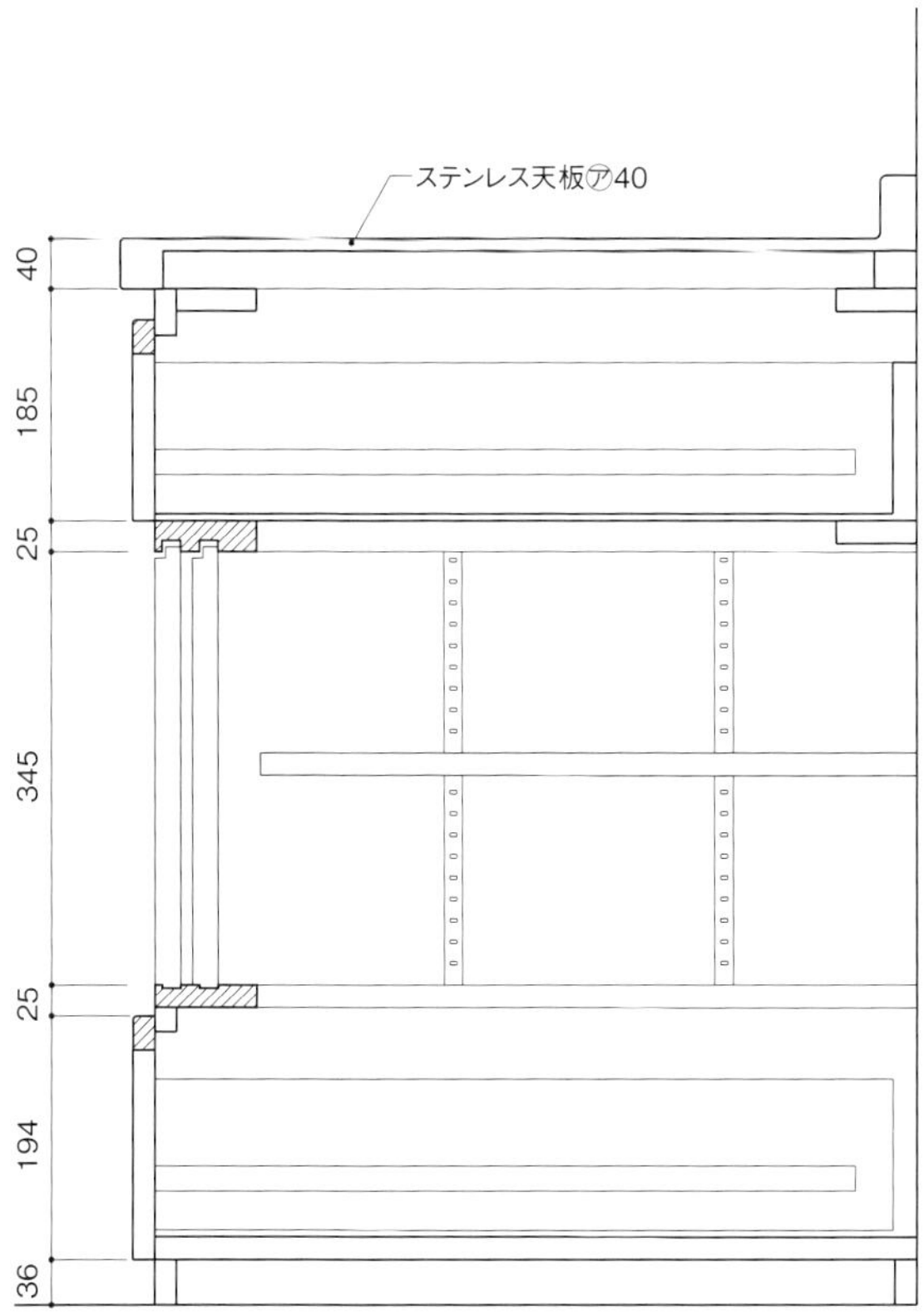
ステンレス天板㋐40
40
185
25
345
25
194
36

リビングからキッチンを見る。キッチンやキッチン収納はすべて建具屋さんによる造作家具である。右手の腰窓と正面奥の格子戸からの光でかなり明るい

右上／造付けのキッチン。カウンターはヒノキの無垢板、側面の面材はシナ合板フラッシュである
左上／造付けの洗面化粧台。カウンターはGPD社製の人工大理石、引出しの面材はシナ合板フラッシュ、手掛はタモである
左下／玄関。靴箱のカウンターはスギの1枚板、引戸はスギの舞良戸。なお、立派な上がり框はケヤキが使われている

＼スゴ技／
34
家具

# 調整材のいらない建具屋の造作家具

造作け家具は、棚やカウンターのほか、キッチン、洗面台まで幅広く製作している。番匠では長年付き合いのある建具屋さんが工場で加工してきたものを、現場で組み立て、直接取り付けるようになっている。したがって、台輪などの調整材が必要なく、大工造作のように建築と一体化した家具となる。（番匠）

写真：杉野圭

chapter 3

# 外観の
# スゴ技11

建て主の満足度では、インテリア（内装）より重要といわれる外観。
さまざまな要素を考えてながら設計するため難易度が高く、
一方で自由度が高いため、かっこよくデザインするのも難しい。
ここで紹介する「スゴ技」は「美外観」のためのア・イデア集である。

＼スゴ技／

35

外観

# 外観を上手にまとめる基本テクニック

## 正面から見える窓をできるだけ減らす

家のかたちは四角か五角形で、せいぜいそれを平面的にアレンジしたものが大半であるが、なぜかかっこ悪い家とかっこいい家が存在する。最大の理由は、窓の配置の良し悪しであるといってよい。

建築雑誌の外観写真を見てほしい。外壁に対して窓がとても少ない。窓がほとんどない家も多い。もちろん、大きな窓を配置している場合もあるが、かなりのセンスが要求される。デザイン力に自信がなければ、道路側から見た正面の窓はできるだけ減らして設計したい。

正方形の小さな窓をできるだけ少ない数設置
庇を出さず、外観に影響しない金属屋根
玄関ドアは外壁に同色で同化させる
庇もガラスで目立たせず


写真：サトウ工務店

## 玄関は工夫せずに正面に設置しない

窓と同様に玄関もできるだけ正面に設置しないほうがよい。壁に付く異物としてうまくはまらないとどうしてもかっこ悪く見えるし、そもそも外から中が丸見えになるというプライバシーの問題もある。したがって、玄関は側面の壁に設けるか、正面に付けるにしても玄関ポーチを壁内にセットバックし、側面の壁にドアを設けるなどの工夫を行うべきである。どうしても正面に見える場合は、外壁と同じ色や同じ仕上げ材のドアを製作するか、少なくとも同色のシンプルな既製品を使いたい。

## 引違い窓は取扱いに注意する

窓のなかでもとりわけ引違い窓は外観上の見栄えが悪い。上手に配置しても、かっこよく見せるには、かなりのデザイン力が要求される。したがって、特に道路側か見た正面の窓では、引違い窓を避けて設計するとよいだろう。

また、庭やバルコニーの出入りなどのためにどうしても引違いが必要な場合があるが、その場合は、バルコニーの手摺壁で隠す、手前にルーバー壁や塀を設けるなどして、できるだけ引違い窓が目立たないようにしたい。

## 屋根·庇はできるだけ存在感を消す

外観はシンプルなほうが美しい。そういう意味では、屋根や庇も壁に付く異物である。したがって、できるだけ目立たないように設計したい。

基本的には屋根はあまり見えないので、軒先やケラバ、そして庇などになる。これらは、板金屋根や板金の庇などにして、できるだけ薄く目立たないように、まだ出寸法もできる範囲で控えるのが望ましいだろう。また、軒先の樋なども屋根と同材・同色の板金のものを使う、必要がなければ省略する、内樋を採用するなど目立たないように心掛けたい。

## 建物の高さは低く抑える

安定感があるように見えるからなのか、横に長い建物は美しく見える。昨今、平屋に人気が集まっているのは、階段がないことによる住みやすさにあると思うが、その美しい外観にもあるのではないかと思う。

したがって、2階建てであっても、できるだけ建物高さを抑えて設計したい。また、建物高さを抑えることで、柱材や内外・間仕切などの壁材の材料費削減にもつながる。そのほか、隣地の日照を妨げないなど外観の美しさだけでない、さまざまなメリットがある。

厚みのない軒先と目立たない雨樋
植栽で外観を豊かに
引違い窓は木製ルーバーで隠す

写真：扇建築工房

## 設備機器·部材はできるだけ存在感を消す

絶対にやってはいけないのが、正面外観に室外機などの設備機器や換気孔を設置してはいけないということだ。これらが正面から見えるだけで、外観が台なしになってしまう。

したがって、基本設計の段階で、設備機器や部材が正面や目立つ場所に取り付かないように整備計画をきちんと考えておく必要がある。設備機器を木製ルーバーなどで隠してもよいだろう。また、設備機器をできるだけ省略するために、住宅の高断熱化やパッシブ化などを考えてみるのもよい。

## 木を植えて外観をよりよく見せる

工業製品であることの限界なのか、どんなに美しい外観の家でも、それだけではどうしても物足りない印象になる。

家の正面外観に木を何木か植えると、外観がより美しく、バランスよく見えてくる。この効果を理論的に説明できないが、木によって外観が美しくなるのは当たり前の事実なようで、成功している設計事務所や工務店のなかには、必ず外構費を確保して（必要に応じては持ち出して）、植栽に費用をかけるところが少なくないようだ。

＼スゴ技／

# 36

外観

## 木材の張り方で「違い」を出す

外壁の仕上げとしてはまだまだ少数派の板張り。そのまま張ってもよいが、張り方や材料にもう一工夫加えることで、外壁のデザイン性はさらに向上する。

### スギ竪板張り押縁押さえ

外壁の板張りとして最も一般的な張り方で、吉村山荘で有名。鎧張りに比べ手間と材料が安く抑えられ、縦に張ることで水の切れがよく耐久性が期待できる。また、押縁部分に陰影が生まれることで縦の線がより強調され、シャープに見える。スギ板外壁は、経年による色や表情の変化も楽しめるが、軒に守られている部分と雨掛かり部分では色味に変化が出ることなどの情報を、建築主へ事前に伝えることが重要だ。

（オーガニックスタジオ新潟）

写真：諏訪智也（69頁トドマツ横板張り）

## レッドシダーすのこ張り

外壁板張りの定番で、耐水性・耐防腐性に優れるウェスタンレッドシダー。そのまま張ってもよいのだが、幅の異なる板材をバランスよく張り分けると、シンプルながらも表情豊かな外観をつくり出すことができる。また、木の質感を強調するために表面をラフなノコ挽き面で仕上げた。

（サトウ工務店）

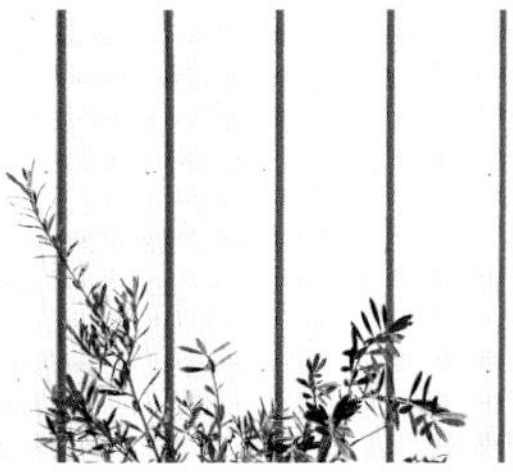

## トドマツ横板張り

シンプルな横板張りをして、出隅では直角に交わる板の小口を交互にそのまま見せて張っている。トドマツは北海道を中心に流通しており、ほかの外部用木材に比べて防腐性に劣るものの塗料の含浸性に優れるため、適切な塗料や防腐剤を選択することで十分な耐久性をもたせることができる。また、非常に安価な木材でもある。

（三五工務店）

## スギ板張り押縁押さえ＋白塗装

定番的な木材の張り方でも、塗装をかけると印象がかなり変わる。ここではキシラデコールでスギを白く塗装。写真では均一な白に見えるが、実際には木目がうっすらと見え、木材の質感も残しながらも、シャープな外観をつくり出せている。なお、塗装は工場で2回、現場で1回、ハケで塗っている。

（サトウ工務店）

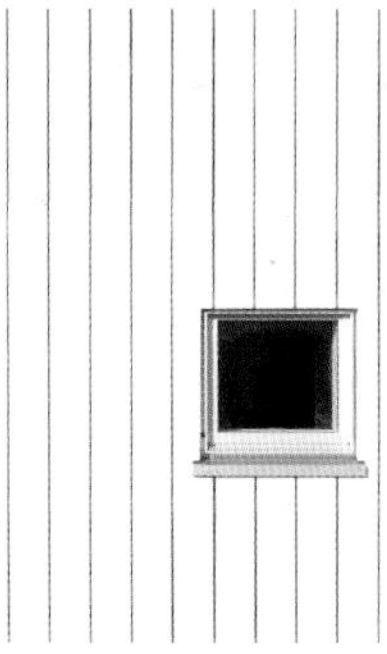

## スギすのこ張り＋白塗装

上の事例と同様にスギの板張りにキシラデコールを塗装した例。こちらは通常の竪張りで押縁押さえよりもフラットな外観となるが、表面の木目がうっすらと見えるので、のっぺりとした見た目にはならない。安価なスギの貫材を使い5㎜程度の目透かし張りとしている。サッシ廻りなどもシーリングを充填しないオープンジョイント工法を採用している。

（サトウ工務店）

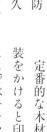

\スゴ技/

37

外観

# 屋根のデザインを外壁に活用

屋根材や屋根の葺き方をそのまま外壁に活用する方法でも、外観のデザイン性に変化をもたらせる。細かい板の集合が平板になりがちな外壁の印象を払拭できるうえ、防水性にも期待できる。

玄関レッドシダーシングルパネル
屋根・外壁断面詳細図 S=1：12

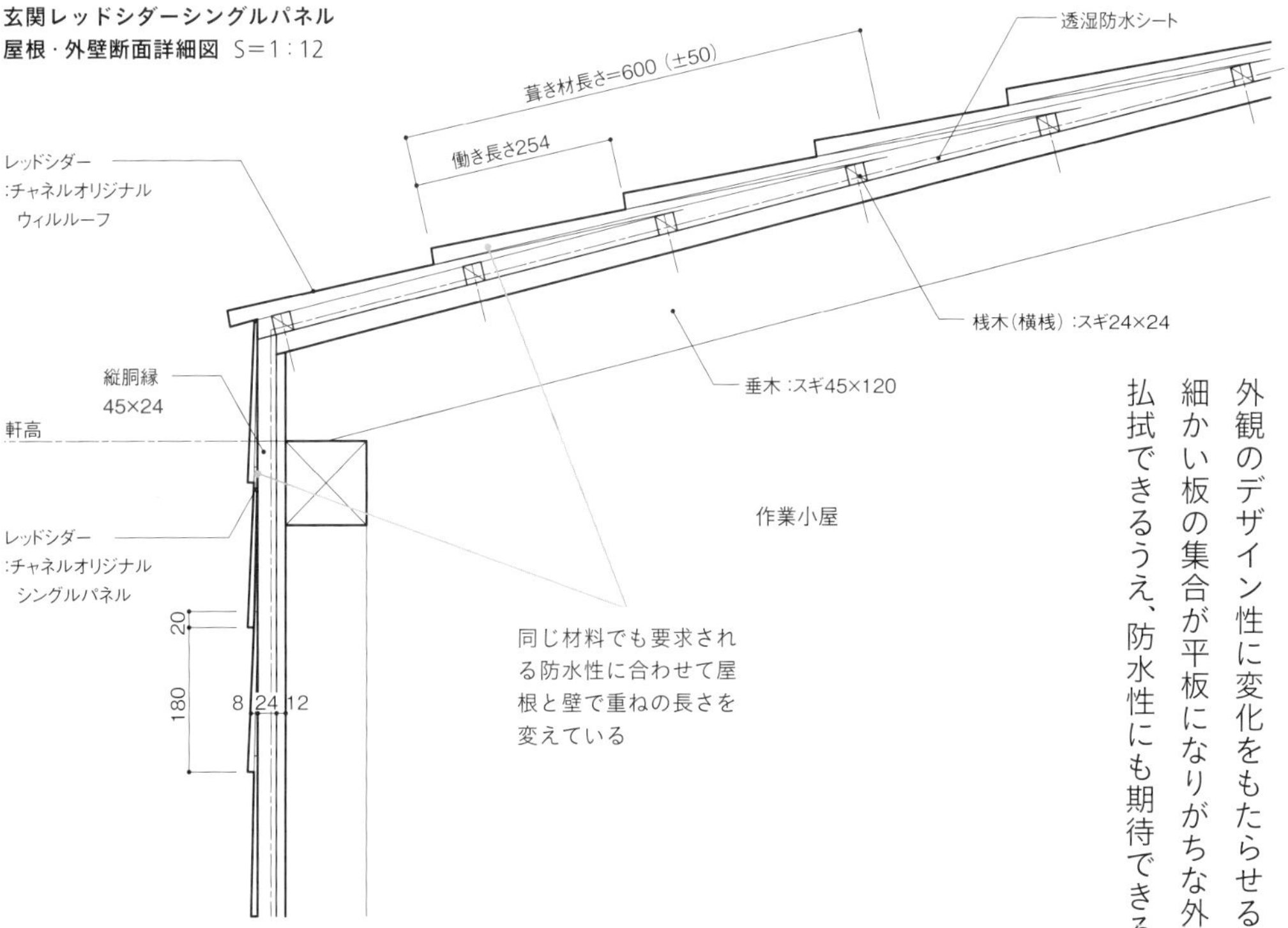

透湿防水シート
葺き材長さ=600（±50）
働き長さ254
レッドシダー
:チャネルオリジナル
ウィルルーフ
桟木（横桟）:スギ24×24
垂木:スギ45×120
縦胴縁
45×24
軒高
作業小屋
レッドシダー
:チャネルオリジナル
シングルパネル
20
180
8 24 12
同じ材料でも要求される防水性に合わせて屋根と壁で重ねの長さを変えている

## ガルバリウム鋼板平葺き

ガルバリウム鋼板を外壁に使う場合は、小波や角波などの凹凸のあるものをそのまま使うことが多い。ただし、「いかにも鉄板を張っている」という印象に見えてしまう人もいるので、この事例のような平葺きも検討したい。屋根と一体に仕上げて、その部位を塊のように見せることもできる。

（三五工務店）

## レッドシダーシングルパネル張り

木材で屋根を葺く際に用いられる張り方をそのまま外壁に使用した例。木材には耐水性のあるウエスタンレッドシダーを使い、屋根も同様の材料で同じ葺き方をして、屋根と壁が一体となった塊のように見せることに成功している。玄関戸も既製品の断熱ドアの表面に同様の仕上げを施している。

（もるくす建築社）

写真：諏訪智也（70頁右、71頁下）

\スゴ技/

38

外観

# いろいろと使える下見板張り

下見板張りは外壁板張りの定番であり、その見た目だけで板張りの外壁の印象を強く主張する。この特徴を生かして、いろいろな素材や場所に使ってみると、目新しいデザインに見せることができる。

## 内壁のスギ下見板張り

外壁の仕上げをそのまま内装に活用するのも面白い。ここでは、内装の壁の一部にスギ下見板張りを使うことで、部屋の中に家が建っているような印象効果が得られている。もちろん、内装の壁全面を下見板張りとし、屋外であるかのような感覚や板張りのイメージを強調するのにも役立つ。なおこの事例では、モイスの壁に白色塗装を施している。（サトウ工務店）

## ガルバリウム下見板張り





鋼板外装は角波板や小波板をそのまま張ってもよいが、少し張り方を変えるだけで建物の見え方が大きく変わる。ここでは、白いガルバリウム鋼板を鎧張りして仕上げているが、遠目に見るとペンキを塗った板張りの外壁のようにも見え、板張りの鎧張りとも相性がよい。もちろん、鎧張りは雨仕舞いに優れた張り方なので、防水性も高い。（三五工務店）

\スゴ技/
39
外観

# 焼スギの黒で外観を引き締める

関西以西でよく見られる木材の表面を焼いて炭素化させた外壁材。塗装では表現できない独特の色合いの黒は、外観のファサードを引き締める効果がある。

## 焼スギ竪板張り

こちらは表面が薄く炭素化した一般的な焼スギを外壁に竪板張りした事例。塗装よりも落ち着いた色合いの黒、艶なしの見た目は、住宅デザインとの相性の幅が広く、さまざまなタイプの外壁に使うことができる。塗装のような塗り替えを要しないのも大きなメリットだ。

（サトウ工務店）

## 天龍焼杉竪板張り

天龍焼杉を外壁に竪板張りした例。塗料などでは引き出せない、濃い色合いの黒、膨張して割れたような表面、独特の光沢などが、外観のデザインを引き立てる。独特の質感をもつ材料なので、竪板張りなどのシンプルな張り方が適している。なお、厚さ18㎜のスギ板で製作するため、反りや割れが少なく深くまで炭化できるので、耐燃焼性、耐久性、耐候性、防腐性などにも優れる。

（扇建築工房）

### 焼スギの工程

天龍杉の3枚の板を筒状に組んで、その中に火種を入れて表面を焼き上げる。筒の煙突効果による強い炎によって厚く硬い炭化層が出来上がる。伝統的な工法である手焼きは一般的な機械焼きに比べて表面の炭化層が剥がれにくい。(製作：fan material)

# 板張り外壁の玄関は板張りでなじませる

どのような外壁の仕上げであっても、玄関は正面から見たときに悪目立ちしない配置やデザインを心掛けるべき。そのほうが外観デザインとしてもうまくまとまる。

＼スゴ技／
40
外観

## スギ下見板張りの玄関

スギ下見板張りの外壁の玄関。玄関部分にはパイン竪板張りの面材を使ったスウェーデンのスニッカルペール製の断熱ドアを採用、その右側の壁を玄関戸ドアの雰囲気に合わせたツガ竪板張りとして、自己主張をしない樹種で揃えている。（サトウ工務店）

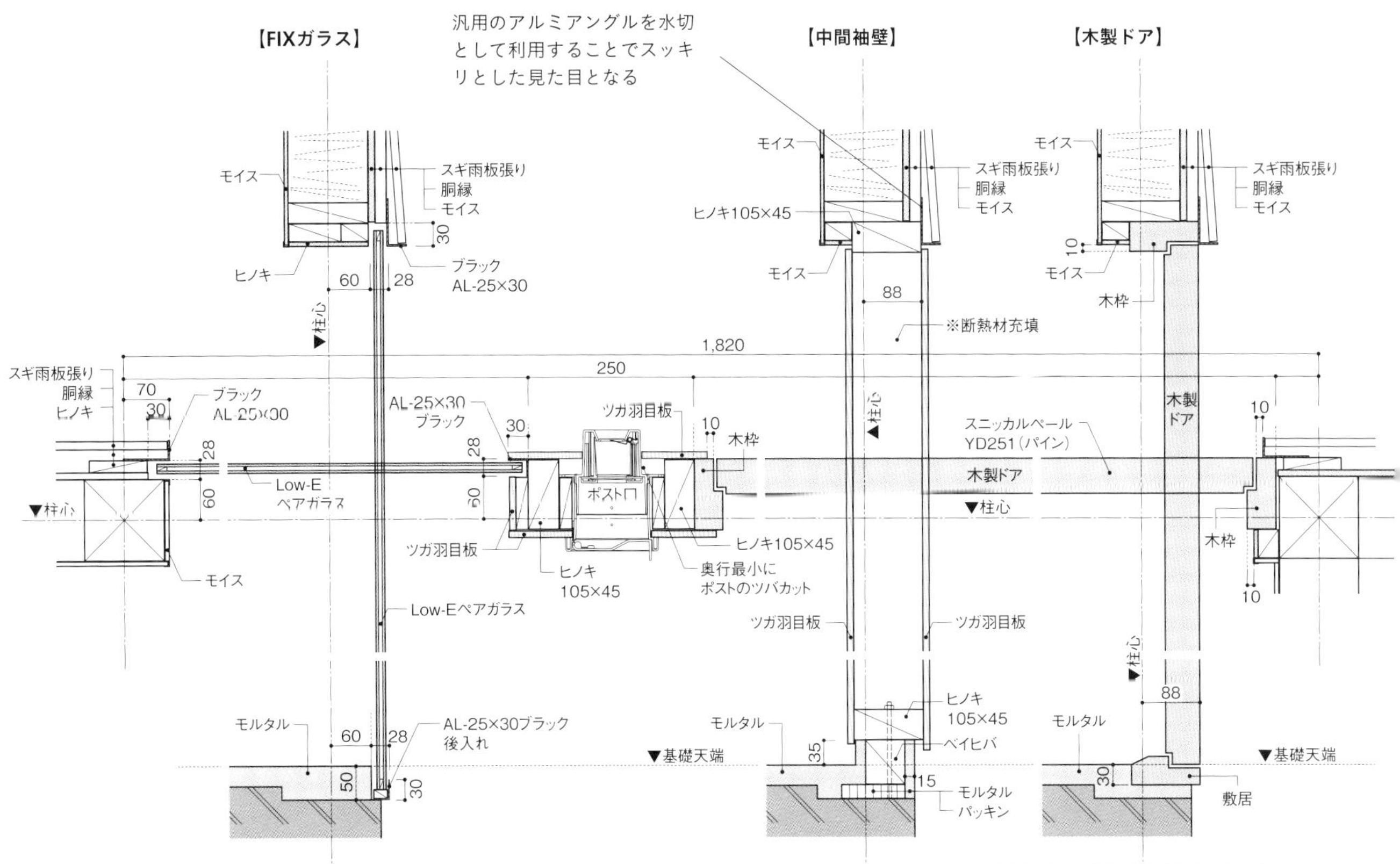
【FIXガラス】
【中間袖壁】
【木製ドア】
汎用のアルミアングルを水切として利用することでスッキリとした見た目となる
モイス
スギ雨板張り
胴縁
ヒノキ
ブラック AL-25×30
ヒノキ105×45
※断熱材充填
1,820
250
スギ雨板張り
胴縁
ヒノキ
ブラック AL-25×30
AL-25×30 ブラック
ツガ羽目板
木枠
スニッカルペール YD251（パイン）
木製ドア
Low-E ペアガラス
ポスト口
▼柱心
ツガ羽目板
ヒノキ 105×45
奥行最小に ポストのツバカット
Low-Eペアガラス
モルタル
AL-25×30ブラック 後入れ
▼基礎天端
ベイヒバ
モルタル パッキン
敷居

玄関戸廻り断面詳細図 S=1:12

\スゴ技/

41

外観

# 木造でもできるガラスブロック壁

玄関廻りなどに古くから使われるガラスブロックは、
断熱性もあるうえに光も通すため明るい空間になる。
部分的に使ってもよいが、
壁1面に使うことでシャープな印象が強く出せる。

## 壁全面のガラスブロック

木造建築の壁2面、2層分にガラスブロックを設置した例。木造の場合は小さい範囲に用いられるガラスブロックであるが、納まりや構造を十分に検討すれば大きなガラスブロック壁をつくることができる。巨大なガラスブロックはファサードの大きなアクセントになる。

（サトウ工務店）

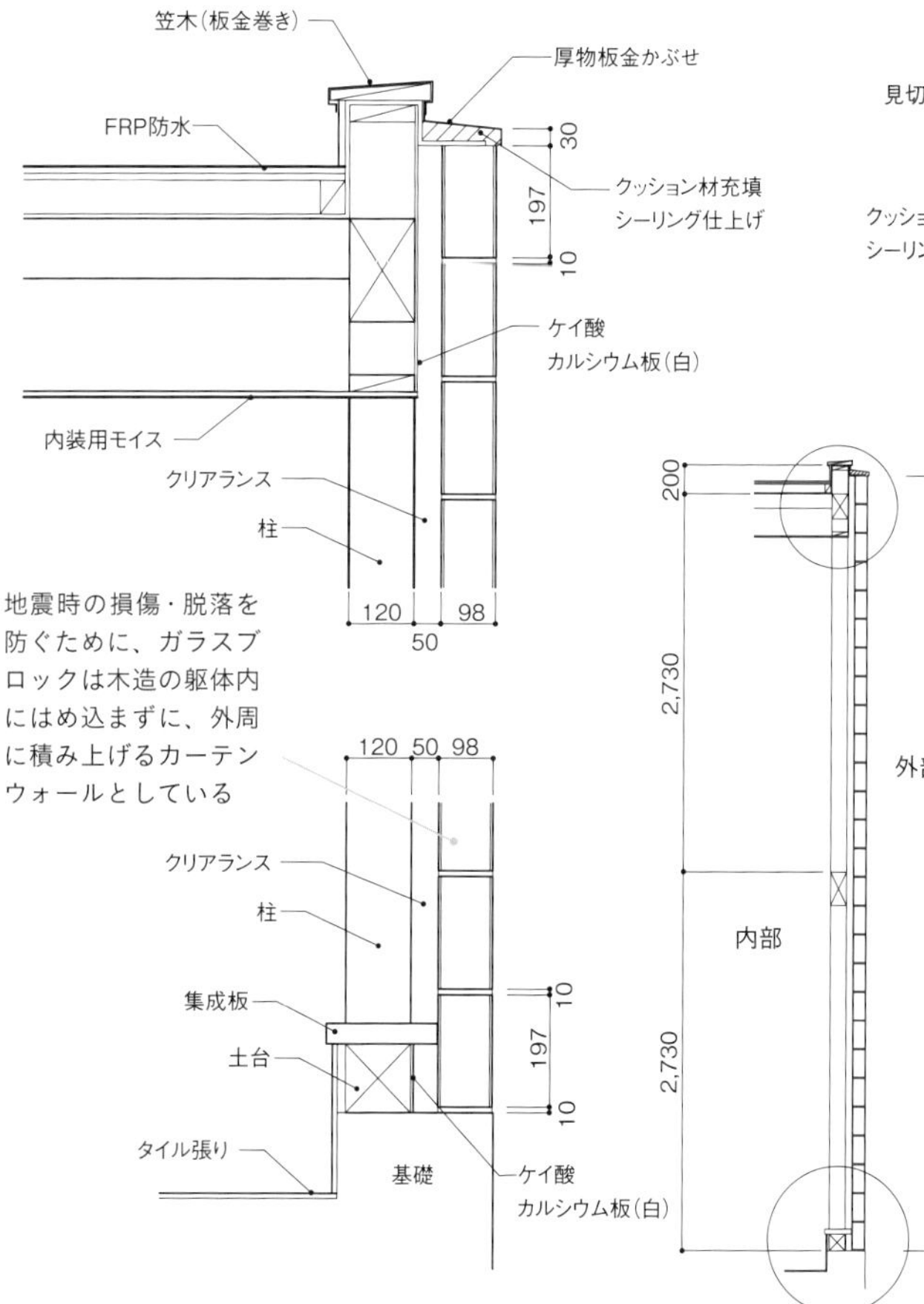
笠木(板金巻き)
厚物板金かぶせ
FRP防水
30
クッション材充填
シーリング仕上げ
197
10
ケイ酸
カルシウム板(白)
内装用モイス
クリアランス
柱
120
98
50
地震時の損傷・脱落を防ぐために、ガラスブロックは木造の躯体内にはめ込まずに、外周に積み上げるカーテンウォールとしている
120 50 98
クリアランス
柱
集成板
土台
10
197
10
タイル張り
基礎
ケイ酸
カルシウム板(白)
200
2,730
外部
27段
内部
2,730

ガラスブロック断面詳細図 S＝1：20・1：80

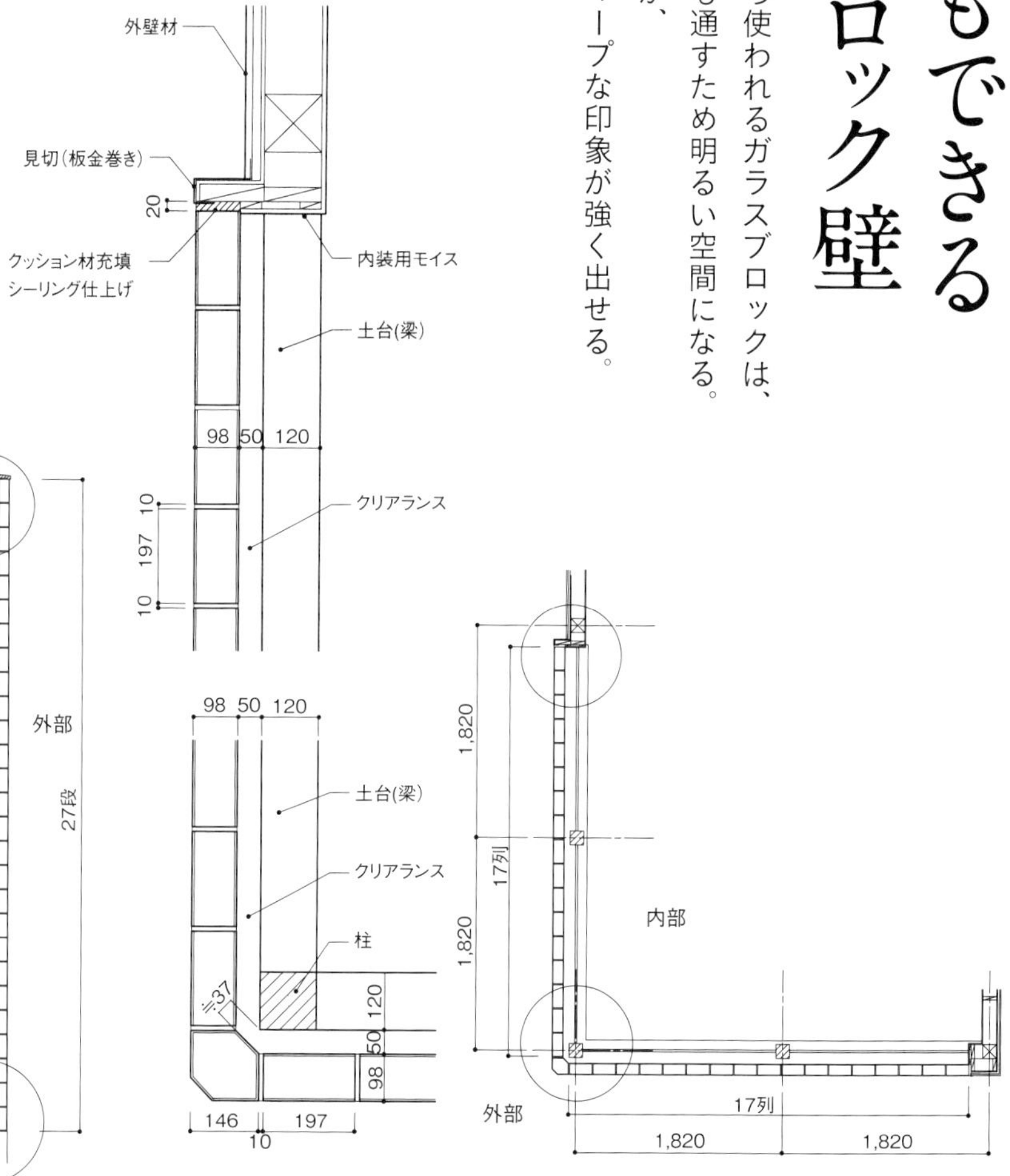
外壁材
見切(板金巻き)
20
クッション材充填
シーリング仕上げ
内装用モイス
土台(梁)
98 50 120
クリアランス
10
197
10
98 50 120
土台(梁)
クリアランス
柱
≒37
120
50
98
146
197
10
1,820
17列
1,820
内部
外部
17列
1,820
1,820

ガラスブロック平面詳細図 S＝1：20・1：80

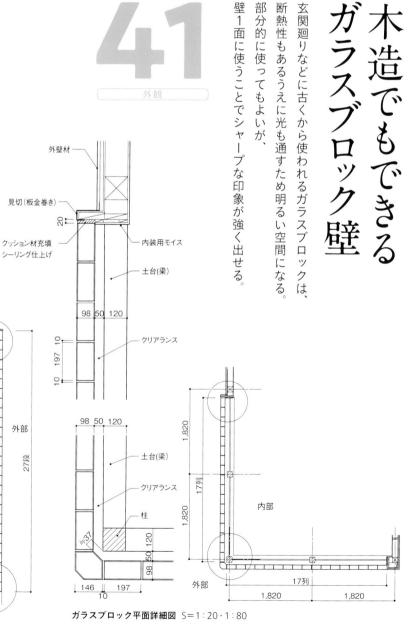

# 自然と調和する板金の外壁

\スゴ技/
42
外観

この住宅で印象的なのが、不規則に切り取られた板金の外壁。佐藤さんと建て主との打ち合わせのなかで「森のなかに鉄の塊を置く」というイメージが共有され、さらに自然に存在するかのように、板金を不規則な割付けで張ることが考えられた。

使われたのは艶なしの黒いガルバリウム鋼板。何度も検討された割付けに合わせて板金職人が切断、加工し、現地で調整、取り付けられた。屋根も同材で仕上げたため、まさに黒い鉄の塊のような外観になった。しかし、周囲の木々と板金の不規則なラインが調和し、周囲の景観になじんでいる。もちろん、板金の耐久性のよさは、厳しい自然環境の下でもストレスフリーである。（もるくす建築社）

北側外壁。手前の木のように自然なラインで板金が張ってある

西面外壁。壁の出入口はガレージに通じている。

右／南側外観。南側に大きな開口部をもつ。夏の直射日光を遮るために外壁面から1,820mm引き込んだ位置に開口部が設置されている
左上／北東側の道路から見た外観。自然豊かな別荘地に建つ
左下／北側外観。横に長い形状であることが分かる

上／南側外観。軒の出を1,800mmほど出したことで、存在感のある屋根が全体のプロポーションに好影響を与えている。屋根は三州瓦の一文字葺き
下／軒下から庭を見る。庭はハウズの鈴木勝三氏によるもの。自然石やアオダモ、ハナミズキなどの繊細な樹木が美しい庭をつくり出している

写真：杉野圭

右／アプローチ。石の塀は三河地方の播豆石を積んだもの。左のRCの塀は目隠しのために設置した
左／道路から見た妻側外観。屋根勾配は4.5寸。塀は木材保護塗料「ウッドロングエコ」を塗った天竜杉

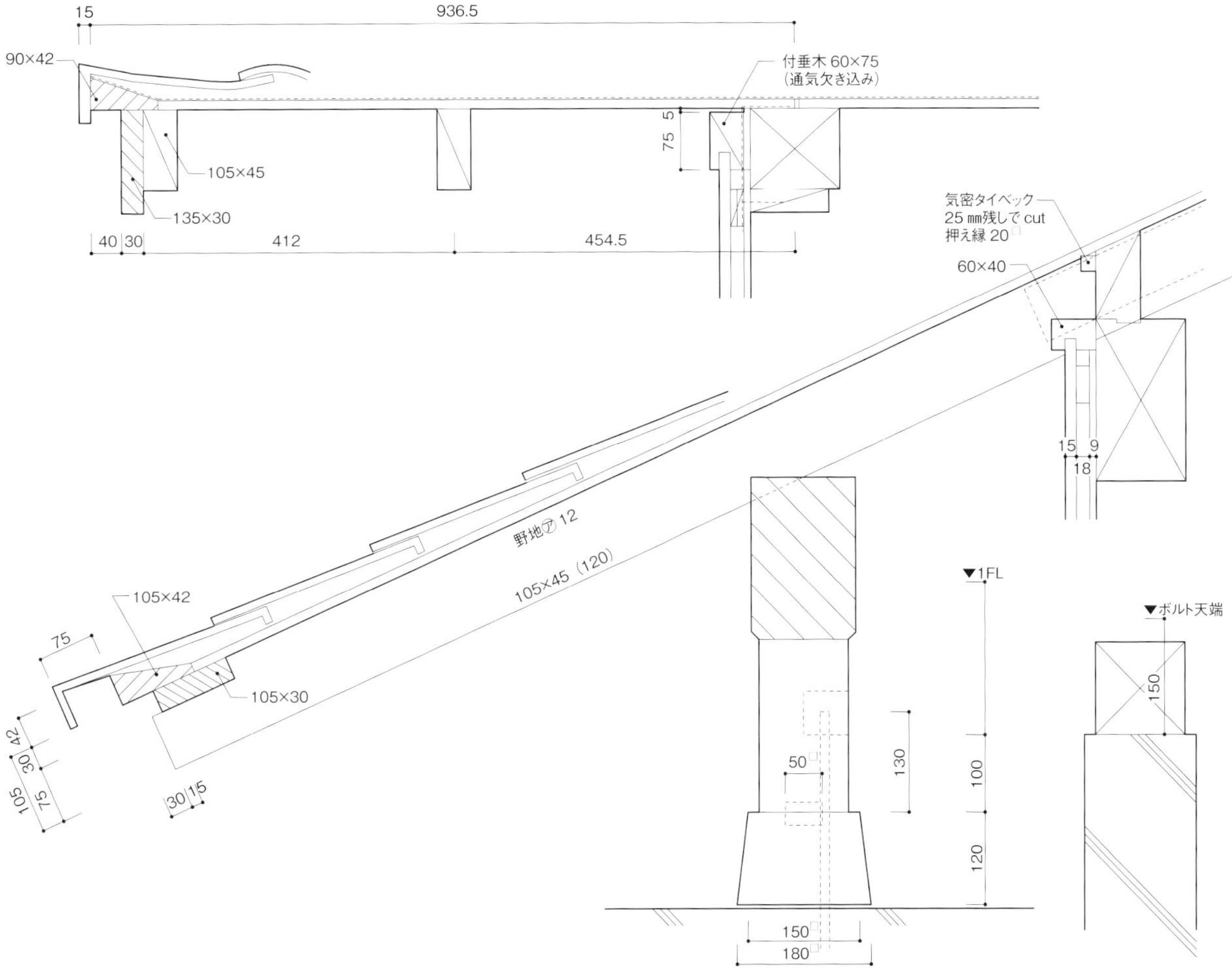

15
936.5
90×42
付垂木 60×75
（通気欠き込み）
75
5
105×45
135×30
40
30
412
454.5
気密タイベック
25 ㎜残しで cut
押え縁 20
60×40
15
9
18
野地ア12
105×45（120）
105×42
75
105×30
42
30
105
75
30
15
▼1FL
▼ボルト天端
150
130
50
100
120
150
180


軒先・けらば断面図 S=1：60

\スゴ技/

43

外観

# 軒の出の深さが美しい外観をつくる

外部ついては、番匠は瓦や鋼板の屋根に、左官や鋼板、板張りの外壁という組み合わせが多い。事例はそのなかでも定番的に使われている瓦葺きの屋根に、色を付けたモルタルをスタイロ摺りで仕上げた外壁としている。外壁のこの仕様は、吹付けの左官調仕上げよりも安価で、しかも質感があるため、番匠ではよく用いられている。

また、浜松では基本的に夏の日射が強く台風も多いため、直射日光が室内に入らないように、また外壁や窓に雨が直接当たらないように、軒をかなり深くしている。それが屋根面の強調されたバランスのよいプロポーションを成り立たせている。（番匠）

＼スゴ技／

# 44

外観

# 町並みの風景になる普遍的な佇まい

新潟県・長岡は盆地である　夏は暑く湿気があり、冬の日射は少ない。積雪は多いときには1.5mにもなり、厳しい環境だ。K邸は信濃川にほど近く、町のシンボルである水道塔が見える場所に建っている。敷地は間口約10m、奥行き約22mの細長い形状で、住宅街であるため三方に隣家が迫っていた。この地では雪対策が最優先課題であり、雪を隣の敷地に落とさないため、建物を敷地境界線からセットバックさせる必要があった。

当初、夫妻は平屋を希望していたこと、また町並みに対して控えめな佇まいにしたいと三浦さんが意図したことにより、全体的なボリュームを抑え、軒は低めに設定。前面道路側には車を2台止められる駐車スペースを確保し、雪国によく見られる雪よけの雁木《がんぎ》を思わせる佇まいで、駐車スペースから玄関、さらには敷地奥のデッキまで連続させるデザインとした。駐車スペースには、雪かき用の道具やスタッドレスタイヤなどを入れておける外部収納を設置。雪に濡れないよう、車庫から玄関に直接アクセスできる動線のほか、キッチンの勝手口にも直接行ける裏動線も確保した。

（池田組＋設計島建築事務所）

北西側外観。前面道路側は軒を2,480㎜と低く設定し、町並みに対する圧迫感を抑えている。屋根は車庫側に雪が落ちないよう雪止めを設置。積雪と信濃川の増水に備えて床下を600㎜と高くとっているが、それによって軒の高さが上がらないようバランスをとった

写真:山本育憲（78-80頁）

玄関の屋根は、敷地奥に配置した和室横のデッキまで連続している。奥行き2,730㎜とデッキを広くとっているので、雨天時も活用できる

車庫から玄関までは軒下を通って自然にアプローチでき、屋根は雁木が連なるようなデザインとなっている

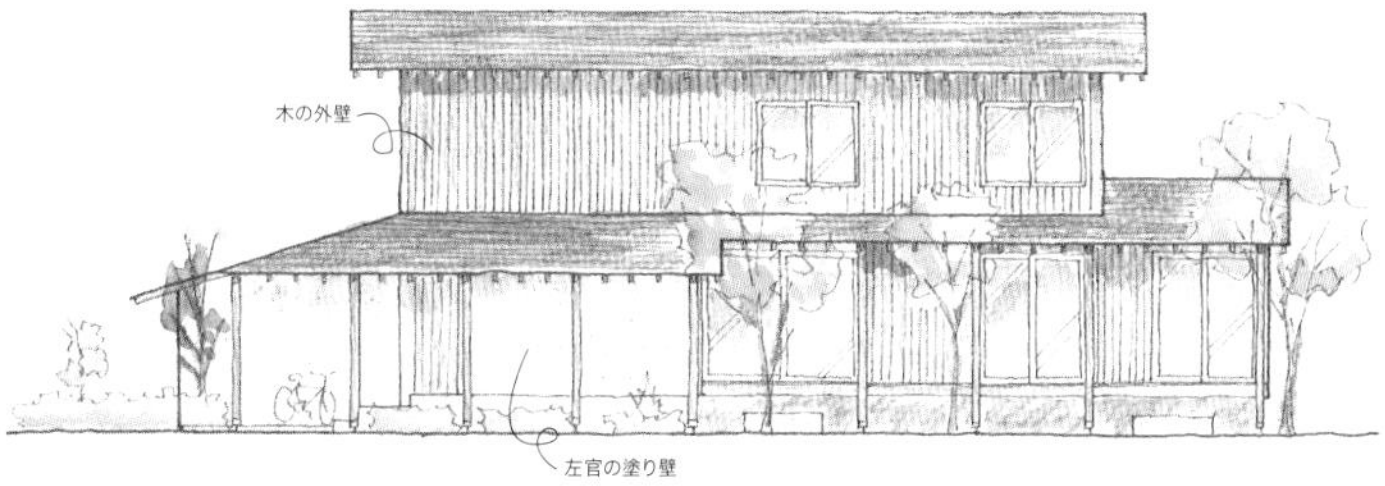


# 積雪の多い 厳しい冬に備える

雪国は、スタッドレスタイヤや雪かきの道具を入れる外部収納が必要になる。車庫から玄関まで、軒下側のアプローチのほか、外部収納裏は雪に濡れずにアクセスできる動線を確保している

**水道町の家**

| | |
|---|---|
| 所在地 | 新潟県長岡市 |
| 家族構成 | 夫婦 |
| 構造 | 木造2階建て |
| 敷地面積 | 241.62㎡ |
| 建築面積 | 119.66㎡ |
| 延床面積 | 133.65㎡ |
| 1階面積 | 71.83㎡ |
| 2階面積 | 35.32㎡ |
| 竣工年月 | 2018年9月 |
| 耐震性能 | 積雪2mの場合、耐震等級2 |
| 温熱性能 | UA値0.258W/㎡K<br>Q値1.05W/㎡K C値0.2㎠/㎡ |

三河杉の外壁の詳細。1年を経過して、日の当たり方、雨の当たり方で表面の色に差が出てきている。よく日の当たる面は銀灰色に、日の当たらない場所は黄色い色味がかなり残っている

\スゴ技/

# 45

外観

# 木の変化や汚れを考えて外壁に木材を張る

寛建築工房の設計する住宅は、外壁に木材を使うことが多い。この住宅でも、外壁に三河杉を縦張りしている。

ただし、三河杉は無塗装のものを使用。時の流れとともに自然と銀灰色に変色していくさまを美しいと考えているからだ。立方体ゆえの均一に変化しやすいフォルムは、スギ板の銀灰色化がスギ板型枠のコンクリートの佇まいを彷彿とさせ、モダンなニュアンスも醸し出していく。

日の当たりにくい北面・東面の壁は、木材の劣化を考えてカルバリウム鋼板張りにしているほか、雨垂れが発生する窓の端は上下の窓の位置をそろえて目立たないように配慮するなど、きめ細かい工夫もなされている。（寛建築工房）

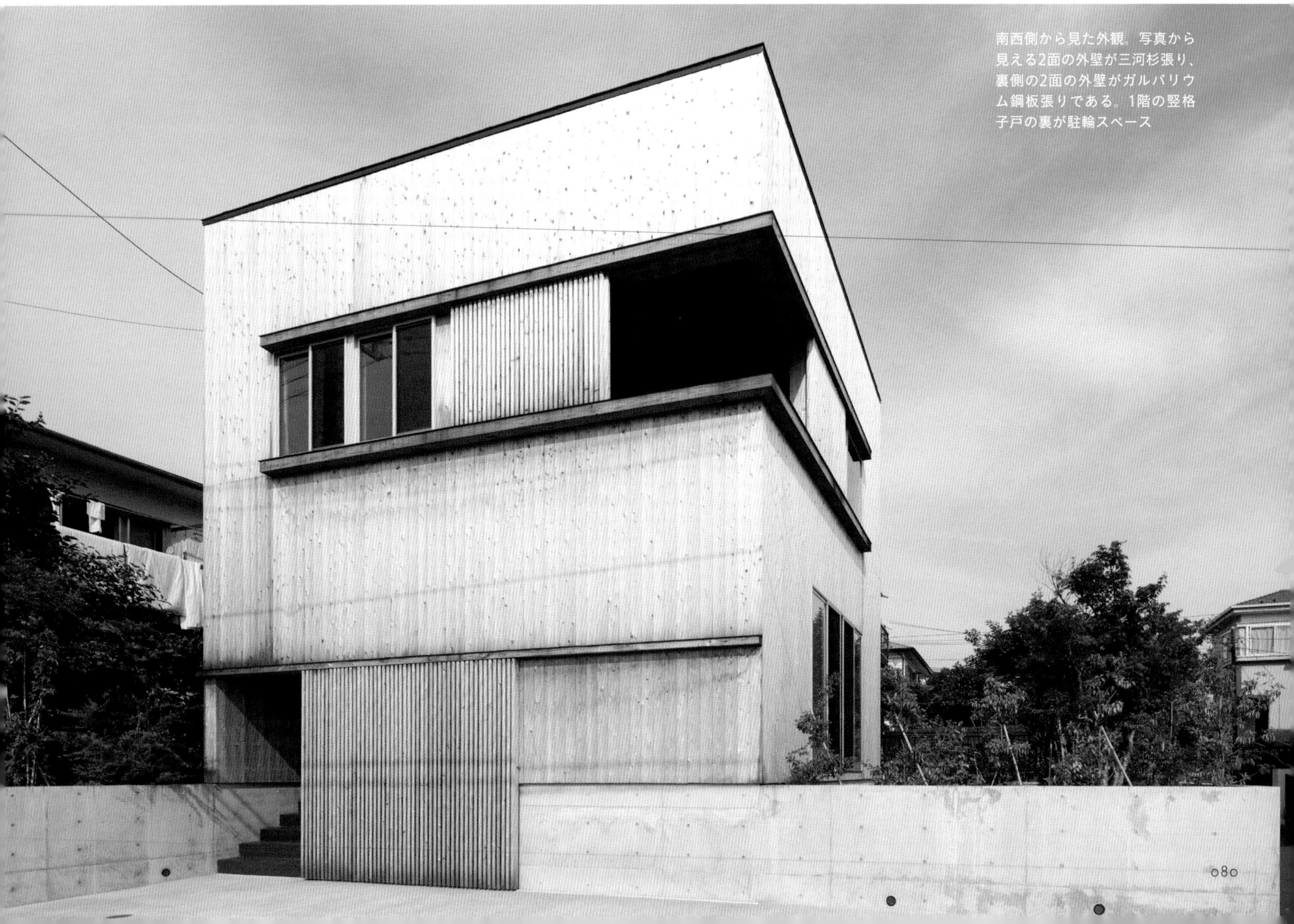

南西側から見た外観。写真から見える2面の外壁が三河杉張り、裏側の2面の外壁がガルバリウム鋼板張りである。1階の竪格子戸の裏が駐輪スペース

chapter 4

# 間取りのスゴ技13

住み心地に最も影響する間取り（プラン）。
ここでは、家事動線や生活動線の設計法はもちろん、
無駄のない部屋割りや、スキップフロアの活用法など、
より実践的な間取りの「スゴ技」を紹介する。

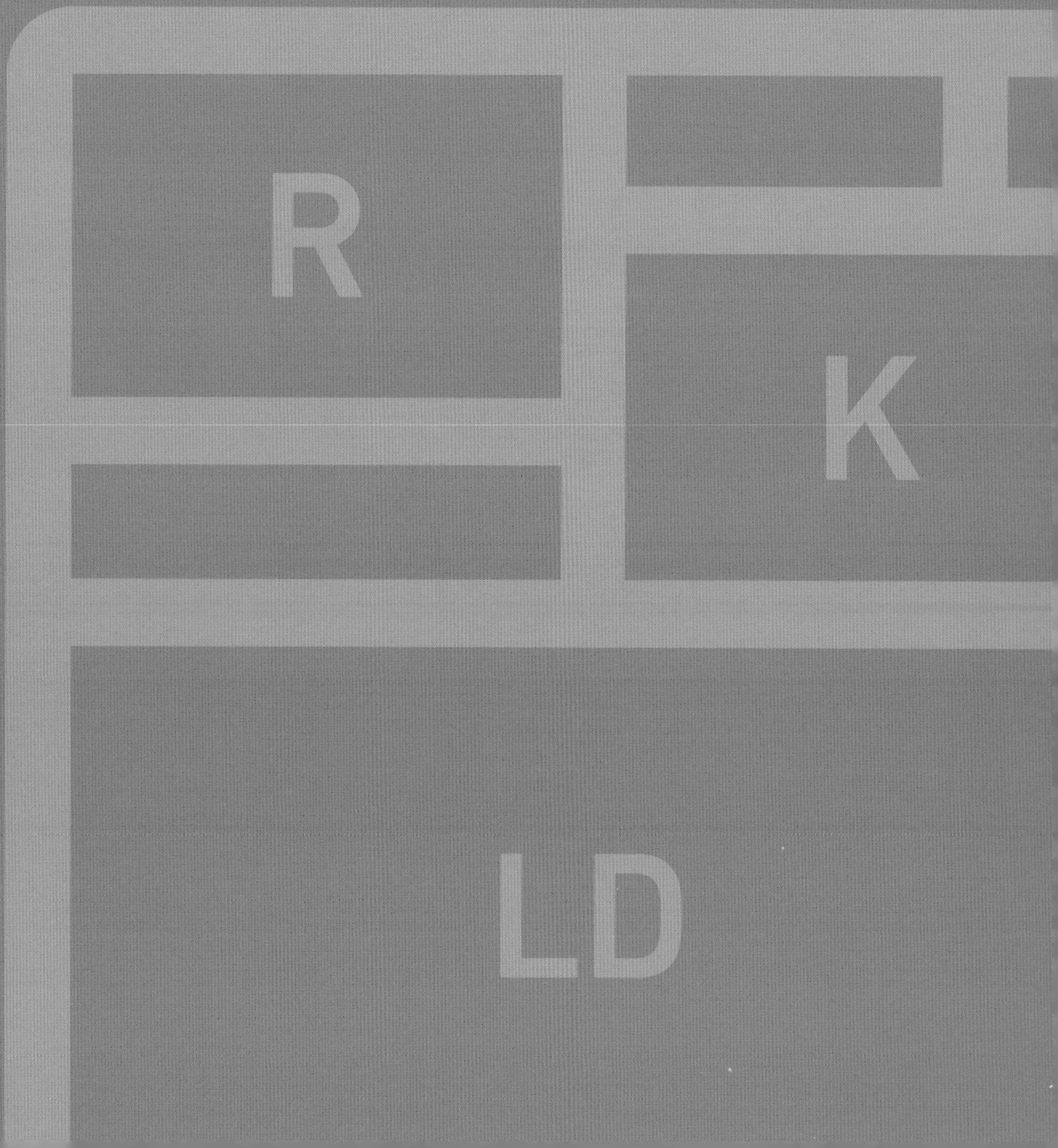

\スゴ技/

# 46

間取り

# 間取りを上手にまとめる基本テクニック

## 建て主の生活スタイルに合わせた「居場所」を設ける

複数の人間が同じ家に住む場合、その時々の距離感に応じて、複数の人間が集まれる居場所と個人が分散して過ごせる居場所を設けるとよい。たとえば、リビングやダイニングは大人数で集まれるダイニングテーブルやソファを設ける一方で　書斎　家事室　スタディコーナー　小上がり、デッキテラスなど個室以外にさまざまな居場所を用意したい。家の隅々により愛着をもってもらえるだろう。

## 隣地や日照から建物配置や部屋の位置を決める

間取りで最初にやるべきことは、敷地の環境に合わせた建物や部屋の配置である。まず日影になりにくい場所に建物を配置し、LDKなどは最も日当たりのよい場所に設ける必要がある。また、窓を開けても隣地や道路からの視線が気にならないような部屋や窓の配置を考えるべきである。特に都市部であれば後者を優先し、日当たりは窓の配置などで取り込めるようにしたい。

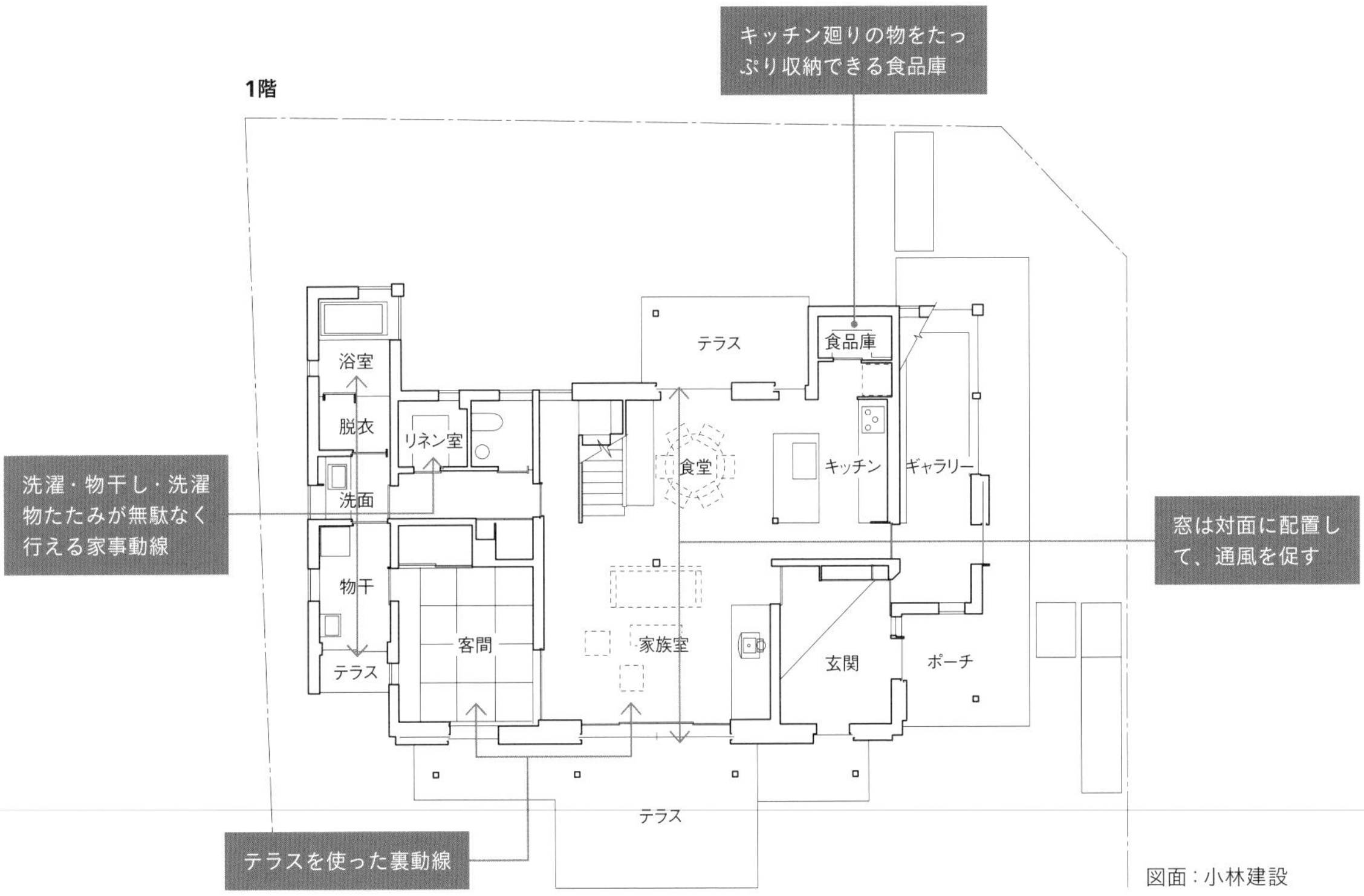
キッチン廻りの物をたっぷり収納できる食品庫
1階
浴室
脱衣
リネン室
洗面
物干
テラス
客間
テラス
食堂
家族室
食品庫
キッチン
ギャラリー
玄関
ポーチ
テラス
洗濯・物干し・洗濯物たたみが無駄なく行える家事動線
窓は対面に配置して、通風を促す
テラスを使った裏動線

図面：小林建設

## 部屋ごとに必要な収納スペースを設ける

いくら素敵なインテリアの部屋をつくっても物であふれかえっているようであれば、台なしである。片付けはその場で使うものをその場にしまうのが一番簡単であり、各部屋で使うものが各部屋に収納できるように設計することが重要になる。

そのためには、建て主の持ち物を正確に把握し、それらがしっかりと納まるように各部屋に収納を用意すること。また、物は増えるのが当たり前であり、収納スペースは余裕をもって設計することが重要だ。もちろん、後々買うもので大きすぎて収納に収まらないものも出てくるだろう。そのためになんでも収納できる物置のような納戸、小屋裏収納、床下収納なども設けておきたい。

## 窓の配置と間取りは同時に考える

部屋の配置と同時に考えなくてはならないのが窓の配置である。窓は室内からの外（景色など）の見え方、外（隣家の窓や通行人など）からの室内の見え方のほか、日当たり、通風・換気、そして内外観の美しさ、などさまざまな点を考慮して位置や大きさなどを決める必要がある。この窓の配置や部屋の用途や配置にも大きく絡んでくるので、時間をかけて設計する必要がある。

ただし、セオリーは存在する。窓は地域ごとの風の向きに合わせて、南北、東西と対になるように設け、通風を促すとよい。また、吹抜けがあれば上部に窓を設け、下階北側への日照や熱の排出を促すようにする。都市部などであれば、高窓や天窓を多用して、プライバシーと通風、日当たりを両立させるとよいだろう。

## 構造を考えて間取りを設計する

「間取りによって壁の位置が決まる」という大前提を考えれば、構造計画と間取りは同時に設計しなくてはならないといえる。

構造上一番重要なのは、1階と2階の柱の位置を揃えること、そして壁の位置もできるだけ1階、2階で揃えて設計することだ。そういう意味では、通常であれば個室が中心で柱や壁が多くなる2階の間取りから設計し、その柱や壁の位置に合わせて1階の間取りを設計するとよいだろう。また、1マスを910㎜や1mとしたグリッドに合わせて壁や柱を配置すれば、上下階の柱や壁を揃えやすい。

## 廊下をできるだけ少なくする

廊下は部屋ではなく、住宅においては移動専門の無駄なスペースだ。したがって、できるだけ廊下をなくすように間取りを考えたい。たとえば、1階であれば玄関とLDKをつなげ、LDKの隅に洗面脱衣室や浴室を設置してしまえば廊下は必要ない。2階は個室が多いため、廊下は少なからず必要になるが、階段を中央に設け、そこに向かって各個室の入口を設ければ、廊下の面積をかなり抑えることができる。

なお、廊下の幅をやや広く取り、無駄になっている壁部分を書棚やカウンターにすることで、読書スペースやスタディコーナー、書斎などとして兼用することも可能だ。

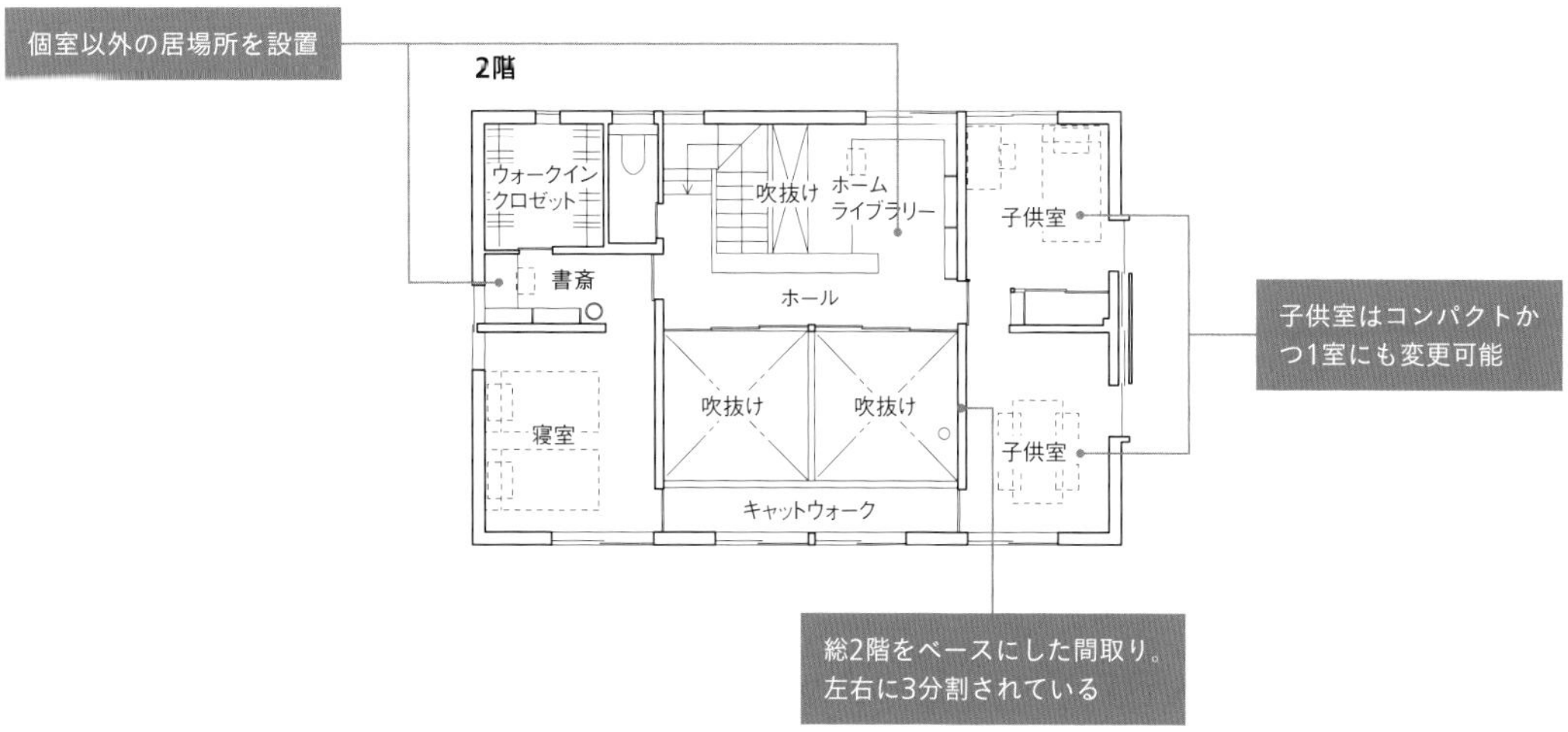
個室以外の居場所を設置
2階
ウォークイン
クロゼット
吹抜け
ホーム
ライブラリー
子供室
書斎
ホール
子供室はコンパクトかつ1室にも変更可能
吹抜け
吹抜け
寝室
子供室
キャットウォーク
総2階をベースにした間取り。
左右に3分割されている

## 小さい家ではリビングと子供室をコンパクトに

小さい家を建てる方が増えてきている。理由としては、敷地がそもそも狭いという消極的な理由だけではなく、仕上げや造作に費用をかける分、床面積を減らしてコストを下げたいという理由のほか、小さいほうが移動は少なく、清掃もらく、さらには落ち着くといった理由もある。

家を小さくした際に問題になるのが、各部屋の広さ。ただし、やみくもにすべての部屋を狭くしてはただ居住性が下がるだけなので、部屋を限定して狭くしたい。おすすめは子供室である。家の長寿命化が進む中で、子供が家にいる期間が極めて短い。したがって、子供室を1人当たり4.5畳程度にしてしまう。机を共用スペースに出してしまえば、3畳程度にすることも可能だ。

あとは、リビングを省略するという考え方もある。リビングは「くつろぐ」ための場所であるが、ダイニングチェアを座り心地のよいものにして、ダイニングの壁にテレビを置ければ、リビングは必要なくなる。リビングを省略した分、ダイニングを少しゆったり目に設計するとよいだろう。

## 家事·生活動線はちゃんと考える

間取りを考える際は、洗濯や洗濯物干し、掃除、炊事といった家事や入浴や睡眠、外出の準備などの日々の生活がスムーズに行えるように動線を十分に検討する必要がある。一番簡単などは、浴室や洗面脱衣室、洗濯室、部屋干しスペースなどを1つにまとめてしまう方法。さらに家事スペース用のカウンターを設けて、アイロンがけや洗濯物たたみなども同じ場所で行えるとよい。さらにキッチンやパントリーも近くに設け、移動なく一連の舵を行えるようにしたい。

生活動線も同様だ。部屋のなかもしくは周囲にクロゼットを設け、服やカバン、小物などをまとめて取り出せるようにしておく。また、よく着るコートや帽子などは玄関の近くにかける場所があるとよいだろう。また、部屋間は廊下だけでなく、部屋同士をつなぐドアやデッキ、庭など複数の動線から移動できるようにしておくとストレスがない。

## kai gan

| | |
|---|---|
| 所在地 | 北海道伊達市 |
| 家族構成 | 夫婦（セミリタイヤおよび移住者）<br>or夫婦＋子ども1人 |
| 構造 | 木造平屋 |
| 敷地面積 | 254.55㎡ |
| 建築面積 | 112.41㎡ |
| 延床面積 | 109.17㎡ |
| 竣工年月 | 2010年11月 |
| 設計施工 | SUDO設計／SUDOホーム |
| 耐震性能 | 等級2 |
| 温熱性能 | 熱損失係数　1.58W/㎡K |
| その他 | 認定長期優良住宅 |

＼スゴ技／

**47**

間取り

# 悪条件の敷地を恐れない

常設のモデルハウスとして建てられたkai ganは、桁行方向に長い平屋の家。敷地は、間口31m、奥行8mの細長い形状（配置図）で、しかも奥行き5mから先は下に傾斜しており、敷地中央には大きな窪みまであったという。お世辞にも好条件とはいえない土地だったが、南西側を遮るものが何もなく、その先には内浦湾が広がる。この美しい景色が、この土地の唯一の魅力であった。プランニングにあたっては、最も眺望のよい場所にリビングを配置。大きな窓を設け、西日の直射を避けるために少し建物を振っている。

設計の際にネックとなったのは、中央の窪みだった。深さは1.6mほどあったそうだ。ゼネコン部門をもつSUDOホームにとって造成することはわけないだろうが、設計担当の深瀬正人さんは、その窪みを生かし、空間として利用することを考えた。（SUDOホーム）

**配置図** S＝1：300

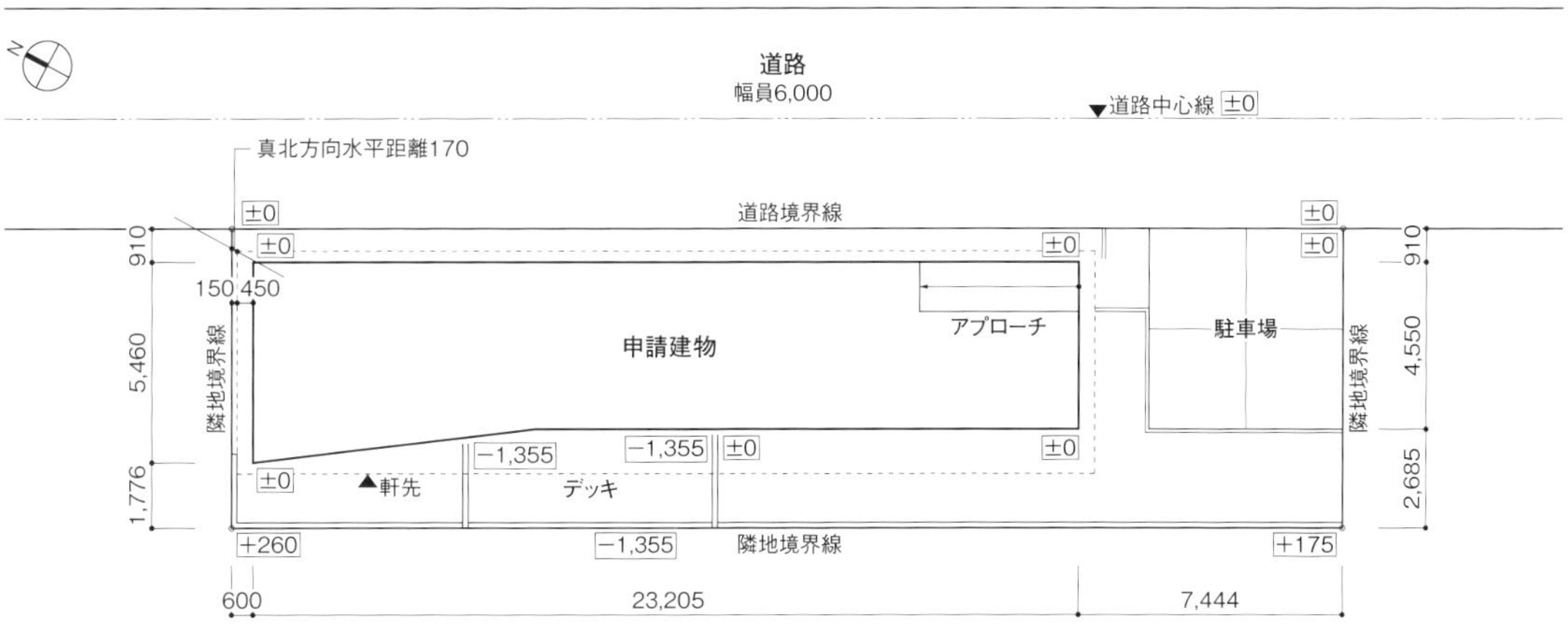

道路
幅員6,000
道路中心線 ±0
真北方向水平距離170
道路境界線
±0
150 450
申請建物
アプローチ
駐車場
隣地境界線
−1,355
±0
軒先
デッキ
+260
−1,355
+175
910
5,460
1,776
4,550
2,685
600
23,205
7,444


道路側（右上）と海岸側（右下）から見た外観。リビングからは、美しい海岸線が望める（左）。窓はカーテンウォールを「SB wall」（m.a.p）で納め、ガラスは断熱型Low-E複層ガラスを採用。熱貫流率は1.19W／㎡K。夏は外の樹木の葉が茂り、日射を遮る

\スゴ技/

# 48

間取り

# 高基礎で空間のボリュームアップ

敷地中央の窪みを生かしてつくったのが、リビングから半階下がったダイニングキッチンである。1階の天井高が2200～2600㎜と比較的低く設計されているが、ダイニングは下がっているぶん、天井高が約4mの吹抜けとなっている。これによりLDK全体のボリュームが増し、外観からは想像できない開放的な空間を生み出している。

この半地下のようなダイニングは、確認申請上は1400㎜以下の小屋裏扱いだ。地下室ではない。1550㎜の高基礎をつくり、床下空間を室内に取り込んでいるのである。

（SUDOホーム）

右／ダイニングキッチンとリビングは吹抜けでつながる。床にはタイルを敷き、1階と一体の内装にメリハリをつけている。冬はセントラル温水床暖房で暖める
左上／ダイニングからはプライベートテラスに出ることができる
左下／廊下からダイニングを見下ろした様子

# 高さ1400㎜以下を有効利用

**家事カウンター**
廊下の床下を使って、外気を導入した食品庫と家事カウンターに。炊飯器の出し入れもできる

**床下収納**
リビングの床下収納には、ダイニングの小さな扉からアクセスできる

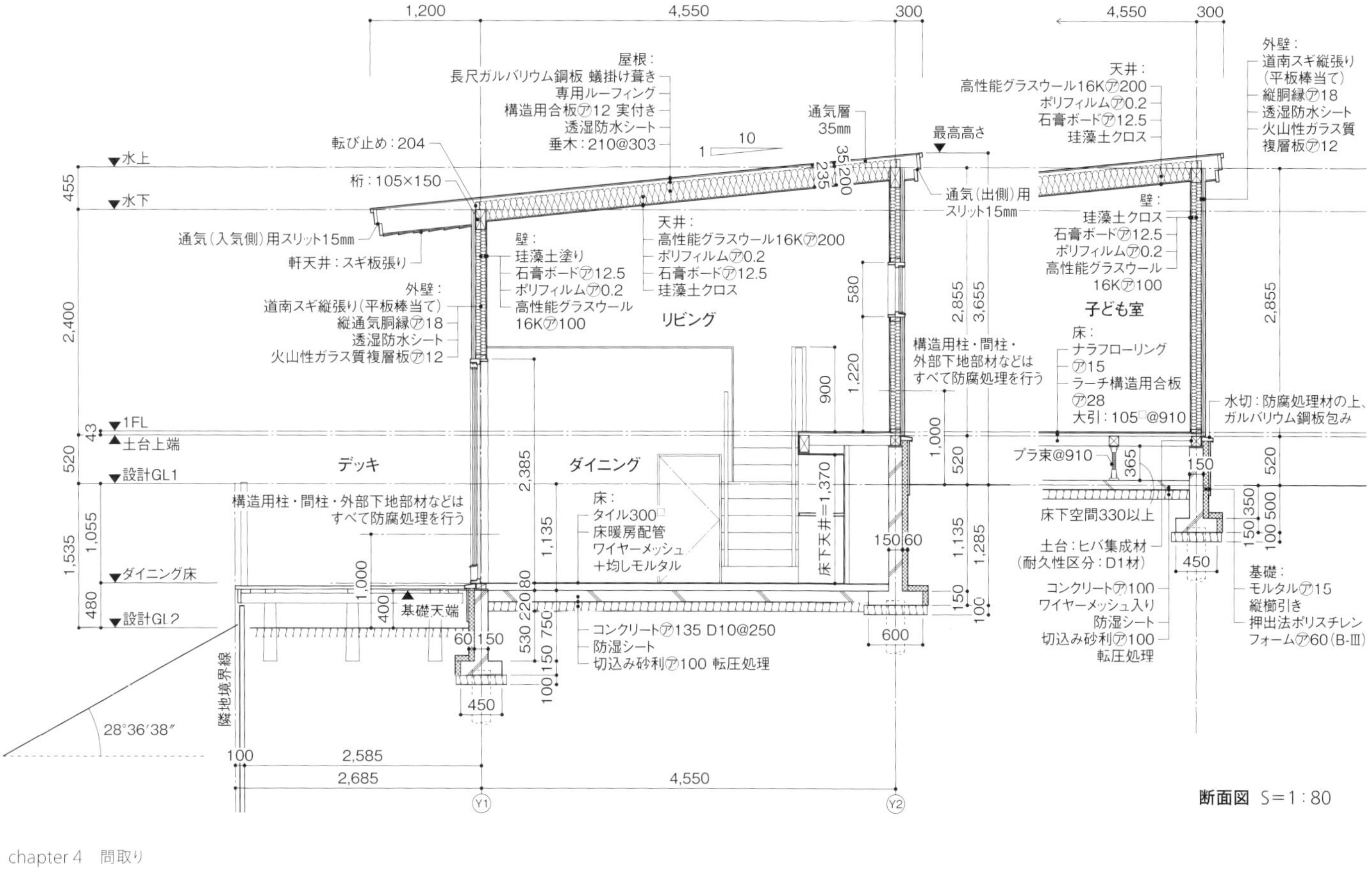

1,200
4,550
300
4,550
300
屋根：
長尺ガルバリウム鋼板 蟻掛け葺き
専用ルーフィング
構造用合板㋐12 実付き
透湿防水シート
垂木：210@303
転び止め：204
桁：105×150
通気層
35㎜
最高高さ
10
1
天井：
高性能グラスウール16K㋐200
ポリフィルム㋐0.2
石膏ボード㋐12.5
珪藻土クロス
外壁：
道南スギ縦張り
(平板棒当て)
縦胴縁㋐18
透湿防水シート
火山性ガラス質
複層板㋐12
水上
水下
455
通気(入気側)用スリット15㎜
軒天井：スギ板張り
外壁：
道南スギ縦張り(平板棒当て)
縦通気胴縁㋐18
透湿防水シート
火山性ガラス質複層板㋐12
壁：
珪藻土塗り
石膏ボード㋐12.5
ポリフィルム㋐0.2
高性能グラスウール
16K㋐100
天井：
高性能グラスウール16K㋐200
ポリフィルム㋐0.2
石膏ボード㋐12.5
珪藻土クロス
リビング
通気(出側)用
スリット15㎜
壁：
珪藻土クロス
石膏ボード㋐12.5
ポリフィルム㋐0.2
高性能グラスウール
16K㋐100
子ども室
2,400
580
1,220
900
2,855
3,655
2,855
構造用柱・間柱・
外部下地部材などは
すべて防腐処理を行う
床：
ナラフローリング
㋐15
ラーチ構造用合板
㋐28
大引：105□@910
水切：防腐処理材の上、
ガルバリウム鋼板包み
1FL
土台上端
設計GL1
43
520
デッキ
ダイニング
2,385
1,000
520
プラ束@910
365
150
520
構造用柱・間柱・外部下地部材などは
すべて防腐処理を行う
床：
タイル300□
床暖房配管
ワイヤーメッシュ
＋均しモルタル
床下天井=1,370
1,135
1,285
床下空間330以上
350
500
150
100
土台：ヒバ集成材
(耐久性区分：D1材)
450
1,535
1,055
1,000
ダイニング床
150 60
1,135
基礎：
モルタル㋐15
縦櫛引き
押出法ポリスチレン
フォーム㋐60(B-Ⅲ)
コンクリート㋐100
ワイヤーメッシュ入り
防湿シート
切込み砂利㋐100
転圧処理
480
設計GL2
400
基礎天端
80
220
530
750
150
100
60 150
コンクリート㋐135 D10@250
防湿シート
切込み砂利㋐100 転圧処理
150
100
600
450
隣地境界線
28°36′38″
100
2,585
2,685
4,550
Y1
Y2


**断面図** S＝1：80

\スゴ技/

# 49

間取り

# 高断熱高気密で自由なプラン

1階リビング窓は、樹木の葉が茂って西日を遮る。勾配天井が窓に向かって下がり、視線を外へと誘う

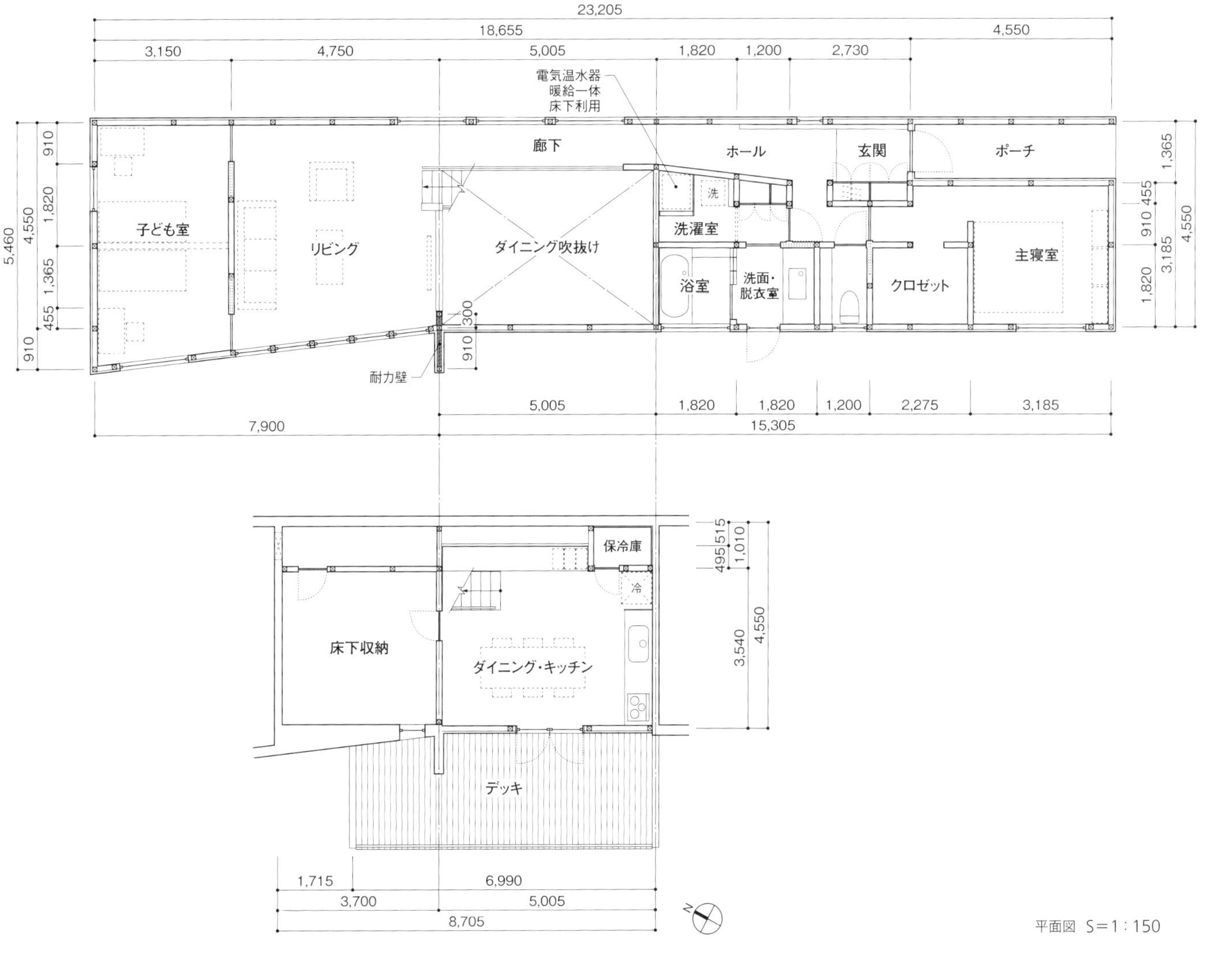
23,205
18,655
4,550
3,150
4,750
5,005
1,820
1,200
2,730
電気温水器
暖給一体
床下利用
廊下
ホール
玄関
ポーチ
子ども室
リビング
ダイニング吹抜け
洗
洗濯室
浴室
洗面・
脱衣室
クロゼット
主寝室
耐力壁
300
910
5,460
4,550
1,820
1,365
455
1,365
455
3,185
7,900
15,305
2,275
保冷庫
冷
床下収納
ダイニング・キッチン
デッキ
495
515
1,010
3,540
1,715
6,990
3,700
8,705
N

平面図 S＝1：150

窓際に暖房の吹出し口を設けて、真冬のダウンドラフトを防ぐ

廊下の壁際に暖房の吹出し口を設けて、東側の窓によるコールドドラフトを防ぐ

浴室横の洗濯室は戸を付けずに、のれんで仕切っている。中には、暖房給湯一体型のボイラーも置かれている（北海道では室内設置が一般的）

ＳＵＤＯホームは、北海道のなかでもいち早く高断熱・高気密に取り組んでいたこともあり、設計も施工も高い性能レベルを確保している。現在手がける住宅は、付加断熱に加えて基礎も外断熱としており、$U_A$値0.3W／㎡K程度が標準である。

そのため、玄関から奥の子ども部屋まで仕切りのない、ひとつながりのプランでまとめ、冬は効率よく家全体を暖房する。また、窓の性能も高く熱損失の心配がないため、この家ではすべての部屋の西側に窓が設けられ、海が一望できるようになっている。

冬の暖房は、各所に設置された温水セントラルヒーティングでまかない、夏の冷房は外気の通風のみ。特に設備を設けていない。

（ＳＵＤＯホーム）

# 高基礎の巧みな空間利用

◎ 底盤よりも低い位置に暗渠《あんきょ》(100)を埋設し、排水する
◎ 暗渠は浸透性の高い砂利などで埋め戻す
◎ コンクリートの打継ぎ部分に止水板を入れる
◎ コンクリート打設後、テストピースで圧縮強度試験(3kN)を行い、コンクリート強度を確かめながら、工事を進める

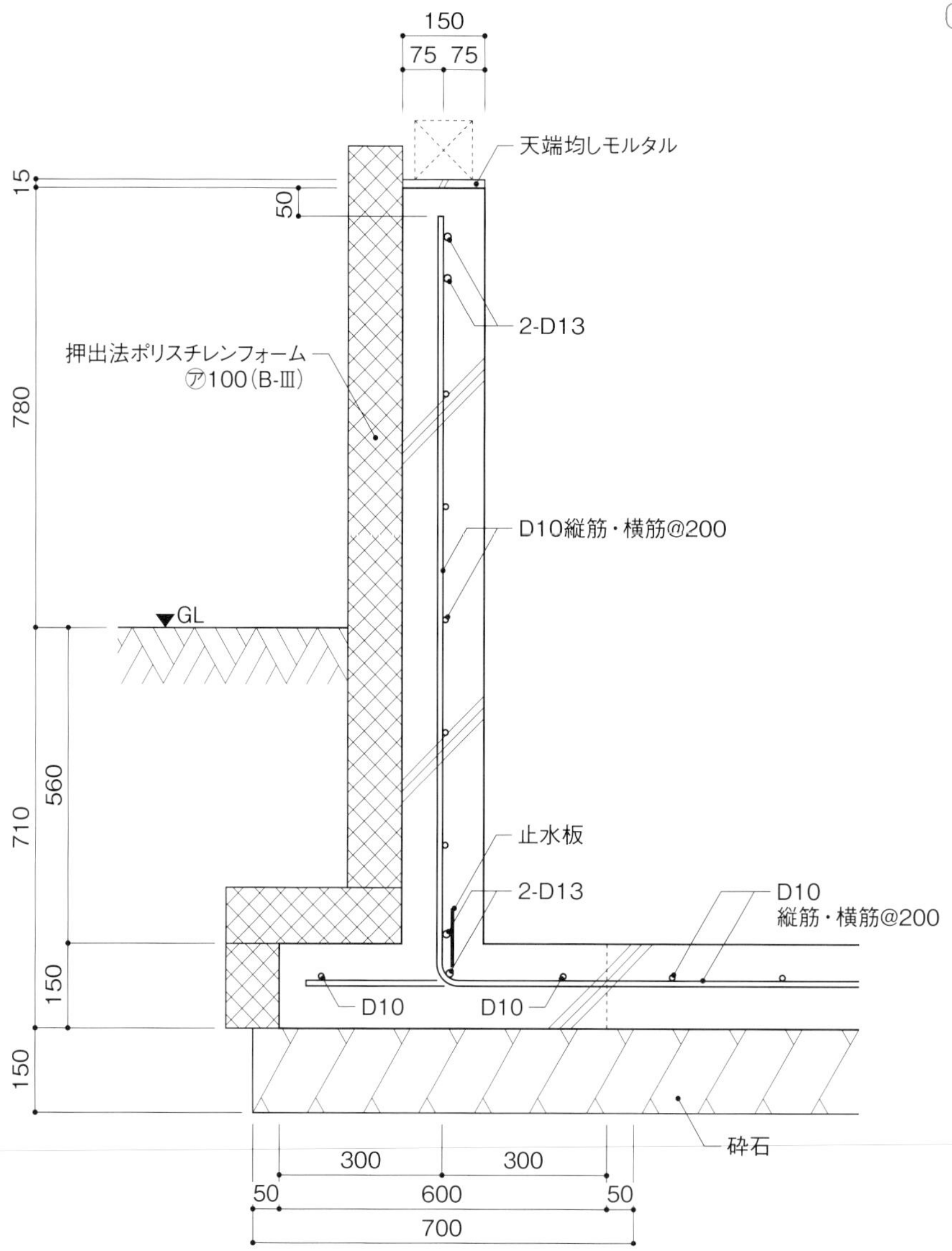
150
75 75
天端均しモルタル
15
50
2-D13
押出法ポリスチレンフォーム
㋐100(B-Ⅲ)
780
D10縦筋・横筋@200
GL
560
710
止水板
2-D13
D10
縦筋・横筋@200
150
D10
D10
150
碎石
300
300
50
600
50
700

SUDOホームでは高基礎をよく取り入れており、基礎の外断熱を標準仕様としている

**基礎断面図** S=1：15

## Case. 1
## dan dan (2017)
北海道札幌市

### 道路との高低差を利用した玄関廻り

玄関に入ってから階段を上がって1階へ。高基礎にしたことでできた床下空間は、広い玄関納戸として活用

アプローチの階段は、降雪時に滑って危ないため、カーポートからアクセスできるフラットアプローチにしている

道路から上に傾斜した土地に建てた、150cmの高基礎の家。1階窓の位置が高いため、道路からの視線を避けられる

**Case. 2**

## あずましいいえ（2009）

北海道洞爺湖町

### 半地下で6人の子ども部屋をつくる

デスクコーナーは、リビングから階段を下りてアクセスする。本棚と本棚の間に各部屋の入口がある

高基礎の床下空間を使った6人の子どもたちのデスクコーナー。3つの子ども部屋とつながる

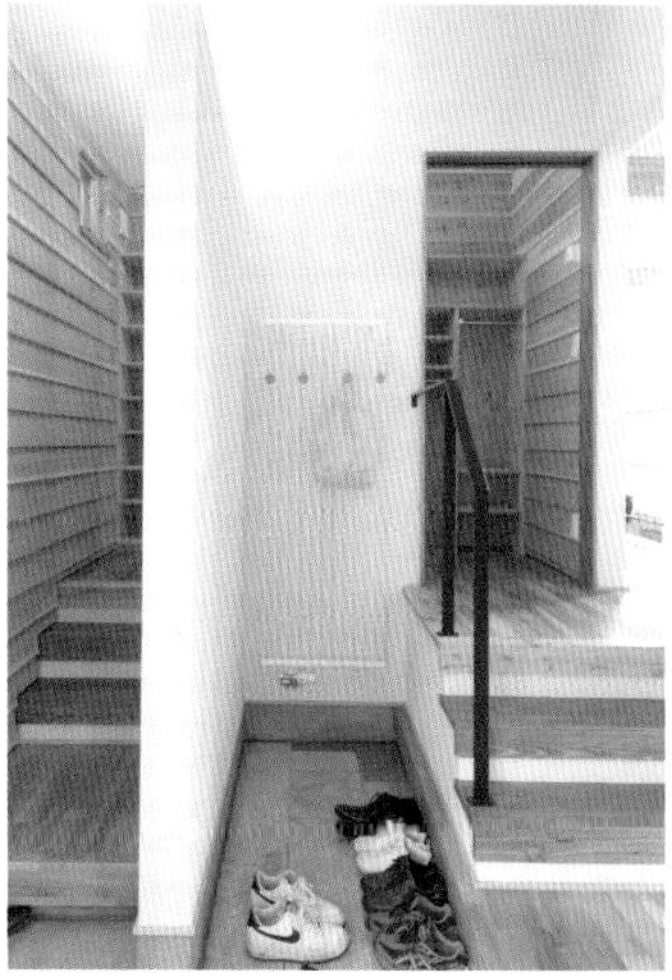

玄関から数段上がったところが1階になっている。写真左の階段はシューズインクロークへ

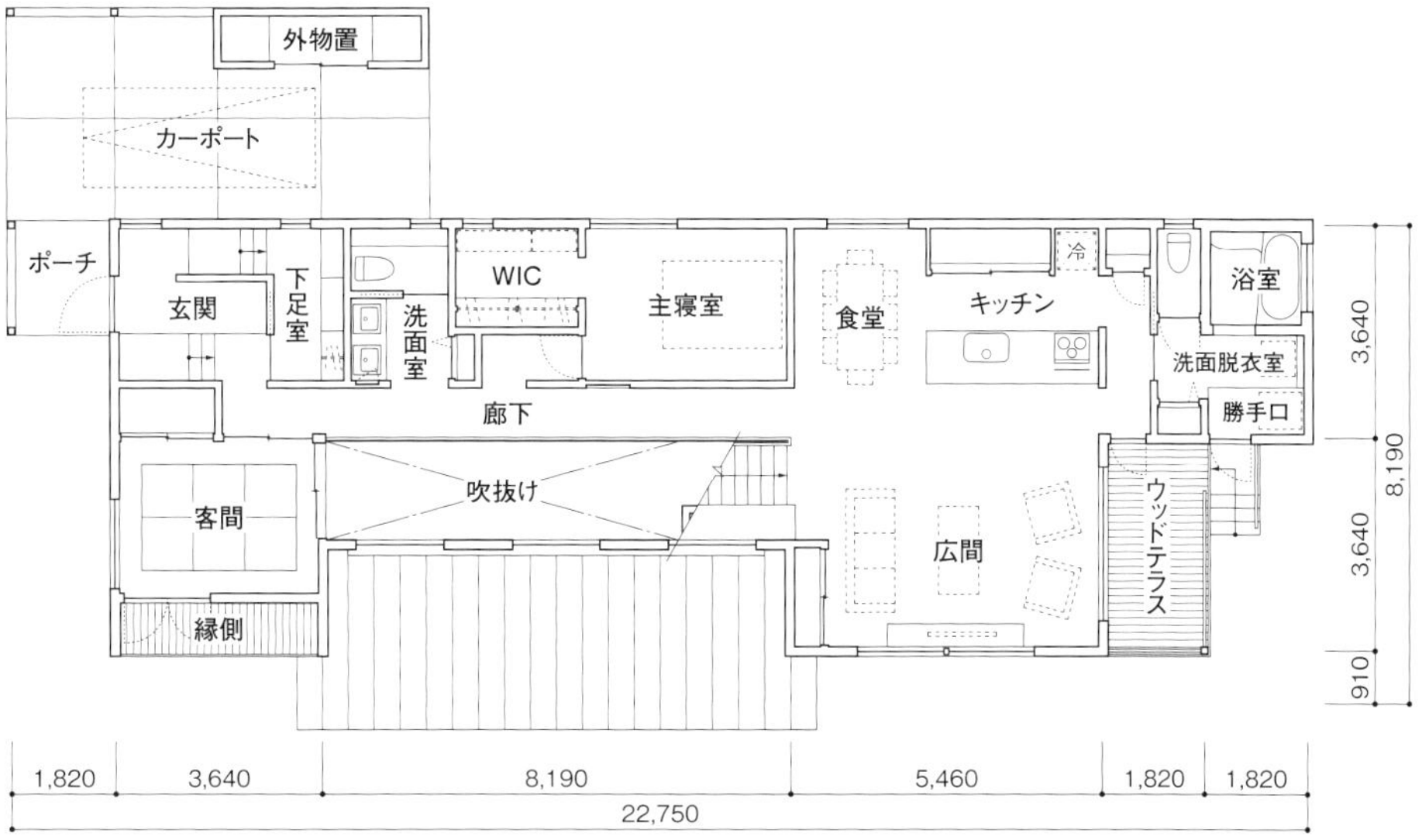

外物置
カーポート
ポーチ
玄関
下足室
洗面室
WIC
主寝室
食堂
キッチン
冷
浴室
洗面脱衣室
勝手口
廊下
客間
吹抜け
広間
ウッドテラス
縁側
3,640
8,190
3,640
910
1,820
3,640
8,190
5,460
1,820
1,820
22,750

南側外観。下屋部分の3つ並んでいる窓は、子ども部屋のハイサイド窓

4,550
3,640
3,185
455
1,820
2,730
フリースペース
ホール
子ども室
子ども室
子ども室
2,730
2,730
2,730


平面図 S＝1：200

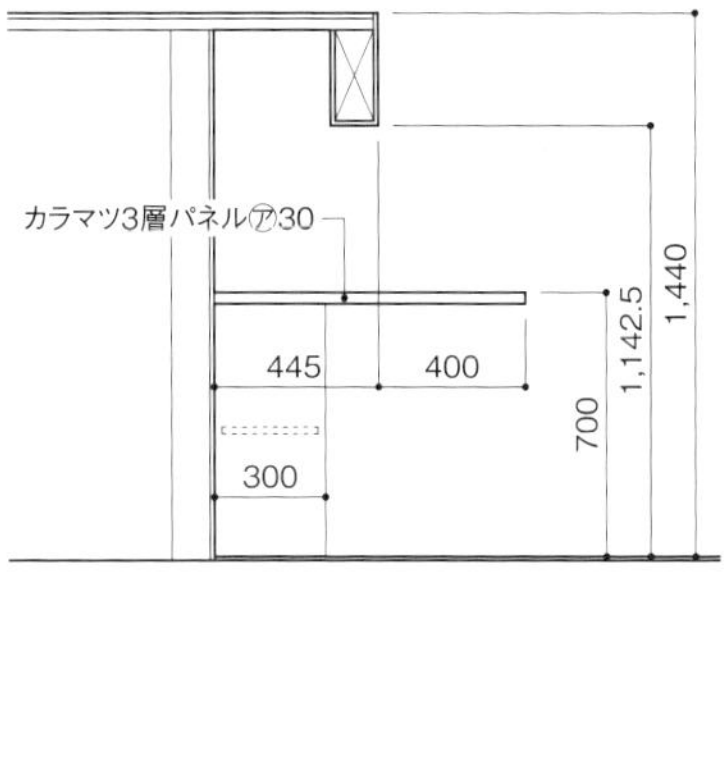

カラマツ3層パネル㋐30
445
400
300
1,142.5
1,440
700


ホール造作デスク図
S＝1：40

断面図 S＝1：150

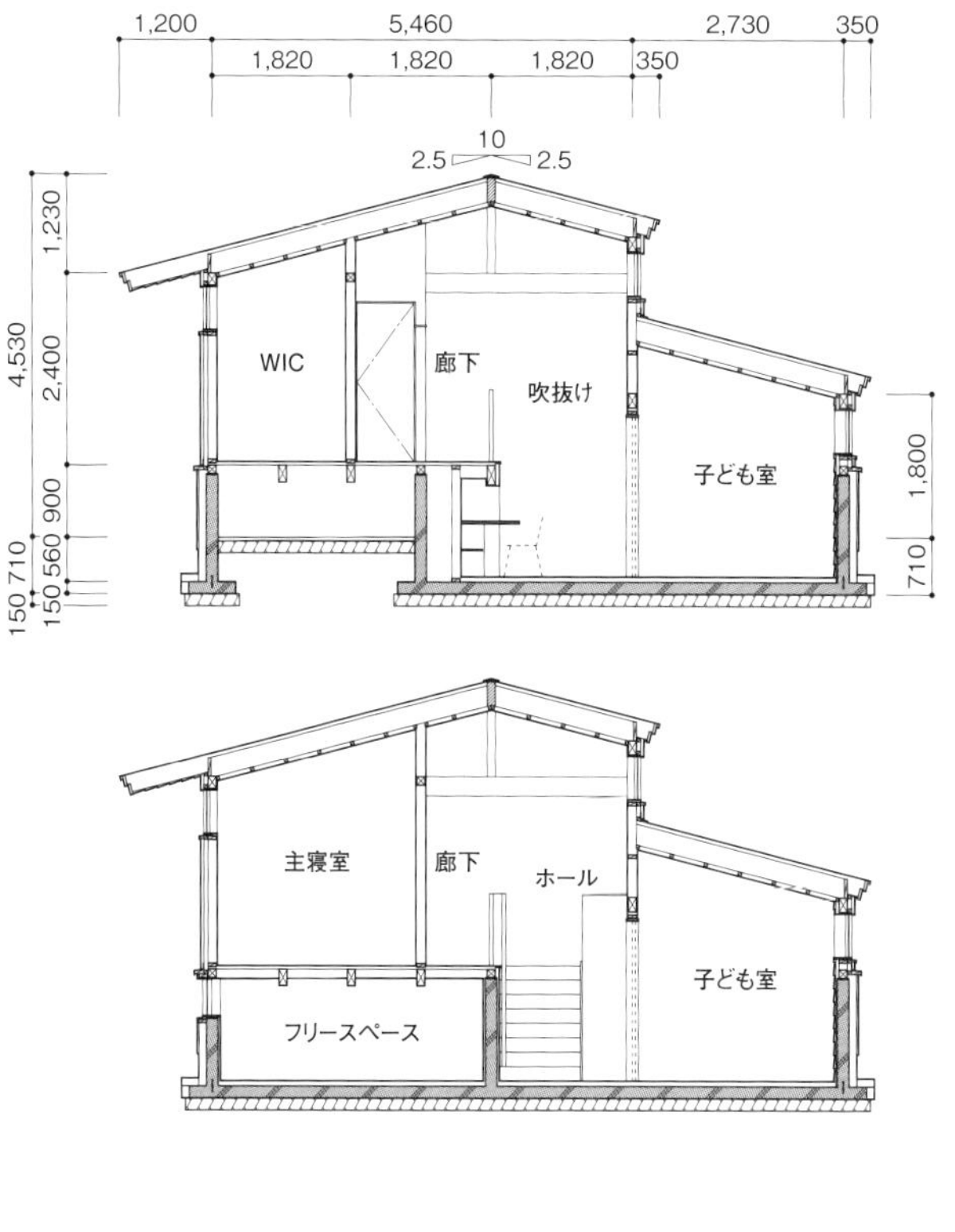

1,200
5,460
2,730
350
1,820
1,820
1,820
350
10
2.5
2.5
1,230
4,530
2,400
900
710
560
150
150
WIC
廊下
吹抜け
子ども室
1,800
710
主寝室
廊下
ホール
子ども室
フリースペース

平断面図 S＝1：120

子ども室
LDK
脱衣洗濯室
土間
床下収納A

C—C断面

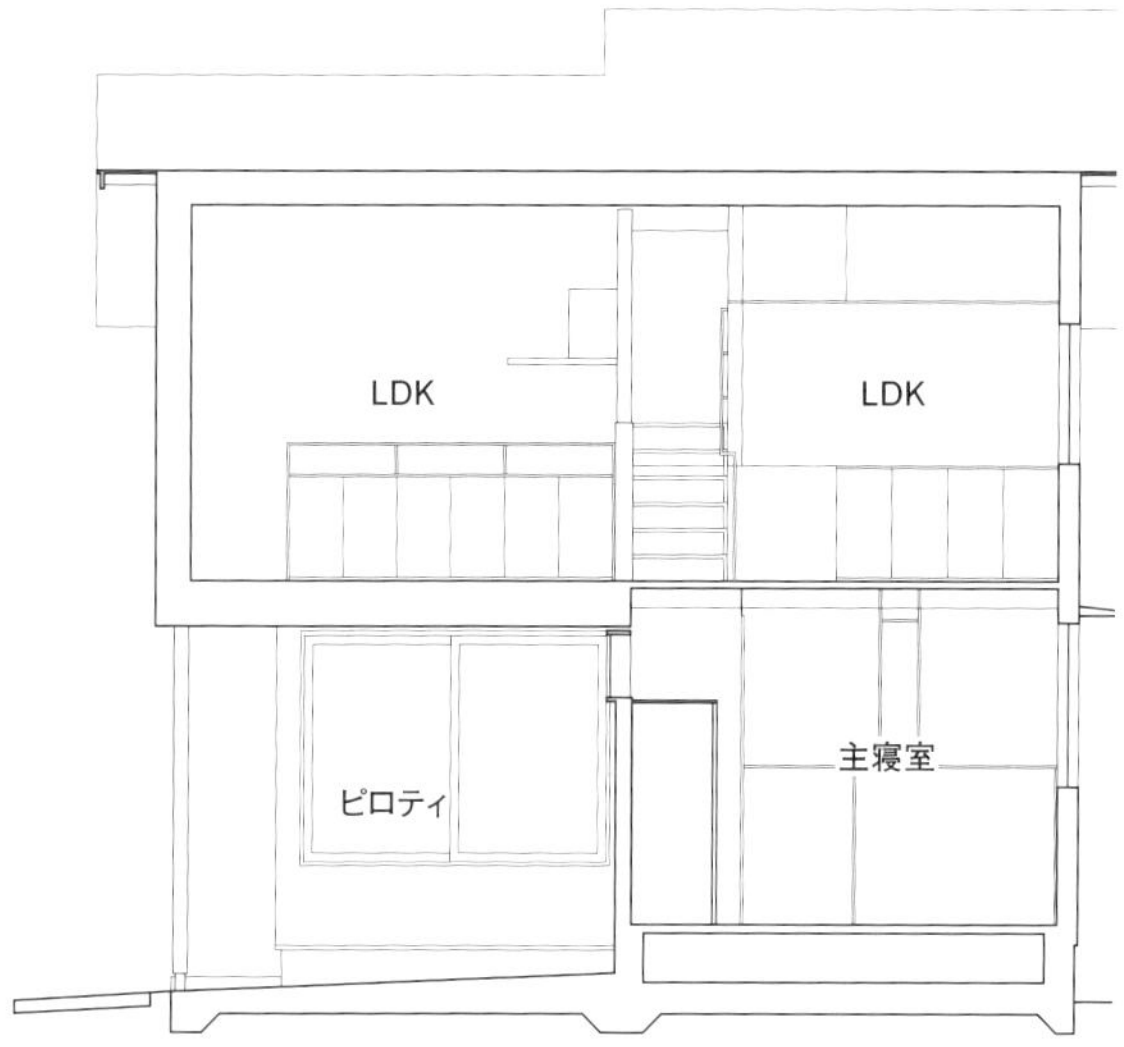
LDK
LDK
ピロティ
主寝室

D—D断面

1階の土間玄関から2.5階の子ども部屋まで、スキップフロアに各部屋が配置され、らせん状につながっている。写真は、玄関土間から階段室を見た様子

＼スゴ技／
# 51
間取り

# スキップフロアで家の隅々まで使い切る

28坪の敷地を目一杯使っても、平面的に十分な面積がとれないため、建築家の飯塚豊氏はスキップフロアで縦に空間を積み上げ、生活スペースを生み出した。加えて優れた高断熱・高気密の技術を前提にすれば、寒冷地でも家の隅々まで使い切る設計ができる。「トライアスロンのトレーニングや自転車整備ができる土間」という建て主の要望にも、土間下断熱ありの基礎断熱を採用した玄関によって、1部屋分の広さを確保できた。

中2階には、風呂・トイレ・脱衣洗濯室など水廻りを集約。高さ1400㎜ある床下は、換気機の点検スペースを兼ねた納戸としても活用。また、新潟では夏も冬も室内干しが多いため、脱衣室には天井を張らず、2階の南面の窓から直接日が入るようにしている。

（オーガニックスタジオ新潟）

右／階段下のわずかな空間も工具をしまうスペースに
左／1部屋分の広さをもつ玄関土間は、T氏の趣味の部屋としても使っている。2つの扉は、手前が階段下の収納、奥が奥が換気設備の点検スペースを兼ねた床下収納

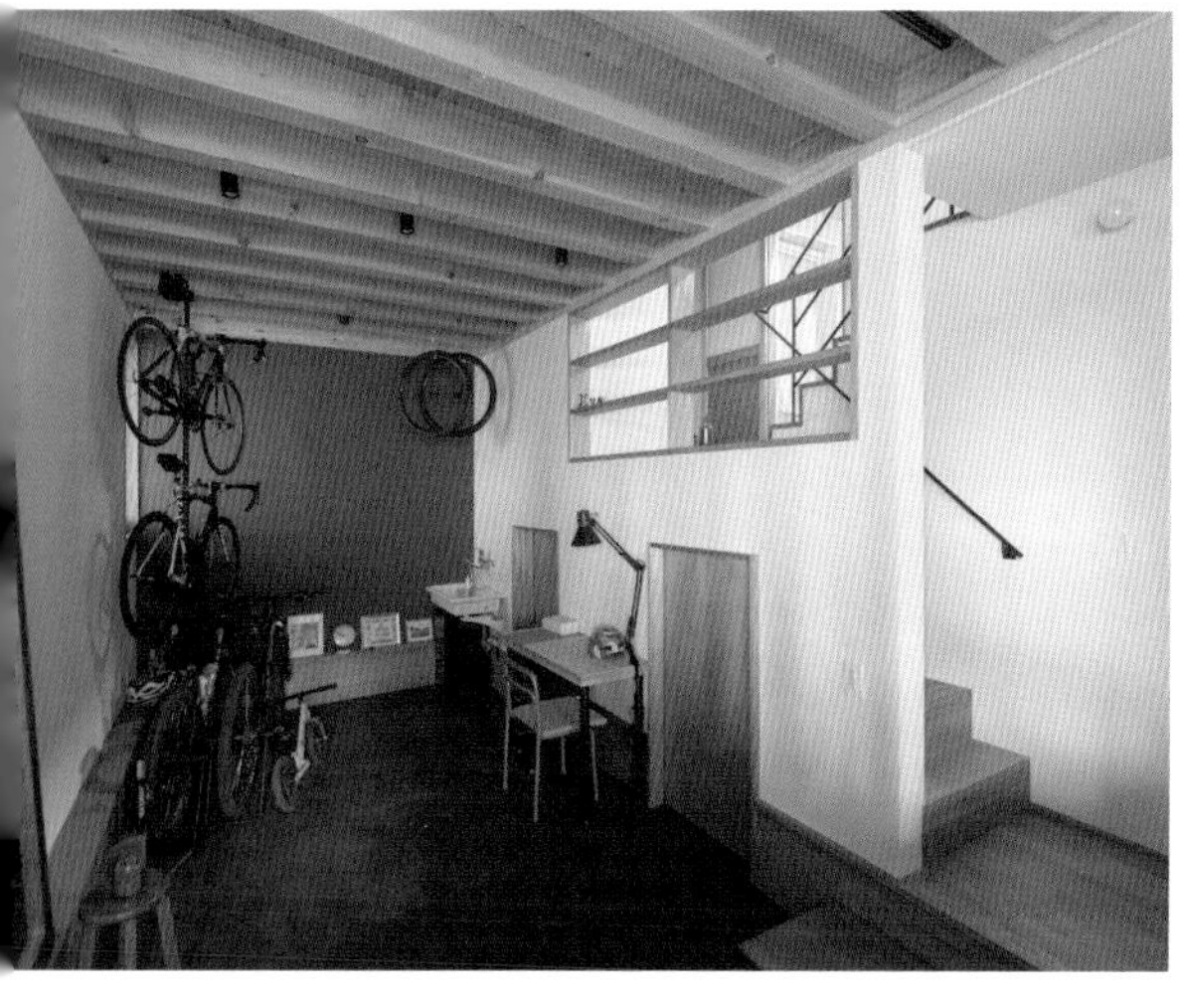

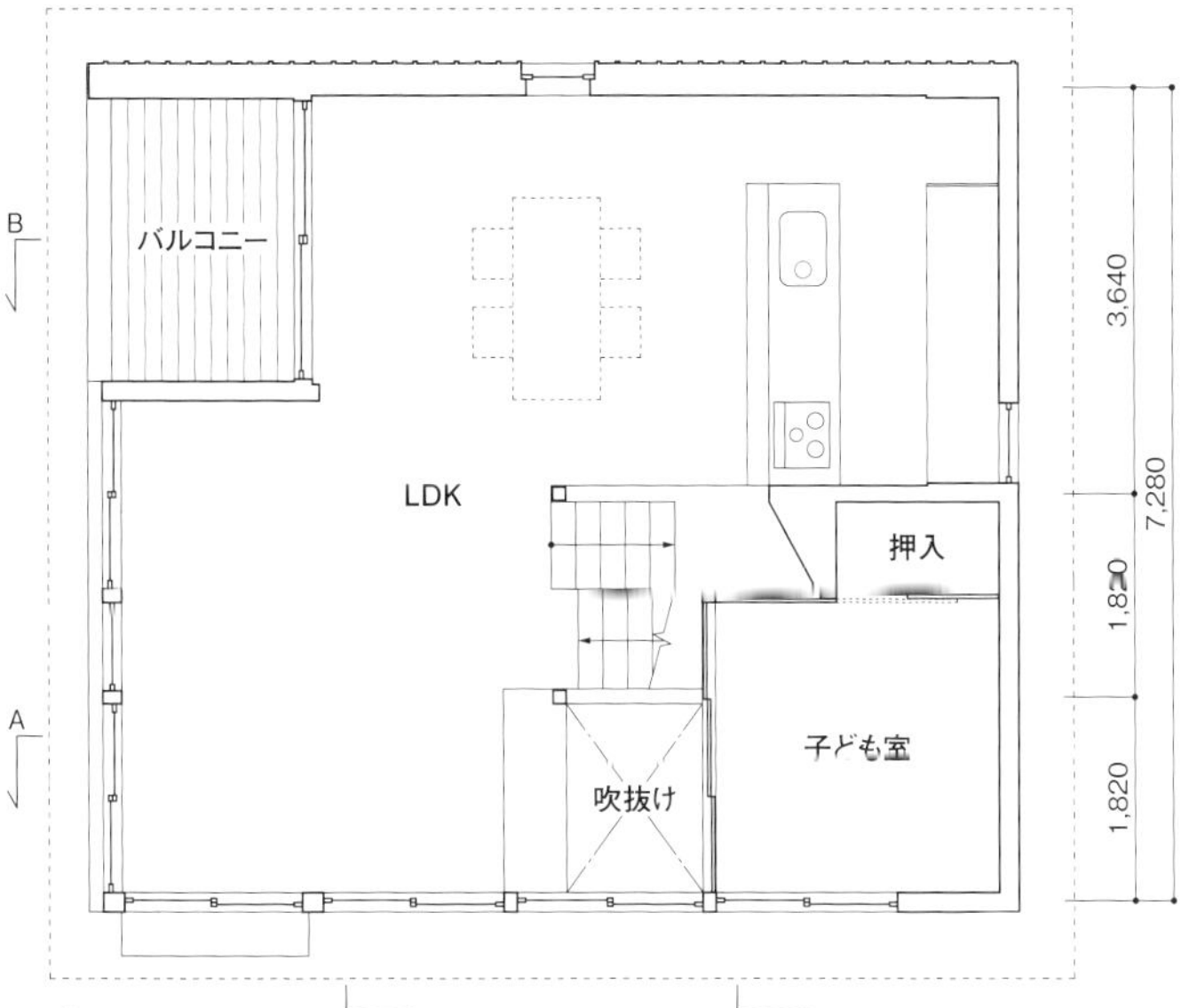
B
バルコニー
LDK
押入
子ども室
吹抜け
A
D
C
3,640
1,820
1,820
7,280

2階

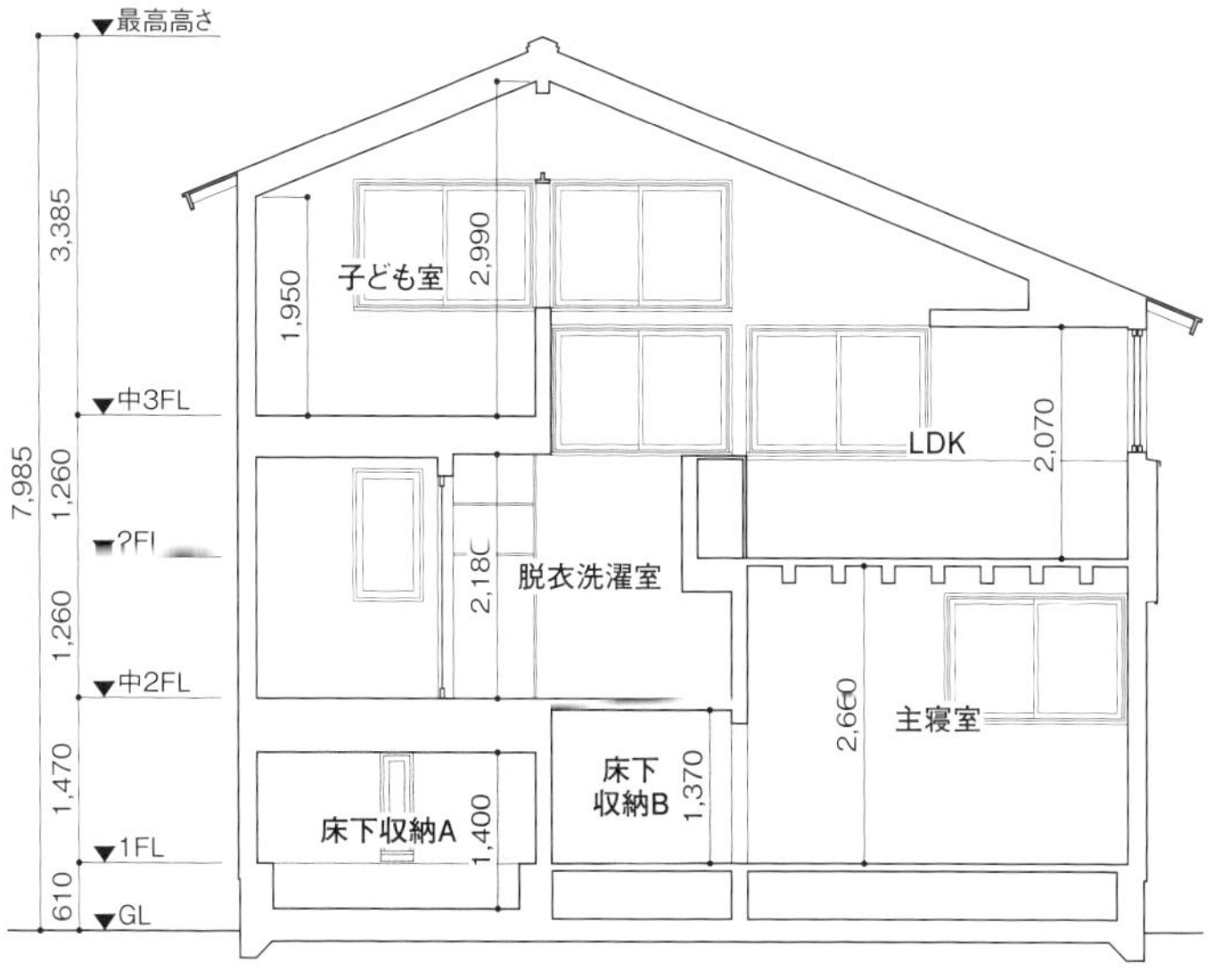
最高高さ
中3FL
2FL
中2FL
1FL
GL
3,385
1,260
1,260
1,470
610
7,985
子ども室
1,950
2,990
LDK
2,070
2,180
脱衣洗濯室
2,660
主寝室
床下収納A
1,400
床下
収納B
1,370

A—A断面

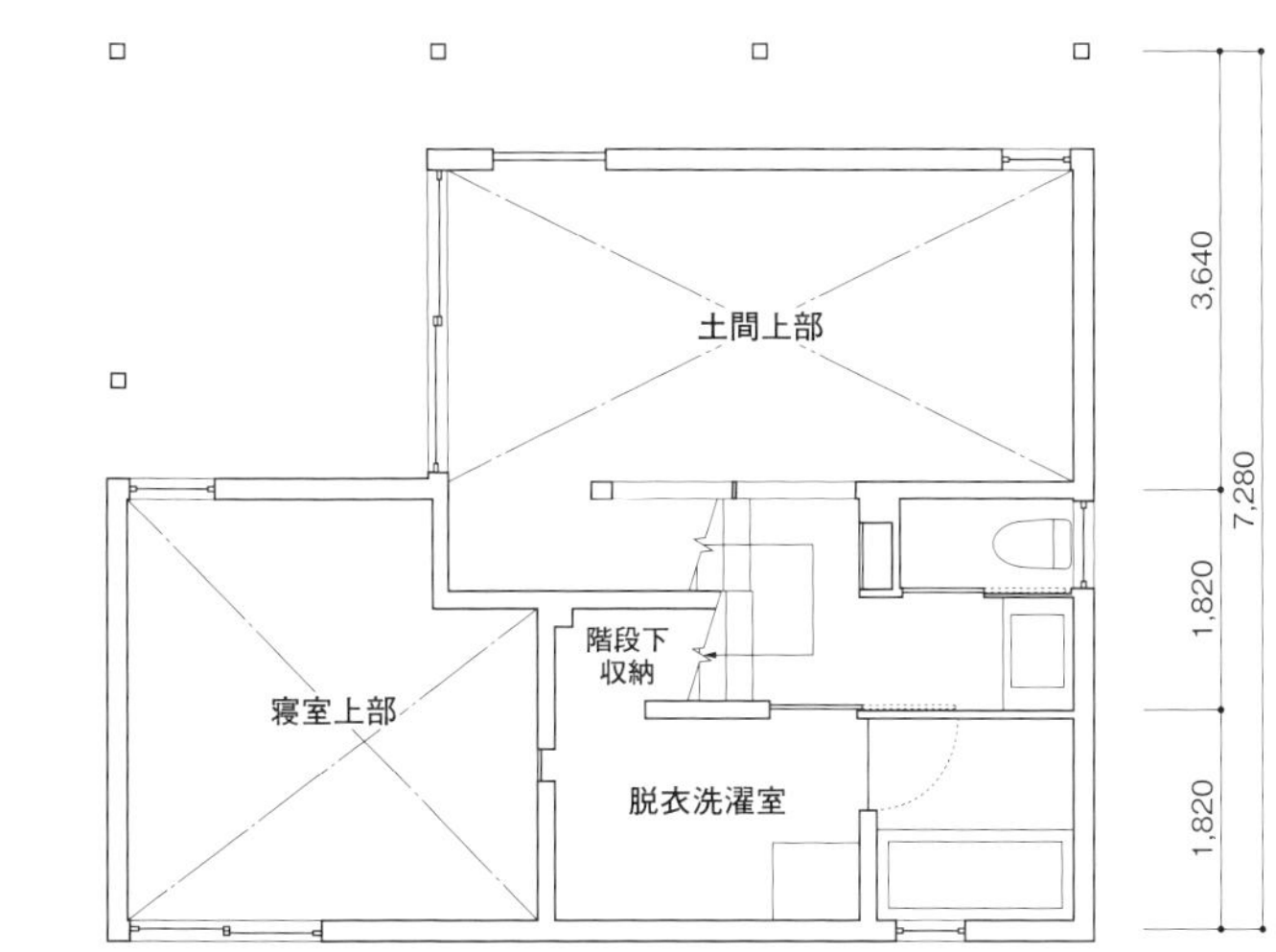
土間上部
寝室上部
階段下
収納
脱衣洗濯室
3,640
1,820
1,820
7,280

中2階

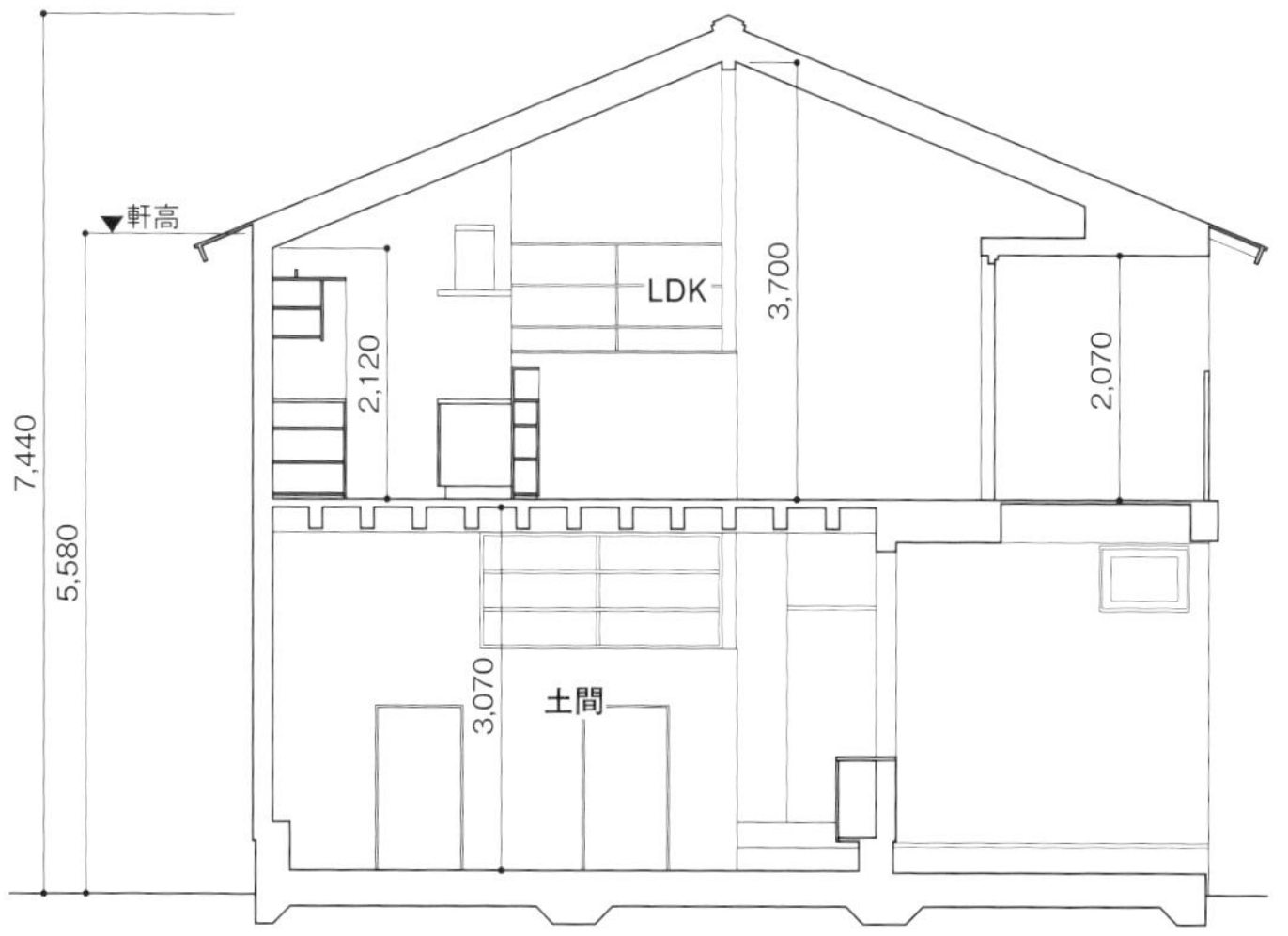
軒高
7,440
5,580
LDK
2,120
3,700
2,070
3,070
土間

B—B断面

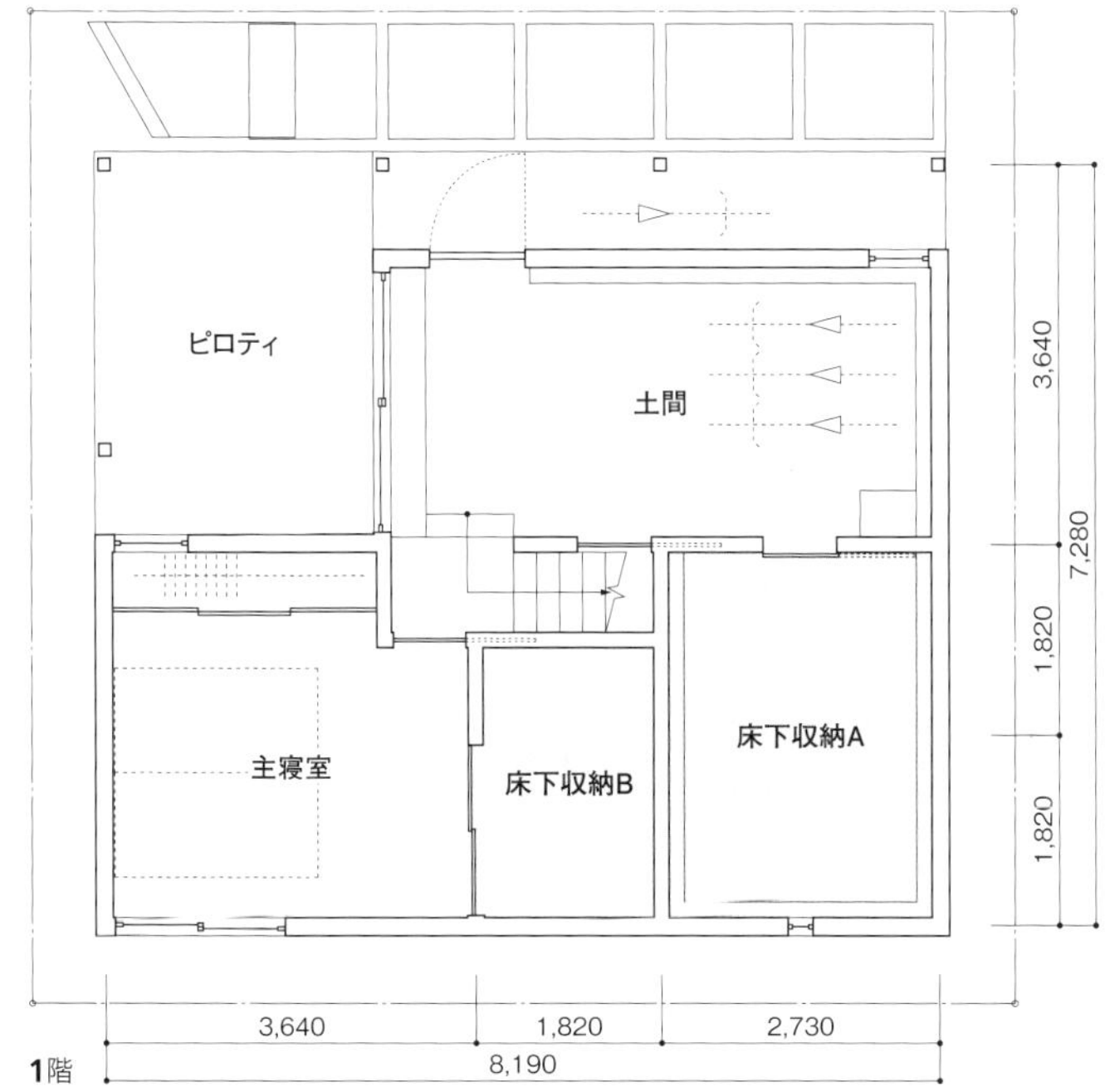
ピロティ
土間
主寝室
床下収納B
床下収納A
3,640
1,820
1,820
7,280
3,640
1,820
2,730
8,190

1階

右／1階主寝室では、洗濯室の床下を収納として使っている
左／脱衣洗濯室は吹抜けにして南窓から日射を採る

WEST

西側は公園の眺望を取り込むため、ステンレスのブレースを入れて端から端までを窓にしている。春にはインナーバルコニーで花見が楽しめる

＼スゴ技／

52

間取り

# 方位別に考えた窓の役割

東側は隣家があるため、窓は最少に。2階はキッチンの通風用に小さな窓を1カ所設けている

EAST

SOUTH

南側は日射取得のため、引違いの防火サッシを複数個設置している。写真ではハニカムスクリーンを下げた状態

道路に面する北側は、遮音とプライバシー確保のため、窓は採光が必要な個所のみ。2階の中央には、切妻を象徴するスリット窓を設けている

NORTH

＼スゴ技／
53

# 構造的な自由度の高い平屋

事例は、新潟県新発田市の郊外に建つ、周囲を田畑に囲まれた住宅である。広い敷地をもち、また周囲に住宅は少なく、遠方に山や田畑を望めるため、その環境を生かす住宅が考えられた。また、子どもが2人とも小さいため、子どもの成長に合わせて住み続けられる間取りが求められた。なお、土地は奥様の実家から譲り受けることができたため、ある程度建物に予算をかけて設計することができた。

そのような条件から導き出されたのが、開放的な大きな窓をもつ平屋。建築面積の大きささえ許せば、構造的にも優れ、1フロアで完結する生活しやすさ、ひいては将来のバリアフリーな暮らしにも移行しやすい平屋は、住環境としてメリットが多い。また、この住宅の肝である大きな窓を可能にしたのも、荷重の小さい平屋の構造によるところが大きかった。（サトウ工務店）

リビングから3面の窓を見る。この大きな窓は建物中央部のコアを中心とした構造計画、バランスのよい耐力壁や柱の配置、そして荷重の小さい平屋の3つの要素によって成立している。壁際の天井をふかした部分は、配線スペースとなっている

＼スゴ技／

# 54

間取り

# 移動しやすい回遊性のある間取り

間取りは南側にLDK、北側に個室と水廻りというシンプルな構成。ただし、その中央には建て主が希望したオーディオルームを置き、それを中心に廊下が配置されるという回遊性のある間取りになっている。また、家の外側にはウッドデッキや犬走りが設けられており、各部屋の掃出し窓や玄関などを介した回遊性ある外動線としても機能している。

また、周囲の景観を生かすため、リビングにFIX窓と掃出し窓を組み合わせた大きな窓を設けている。キッズルームは10・5畳ほどのオープンスペースとなっているが、将来2つの個室として使えるように窓や柱の配置が考えられて

リビングからキッチン、畳スペースを見る。畳スペースの壁の裏はオーディオルームで、この壁部分には耐力壁を設置し、構造用のコアの役割を果たしている。右側には玄関の収納棚が見える

いる。そのほかウォークインクローゼットやパントリー、玄関収納など収納も多く、将来持ち物が増えても十分対応できるように配慮されている。（サトウ工務店）

右／キッチン内部。スプルス3層パネル材で製作された作業台とキッチン収納棚。キッチンの奥にはパントリーが設けられている

左／リビングからダイニングを見る。中央のコア部分で建物を支えているため、隅部分の柱で大きな窓と屋根を引き受けることが可能になっている

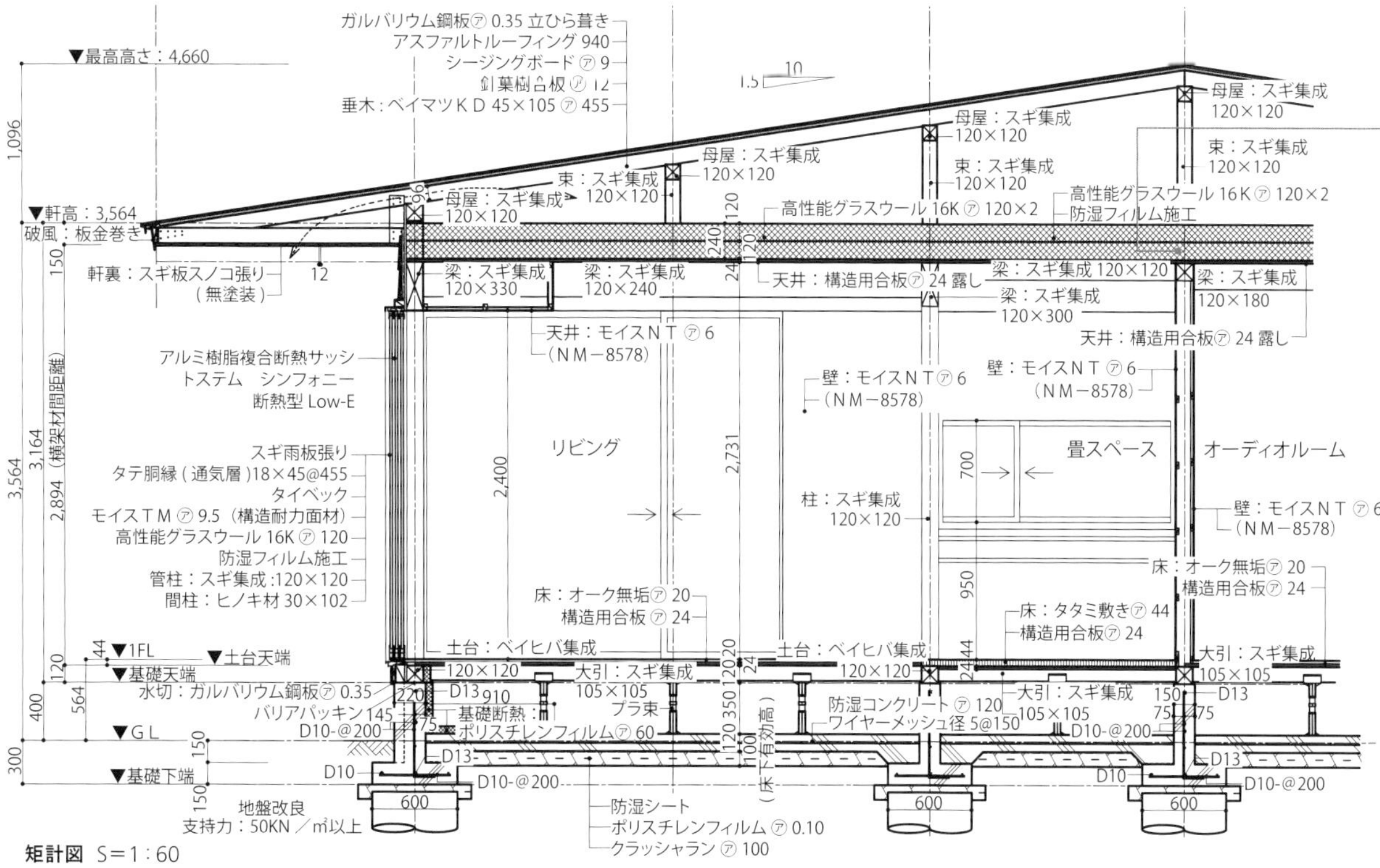

ガルバリウム鋼板⑦ 0.35 立ひら葺き
アスファルトルーフィング 940
シージングボード⑦ 9
針葉樹合板⑦ 12
垂木：ベイマツＫＤ 45×105 ⑦ 455
▼最高高さ：4,660
▼軒高：3,564
破風：板金巻き
軒裏：スギ板スノコ張り（無塗装）
母屋：スギ集成 120×120
束：スギ集成 120×120
高性能グラスウール 16K⑦ 120×2
防湿フィルム施工
梁：スギ集成 120×330
梁：スギ集成 120×240
梁：スギ集成 120×300
梁：スギ集成 120×180
天井：構造用合板⑦ 24 露し
天井：モイスＮＴ⑦ 6（ＮＭ−8578）
壁：モイスＮＴ⑦ 6（ＮＭ−8578）
アルミ樹脂複合断熱サッシ トステム シンフォニー 断熱型 Low-E
スギ雨板張り
タテ胴縁（通気層）18×45@455
タイベック
モイスＴＭ⑦ 9.5（構造耐力面材）
高性能グラスウール 16K⑦ 120
防湿フィルム施工
管柱：スギ集成 120×120
間柱：ヒノキ材 30×102
リビング
畳スペース
オーディオルーム
柱：スギ集成 120×120
床：オーク無垢⑦ 20
構造用合板⑦ 24
床：タタミ敷き⑦ 44
構造用合板⑦ 24
土台：ベイヒバ集成 120×120
大引：スギ集成 105×105
プラ束
▼1FL
▼土台天端
▼基礎天端
▼GL
▼基礎下端
水切：ガルバリウム鋼板⑦ 0.35
バリアパッキン 145
基礎断熱：ポリスチレンフィルム⑦ 60
防湿コンクリート⑦ 120
ワイヤーメッシュ径 5@150
防湿シート
ポリスチレンフィルム⑦ 0.10
クラッシャラン⑦ 100
地盤改良
支持力：50KN／㎡以上


矩計図 S＝1：60

水平構面の厚板合板がそのまま天井仕上げとなり、その上には防湿フィルムと断熱材が隙間なく敷き込まれている

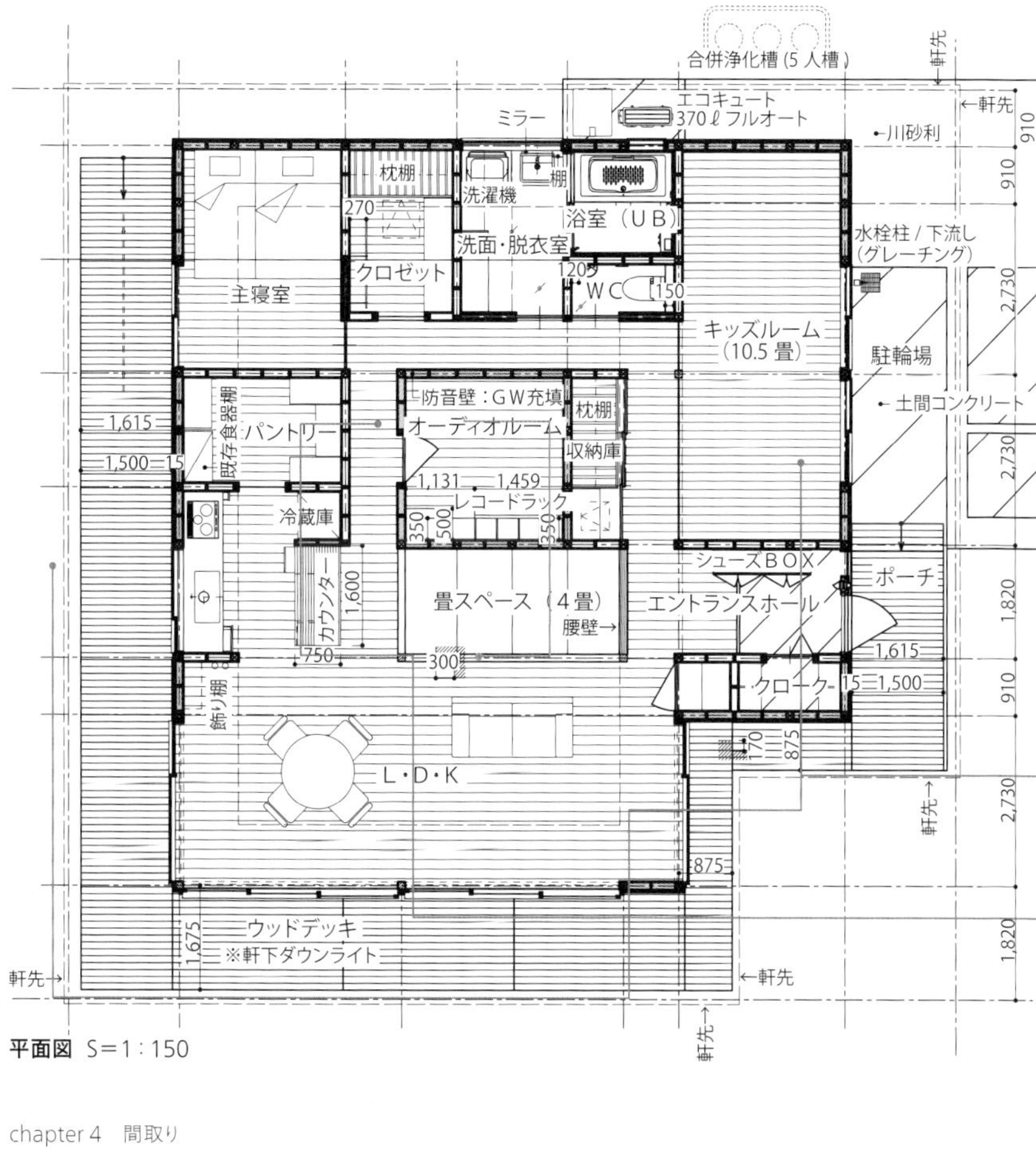

合併浄化槽（5 人槽）
エコキュート 370ℓ フルオート
ミラー
川砂利
砂利敷き転圧
枕棚
洗濯機
浴室（UB）
洗面・脱衣室
クロゼット
ＷＣ
主寝室
キッズルーム（10.5 畳）
水栓柱／下流し（グレーチング）
駐輪場
駐車スペース 1台分
土間コンクリート
アプローチ
防音壁：ＧＷ充填
オーディオルーム
収納庫
既存食器棚
パントリー
冷蔵庫
レコードラック
カウンター
畳スペース（4畳）
腰壁
シューズＢＯＸ
ポーチ
エントランスホール
クローク
飾り棚
L・D・K
ウッドデッキ
※軒下ダウンライト
軒先


平面図 S＝1：150

デッキテラスを生かした外動線。リビングと主寝室間はこの動線を使って移動できる

コアを中心とした回遊動線。家事や日常生活がスムーズに行える

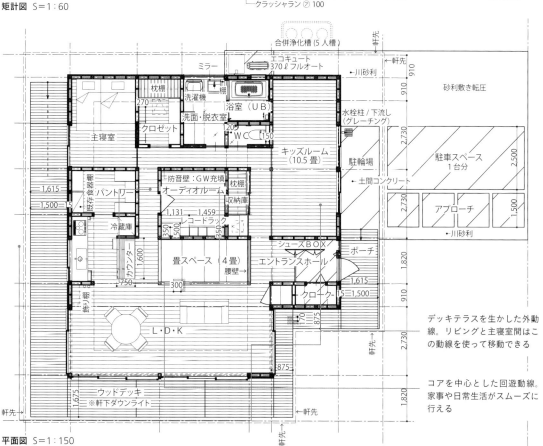

＼スゴ技／

55

間取り

# 構造と間取りは同時に考える

南面外観。南側には掃出し窓が多めに設けられており、特に1階ではデッキを介して外の庭やリビングと和室がつながるようになっている

耐震等級3を達成しながら間取りを設計する手順を紹介する。基本的には架構を踏まえて間取りをつくった後、社内で構造伏図を起こし、市販の構造計算ソフト「STRDESIGN」（富士通エフ・アイ・ピー）による許容応力度計算で判定を行う。そして材寸や耐力壁、水平構面などで「NG」となった部分があれば、相対的なバランスを考慮して修正を行い、耐震等級3をクリアしている。

耐震等級3を取るだけなら特に難しいことはないが、「空間の魅力を損なわず」という部分が難しい。耐震性と空間の魅力を両立しやすい登り梁は、単純な平面形でなければその特性が生かせず、間取りへの追従性の弱さがネックだ。

間取りの自由度を確保しながら、構造的な整合を取るためには、間取りと架構を同時に考えなければならない。ここでは建築家・吉田桂二さん直伝の設計手法を元に、耐震等級3をクリアしながら大きな開口部を設けたり、架構デザインの魅力的な空間がつくられている。

吉田桂二さん流の間取り設計の基本的な考え方は、総2階の構造を想定して初めに2階の間取りを決め、続いて1階の間取りへと下りていく方法。構造的に安定した総2階がベースになり、2階から1階に下りる過程で、柱や梁、壁などの配置を押えていくため、1階と2階の構造的整合性が高い。（神奈川エコハウス）

**伊勢原K邸**

| | |
|---|---|
| 所在地 | 神奈川県伊勢原市 |
| 家族構成 | 夫婦＋子ども1人 |
| 構造 | 木造2階建て（在来構法） |
| 敷地面積 | 399.57㎡ |
| 1階床面積 | 83.22㎡（25.12坪） |
| 2階床面積 | 44.92㎡（13.56坪） |
| 延床面積 | 128.14㎡（38.68坪） |
| 竣工年月 | 2014年4月 |
| 設計・施工 | 神奈川エコハウス |
| 構造設計 | 神奈川エコハウス |
| 耐震等級 | 3（許容応力度設計・長期優良住宅確認済） |
| 断熱等級 | Q値＝2.55W／㎡K |
| 冷暖房設備など | エアコン2機・蓄熱暖房機 |

右上／道路から見た外観。傾斜のある敷地なので、擁壁と盛土で造成したうえで家を建てた。右下／西側外観。総2階に下屋が取り付く構造であることが分かる。左／玄関脇のガレージ。これも総2階に取り付く下屋として設計されている

神奈川県伊勢原市に建つ、周囲を畑に囲まれた住宅。やや傾斜のある敷地のため、前面道路側に擁壁をつくり、そこに盛土をすることで敷地を平らにしている。夫婦と子ども1人の家族構成であるが、多人数の来客を招く機会も多いため、大きめのＬＤＫが要望されたことと、土地を事前に奥様のご両親から譲り受けており、住宅にかけられる予算に余裕があったため、ややゆったりとした間取りになっている。

南側に庭をとるため、建物はオーソドックスに敷地北側に寄せて建てられ、構造的には上屋（総2階部分）と下屋を組み合わせた構成。下屋の一部は壁のない、駐輪場兼外物干し場としている。

2階の間取りは、寝室、子供室、納戸、ホビースペースで構成され、北側には階段と一体の吹抜けを設けている。1階の間取りは、玄関、和室、洗面室、脱衣室、浴室などを下屋に収め、2階直下の部分をほぼ全面ＬＤＫにあてることで、ゆったりとしたリビング空間を実現。リビングなどの大空間が上屋と下屋をまたがないことも、構造上の大切なポイントである。

（神奈川エコハウス）

＼スゴ技／

# 56

# 下屋を生かして大きなLDKを確保

間取り

1階リビングから和室を見る。和室を含めると約32畳の大空間が広がる。基本的に天井の梁や柱などを露出させるインテリアだが、架構が十分に検討されているため整然とした印象に仕上がっている

ダイニングとキッチン。上部は階段室と一体になった吹抜けになっている。正面の窓の外には緑の畑が広がりこの住宅で一番の景色を切り取っている

一部を雁行させた総2階の2階部分。出隅となる5カ所には通し柱が設置されている

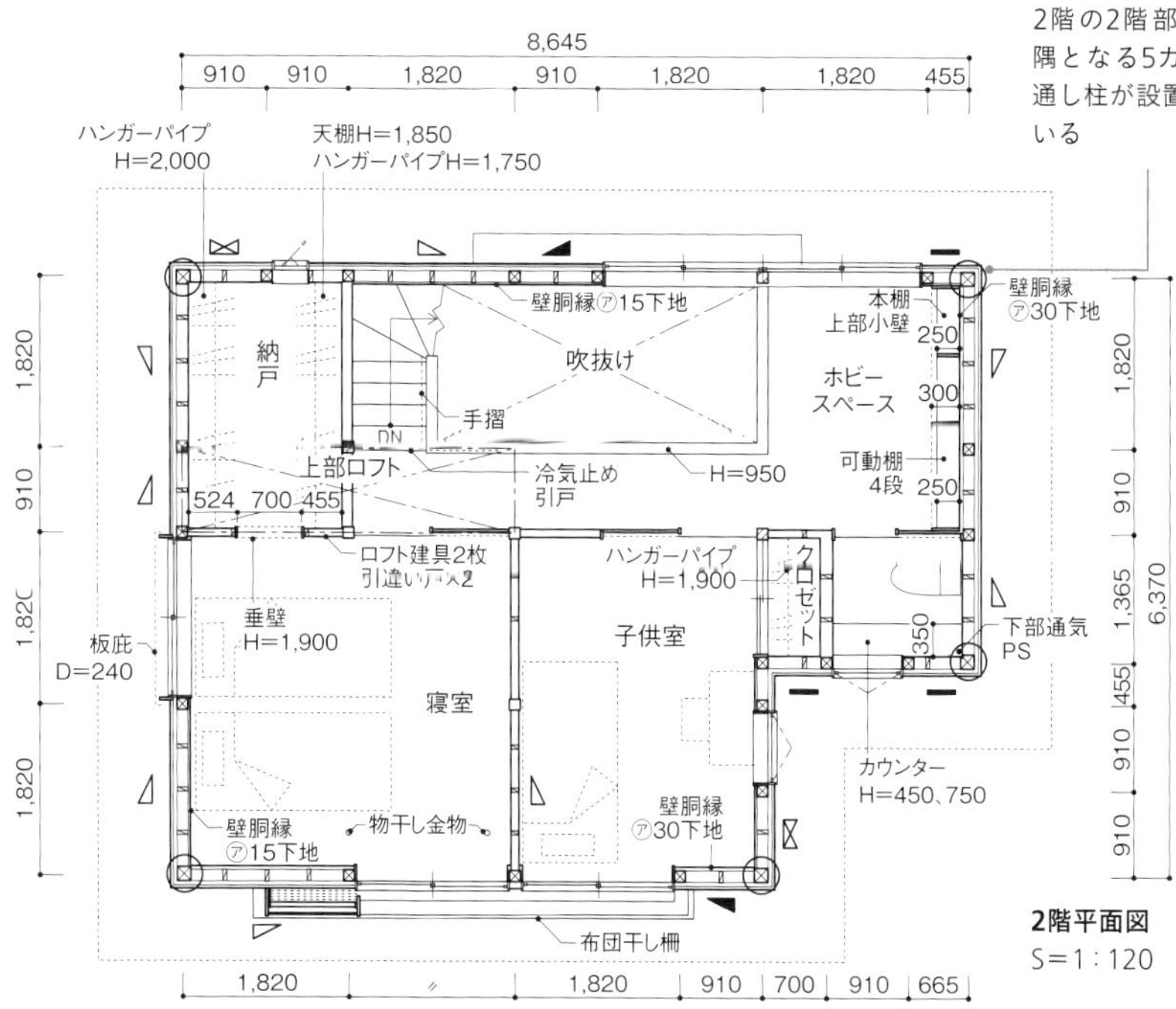

8,645
910
1,820
455
ハンガーパイプ
H=2,000
天棚H=1,850
ハンガーパイプH=1,750
壁胴縁㋐15下地
壁胴縁
㋐30下地
本棚
上部小壁
納戸
吹抜け
ホビー
スペース
手摺
上部ロフト
冷気止め
引戸
H=950
可動棚
4段
524
700
ロフト建具2枚
引違い戸×2
ハンガーパイプ
H=1,900
クローゼット
垂壁
H=1,900
子供室
下部通気
PS
板庇
D=240
寝室
カウンター
H=450、750
壁胴縁
㋐15下地
物干し金物
壁胴縁
㋐30下地
布団干し柵
6,370
1,365
700
665


**2階平面図**
S=1：120

# 総2階に下屋が取り付く無理のない構造

南側は窓が多いが、少ない壁にバランスよく耐力壁を配置することで、壁量のバランスを取っている

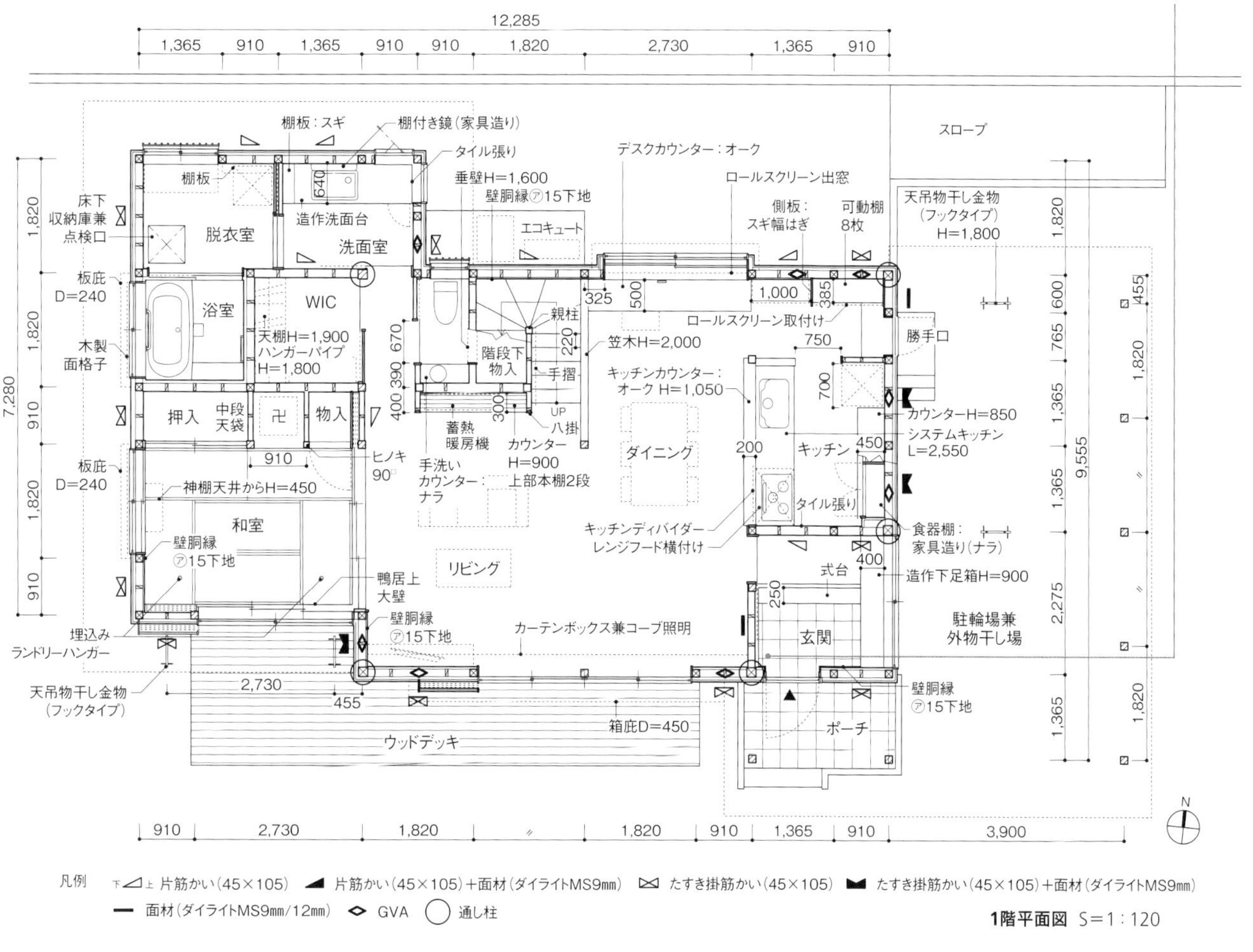

12,285
1,365
910
1,820
2,730
スロープ
棚板：スギ
棚付き鏡（家具造り）
タイル張り
デスクカウンター：オーク
ロールスクリーン出窓
垂壁H=1,600
壁胴縁㋐15下地
床下
収納庫兼
点検口
棚板
脱衣室
造作洗面台
洗面室
エコキュート
側板：
スギ幅はぎ
可動棚
8枚
天吊物干し金物
（フックタイプ）
H=1,800
板庇
D=240
浴室
WIC
ロールスクリーン取付け
親柱
勝手口
木製
面格子
天棚H=1,900
ハンガーパイプ
H=1,800
階段下
物入
笠木H=2,000
手摺
キッチンカウンター：
オーク H=1,050
カウンターH=850
システムキッチン
L=2,550
7,280
押入
中段
天袋
物入
八掛
UP
蓄熱
暖房機
カウンター
H=900
上部本棚2段
ダイニング
キッチン
ヒノキ
90□
手洗い
カウンター：
ナラ
神棚天井からH=450
タイル張り
9,555
和室
キッチンディバイダー
レンジフード横付け
食器棚：
家具造り（ナラ）
壁胴縁
㋐15下地
リビング
式台
造作下足箱H=900
鴨居上
大壁
埋込み
ランドリーハンガー
壁胴縁
㋐15下地
カーテンボックス兼コーブ照明
玄関
駐輪場兼
外物干し場
天吊物干し金物
（フックタイプ）
455
箱庇D=450
壁胴縁
㋐15下地
ウッドデッキ
ポーチ
3,900
N


凡例　片筋かい（45×105）　片筋かい（45×105）＋面材（ダイライトMS9㎜）　たすき掛筋かい（45×105）　たすき掛筋かい（45×105）＋面材（ダイライトMS9㎜）
面材（ダイライトMS9㎜/12㎜）　GVA　通し柱

**1階平面図** S=1：120

細長い敷地形状から室内も奥行きのあるプランである。玄関部分は平屋だが、ダイニングとリビングは吹き抜けとなっている。自然素材を中心に使用しており、登り梁や化粧梁などの構造材には国産のスギ材を使用。ソファ背面の壁裏がウォークインクロゼット

\スゴ技/

57

間取り

# 動線を表と裏で分ける

Kさん夫妻は今回、終《つい》の仕処《すみか》として家を建てた。光を採り込みにくい住宅地だったため、希望した2階建てではなく、高さを抑えた平屋とし、吹抜けにハイサイドライトを設けて日射を採り込む設計となっている。伸びやかな吹抜けが印象的だが、この開放感を得ながらも十分な耐震性を確保するため、三浦さんは池田組と共に構造を検討。雪降ろしの心配をしなくてもすむよう耐雪2mで耐震等級2を確保し、積雪1.5m時には耐震等級3となる設計としている。

子どもが独立し、夫婦2人の生活であるため、基本的な生活空間は1階に集約。個室は必要なかったので、トイレや浴室以外は建具を一切設けず、全体が緩やかにつながるプランとなっている。夫妻は人を招くことも多く、来客時に備えてリビング側の表動線のほか、裏動線として浴室からウォークインクロゼット、和室までを一直線に配置。またキッチンには、車庫へとつながる勝手口とサービスヤードを設け、外部からのアクセスも表玄関と勝手口の2つの動線を確保している。

（池田組＋設計島建築事務所）

玄関扉を開けると正面にFIX窓があり、庭へと視線が抜ける演出。奥行きのある庭を効果的に見せている。庭は奥様のこだわりで、とみい造景が担当した。玄関から室内へはクランクしてアプローチするので、室内がまる見えにならない

洗面室からウォークインクロゼットを介して、和室まで見通す。トイレのほか建具はほとんどない。夫妻はモノをあまり所有しないように心がけているそうで、収納はすべてここに集約。トイレの壁は一面だけ赤に塗装

## 建具で仕切らない開放的なプラン

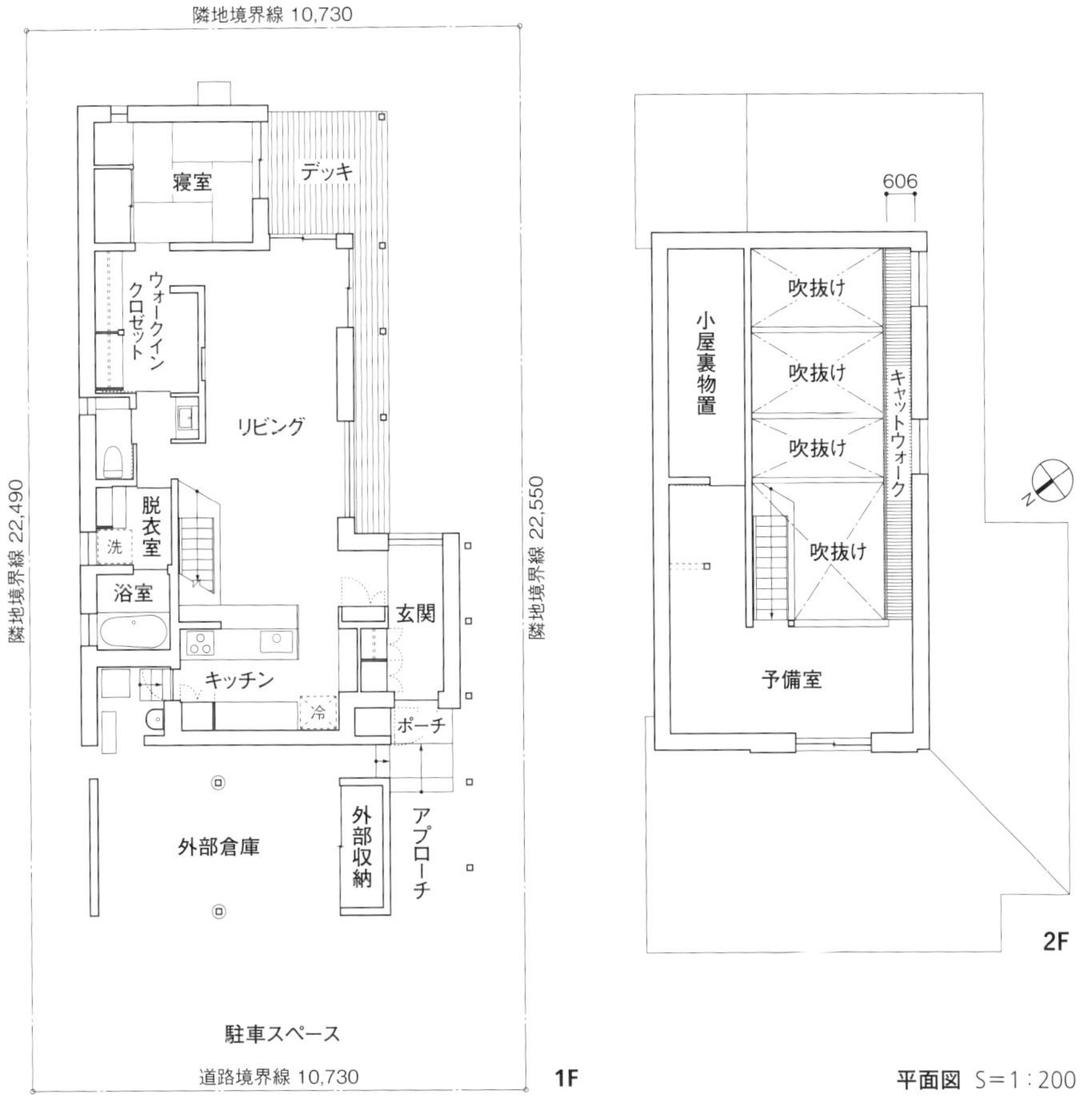
隣地境界線 10,730
寝室
デッキ
ウォークインクロゼット
リビング
脱衣室
洗
浴室
玄関
キッチン
冷
ポーチ
外部倉庫
外部収納
アプローチ
隣地境界線 22,490
隣地境界線 22,550
駐車スペース
道路境界線 10,730
1F
606
小屋裏物置
吹抜け
吹抜け
吹抜け
吹抜け
キャットウォーク
予備室
N
2F

平面図 S＝1：200

# 子供部屋はできるだけ小さくつくる

＼スゴ技／

58

間取り

小さい家を設計する場合、子供部屋はより小さくつくるというのは鉄則だが、ここでは隣り合う2つの子供部屋のベッドを収納のように造作し、よりコンパクトな子供部屋をつくっている。また、子供部屋をコンパクトにするために勉強机を廊下に出してスタディコーナーとしている。

なお、この住宅では、子供が3人いるのだが、子供部屋は2つしかつくらなかった。3番目の子供が大きくなった時には、一番上の子供が子供部屋を出て一人暮らしを始めると想定したようだ。できるだけコンパクトにシンプルに。子供部屋にも飯田さんの思想が反映されている。（飯田亮建築設計室）

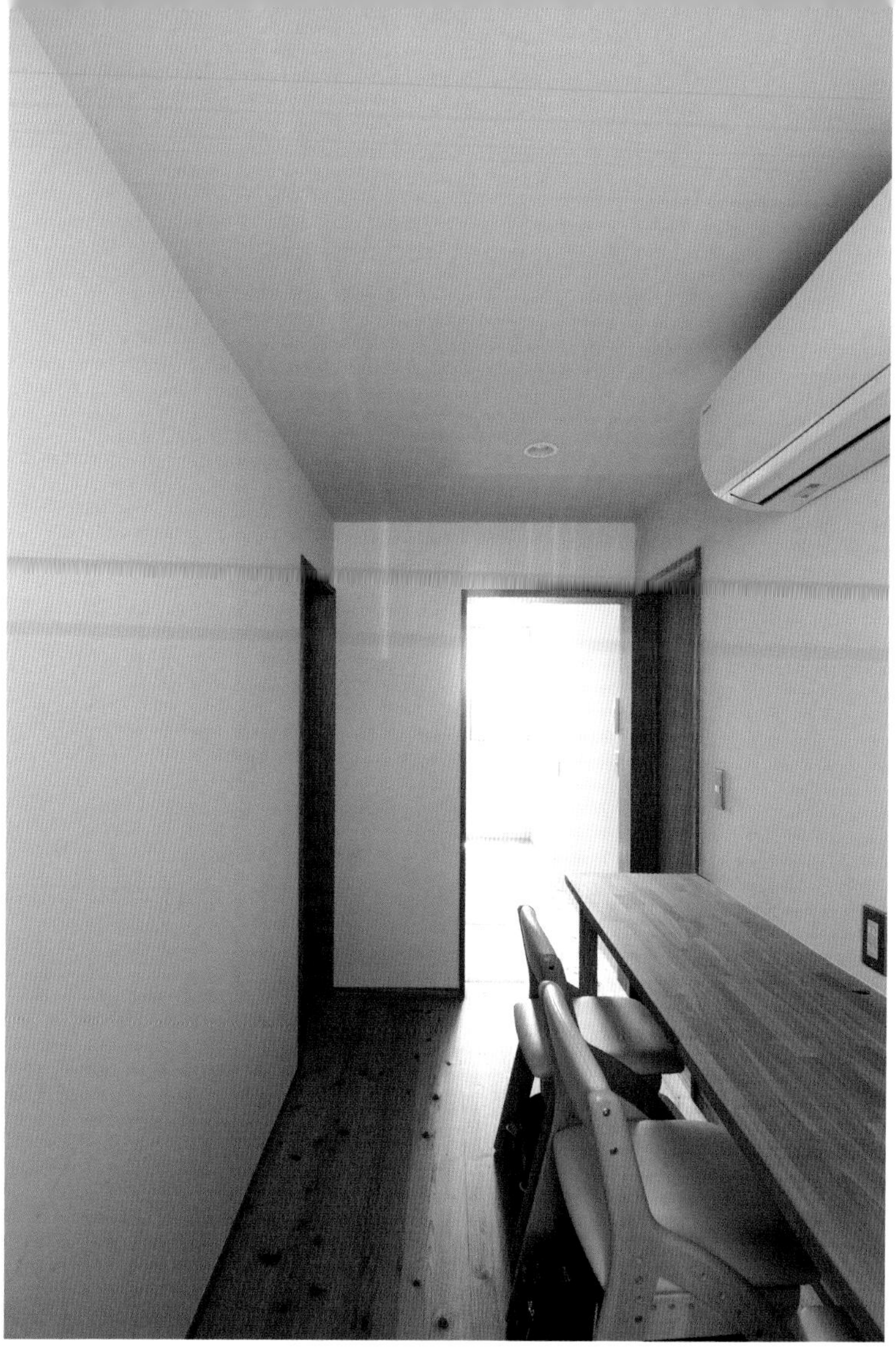

子供部屋を出た場所に設置されたスタディコーナー（書斎）。奥の部屋は主寝室である

子供部屋その2。右の上の段に布団を敷いて寝る。この下がもう1つの子供部屋の寝床になる

子供部屋その1。左奥の床に布団を敷いて寝る。手前は個人用のクロゼット

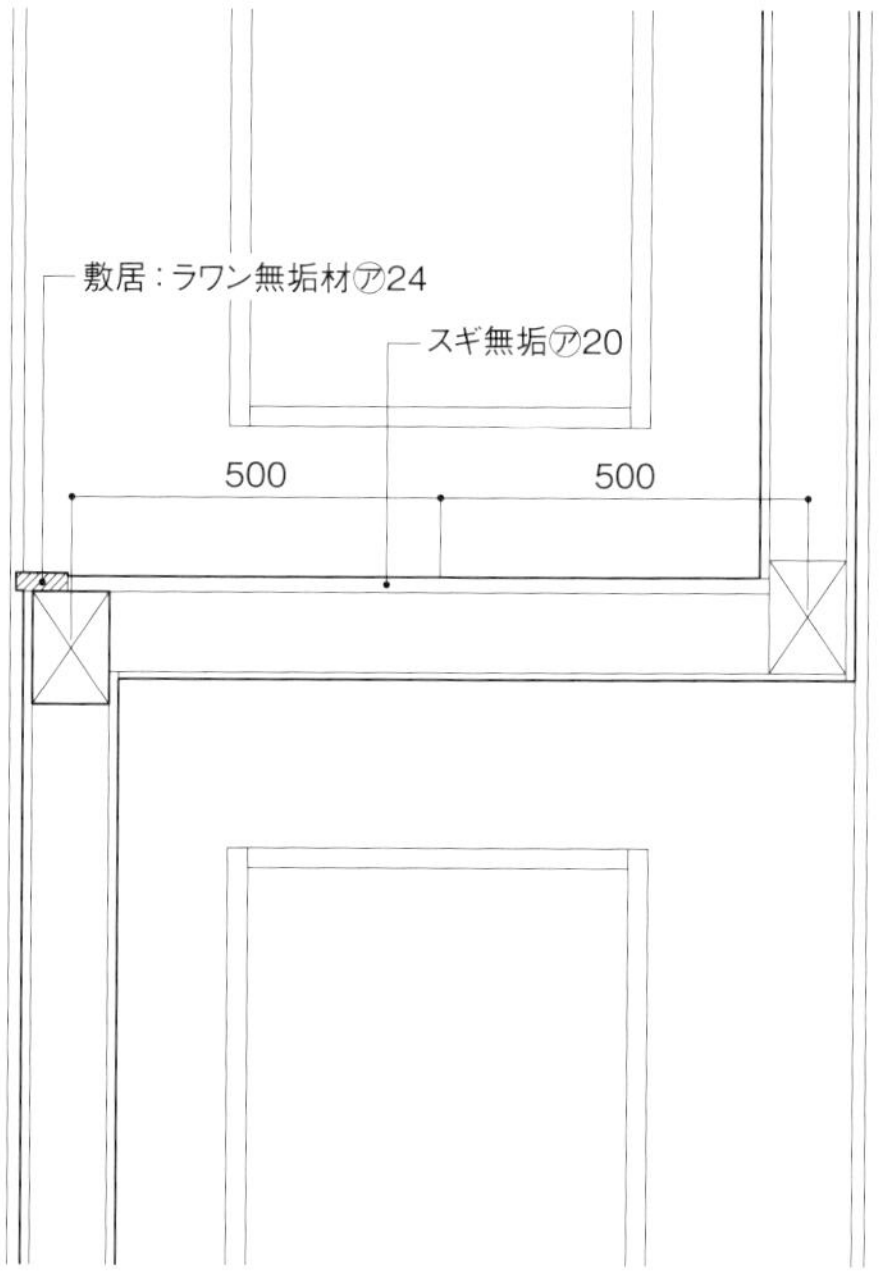

敷居：ラワン無垢材㋐24
スギ無垢㋐20
500
500

**子供室ベッド断面図** S=1：20

chapter 5

# エコハウスのスゴ技22

近年注目を集めるエコハウス＝超高断熱住宅。
省エネによるエコロジーかつ経済的なメリットだけでなく、
家の中での温度変化が少ないという快適性・健康面のメリットもある。
ここでは、エコハウスの具体的な「スゴ技」を実例解説する。

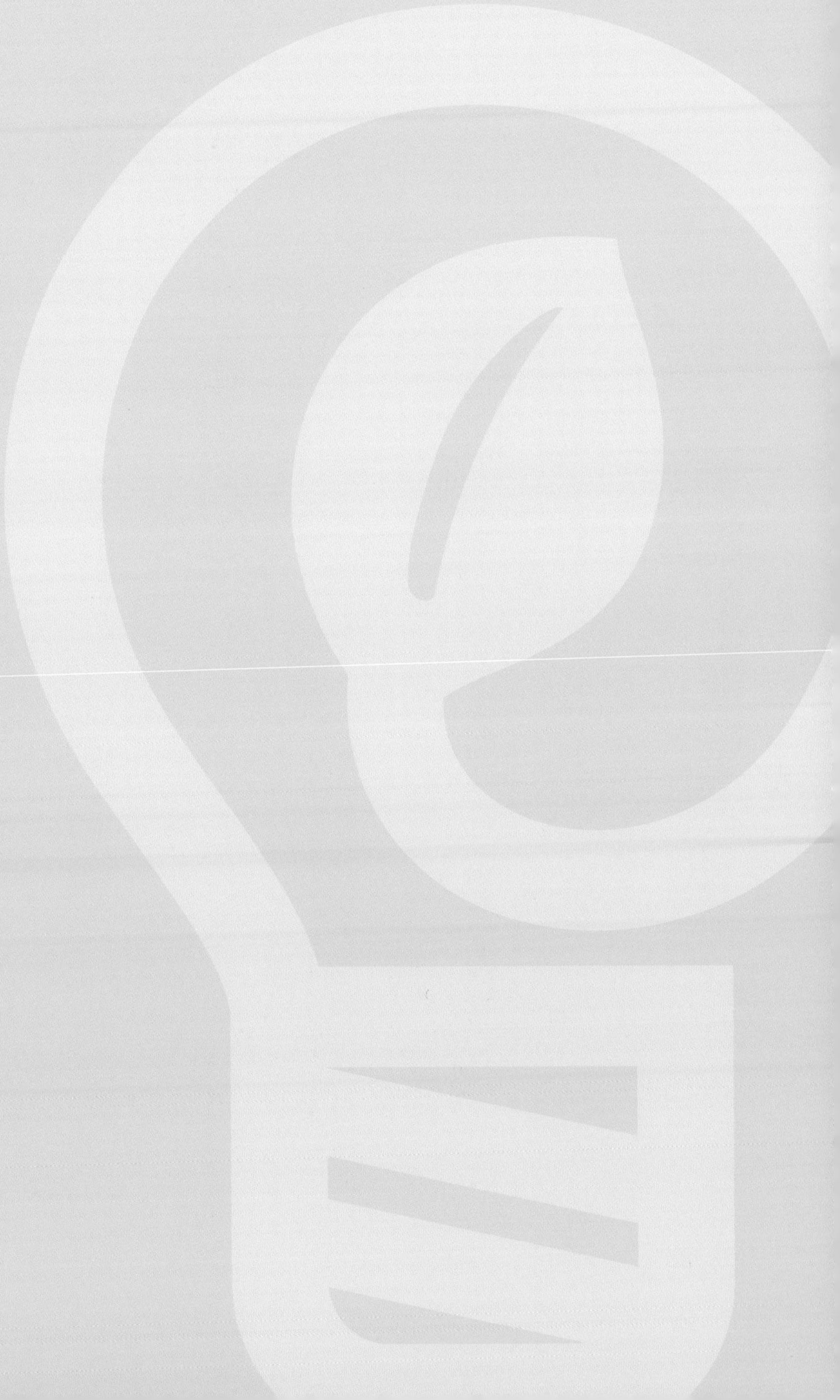

＼スゴ技／
59
エコハウス
安全・安心の断熱・耐震テクニック

## 断熱性能はHEAT20 G1以上を基本とする

断熱性能で一番の議題になるのが、断熱性能はどの程度のレベルに設定すればよいかということだ。品確法の性能表示における断熱等級ほかさまざまなレベルがあるが、こと住宅に関しては HEAT20 G1（UA＝0.56）以上としたい。断熱等級4＝省エネ基準（UA＝0.87）に比べると格段に高くなるが、付加断熱など特殊な断熱工法を用いず、窓の性能（たとえばアルミサッシ＋ペアガラスを樹脂サッシ＋Low-Eペアガラスに替えるなど）を上げるだけで容易に達成できる一方で、暖房費が大幅に削減できるだけでなく、太陽の日射による蓄熱効果も期待できる。いざという時の停電やこれからのエネルギー価格の上昇の可能性や省エネ基準のさらなる強化などを考えた時、このレベルの断熱性能は必須であろう。

なお、ZEH（ネットゼロエネルギーハウス）によって設備を設置することで、省エネ効果を高める住宅づくりが奨励されたが、あまり最善の方法とはいえない。なぜなら、設備は住宅に比べて耐用年数が短く、また耐用年数内での故障のリスクがある。また、太陽光発電や各種省エネシステムは導入コストも相応にかかる。一方、住宅の断熱性能であれば、HEAT20 G1レベルであってもコストアップはサッシ変更分で50万円にも満たない場合が多い。もちろん、設備に比べて性能面の経年劣化は少ない。

## 気密性能はちゃんと確保する

2012年施行の省エネ基準から気密性能が明記されなくなったから、気密性能は重要でなくなったわけではない。省エネ基準からの削除は、気密測定実施のめんどくささや、申請書類で確認することができない、などの後ろ向きの理由が主だったようだが、熱は隙間があればそこから逃げるわけで、いくら机上の断熱性能が高くても気密性能が低ければまったく意味がない。断熱性能をちゃんと機能させるには、気密性能を高めるのが必須といえる。

気密性能の目標値はC値＝1㎠／㎡以下としたい。難しく感じるかもしれないが、合板や気密シート、気密テープ・気密パッキンなどで隙間ができないように注意深く施工すれば、達成することが可能だ。そして、達成するためには、大工さんをはじめとする現場の職人に気密をすることの意義や考え方を理解してもらい、また気密工事後には必ず気密測定を行い、その施工精度の維持・向上に力を入れていくべきである。

## 夏は室内に日射が入らないように日射遮蔽設備を活用する

夏はとにかく直射日光を入れないことだ。住宅の高断熱化が進んだ結果、日射は長時間にわたる室温の上昇、さらには冷房費増加に直接影響する。

一番よい方法が、外付けブラインドや外付けルーバー、外付けシェードなどで窓からの日射を入れないこと。南面の窓であれば、屋根や庇による日射も効果がある。東西面の窓は、外付けの日射遮蔽設備以外でも、樹木やすだれなども効果がある。Low-Eガラスの遮蔽タイプを使うという選択肢もあるが、冬の日射取得では不利になるため、十分検討したうえで採用したい。

## 冬に室内に日射ができるだけ入るよう窓を配置する

冷暖房費の多くを占めるのが冬の暖房費である。これは温暖地であっても変わらない。一方で、日射による熱エネルギーはとても大きく、暖房費削減に大きく寄与することも分かっている。したがって、冬できるだけ日射が長時間室内に入ってくるように、部屋や窓の配置を考える必要がある。

部屋や窓の配置は、日影図やシミュレーションソフトで検討するのがよいだろう。1時間日照時間が増えるだけで室内温度がかなり影響を受けるので、日射を厳密に検討して、設計に反映したい。

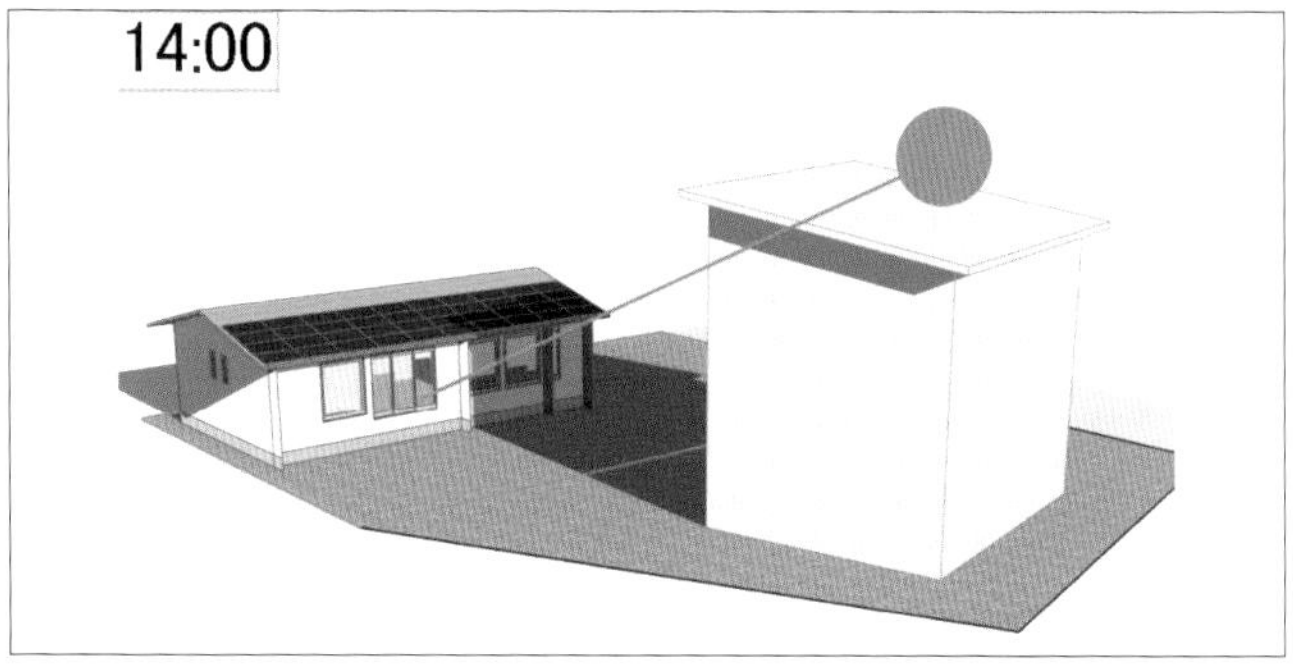


## 耐震性能3を目指す

耐震性能については、品確法の性能表示の耐震性能の最高等級である耐震等級3を目指すケースが増えてきている。その理由としてよく言われているのが、2016年の熊本地震で耐震等級3の家の損傷・倒壊がほとんどなかったということ。耐震等級3と耐震等級1や2の家とではその損傷具合に明らかな差があったためだ。

難易度が高く、設計上の制約も大きいといわれる耐震等級3だが、要点を押さえて設計すればそれほど難しいことではないという。構造のセオリーに則ってバランスよく壁を配置し、2階の柱と1階の柱の位置を揃え、吹抜けは最小限とし、厳密に場所を決めて設けるなどすれば、耐震等級3に近づけることが可能だ。あとは、間取りを設計中に、その都度構造計算ソフトなどで検討を行いながら調整すればよい。

108頁上写真：夢・建築工房、108頁下写真：リヴアース、109頁右上図：ラファエル設計、109頁下写真：サトウ工務店、109頁左写真：木の香の家（山本育憲）

# 外観

上／南側外観。前面の庭に開くように窓が数多く開けられている。1階の板壁は雨戸の戸袋である。屋根にはOMソーラーパネルが設置されている
下／東側外観。切妻屋根の総2階に下屋が付いたシンプルな構造であることが分かる。下屋部分はギャラリースペースとなっている

写真：齋部功（110-113頁）

＼スゴ技／
60
エコハウス

# 環境コンサルとのコラボで地域に合うエコハウスを提示

断熱性能や冷暖房設備などの環境設計は、パッシブデザインの専門家である野池政宏氏が監修している。小林建設では、自然エネルギーを生かすパッシブ住宅に力を入れており、この事例でもパッシブ住宅として最高レベルの性能を目指した。具体的には自立循環型住宅研究会のパッシブ住宅基準で最高ランクの★★★評価を目指して設計されている。そこでは断熱性能だけでなく、日射取得や、熱を保持できる間取りなどの工夫がなされている。

結果、冬は日射取得やOMソーラーによるパッシブ暖房で家全体の暖房をほぼほぼ賄え、夏はエアコン2台（1台のみ稼働の時もあり）で十分に冷房できている。建物の性能は、UA値（外皮平均熱貫流率）＝0.51W／㎡K、Q値（熱損失係数）＝1.63W／㎡K。超高断熱とまではいかないが、冬の日照時間の多い埼玉北部、群馬南部では、このくらいの性能が妥当ではないかと考えている。（小林建設）

平面図 S＝1：200

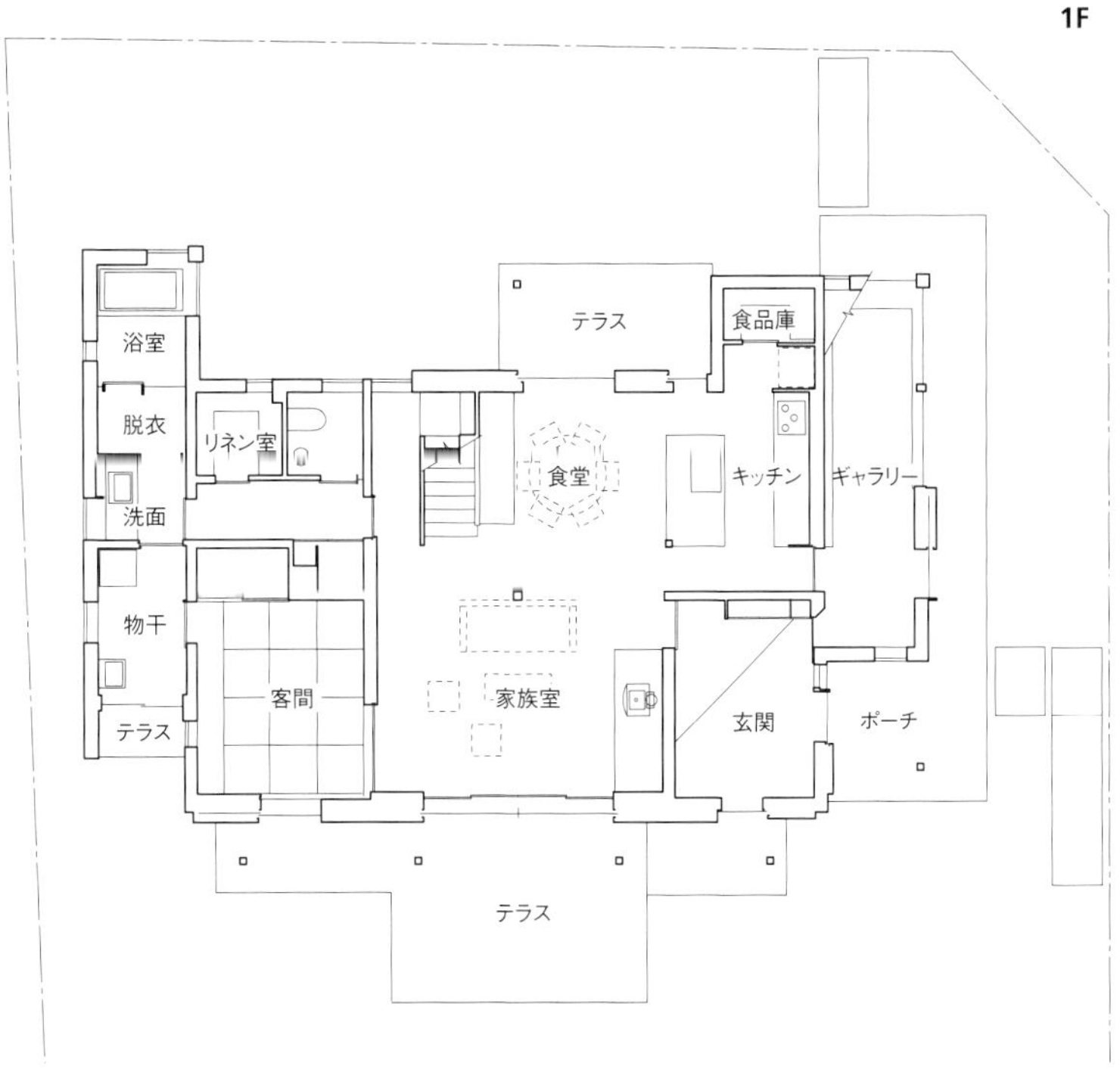
1F
浴室
脱衣
洗面
物干
テラス
リネン室
客間
テラス
食堂
食品庫
キッチン
ギャラリー
家族室
玄関
ポーチ
テラス

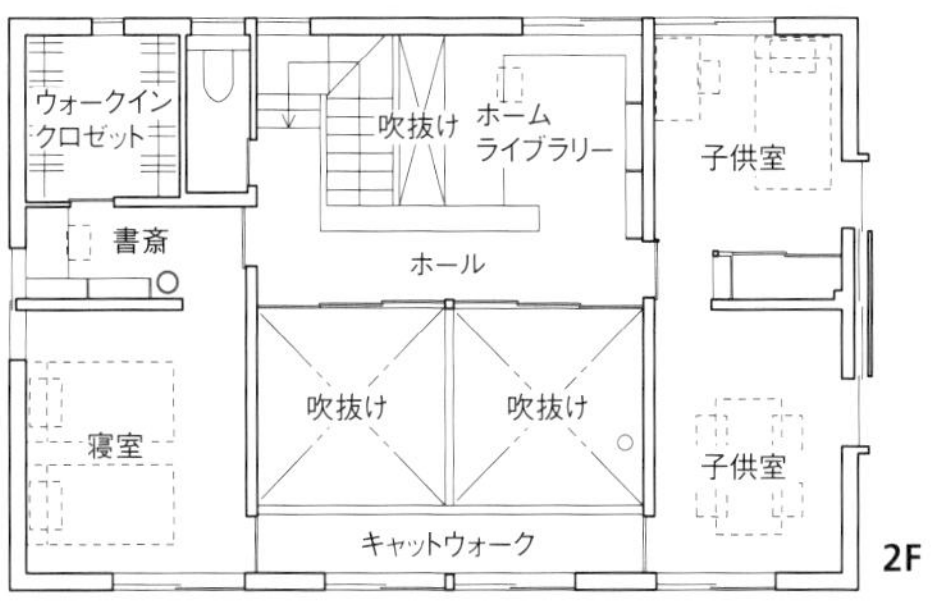
ウォークインクロゼット
吹抜け
ホームライブラリー
子供室
書斎
ホール
寝室
吹抜け
吹抜け
子供室
キャットウォーク
2F

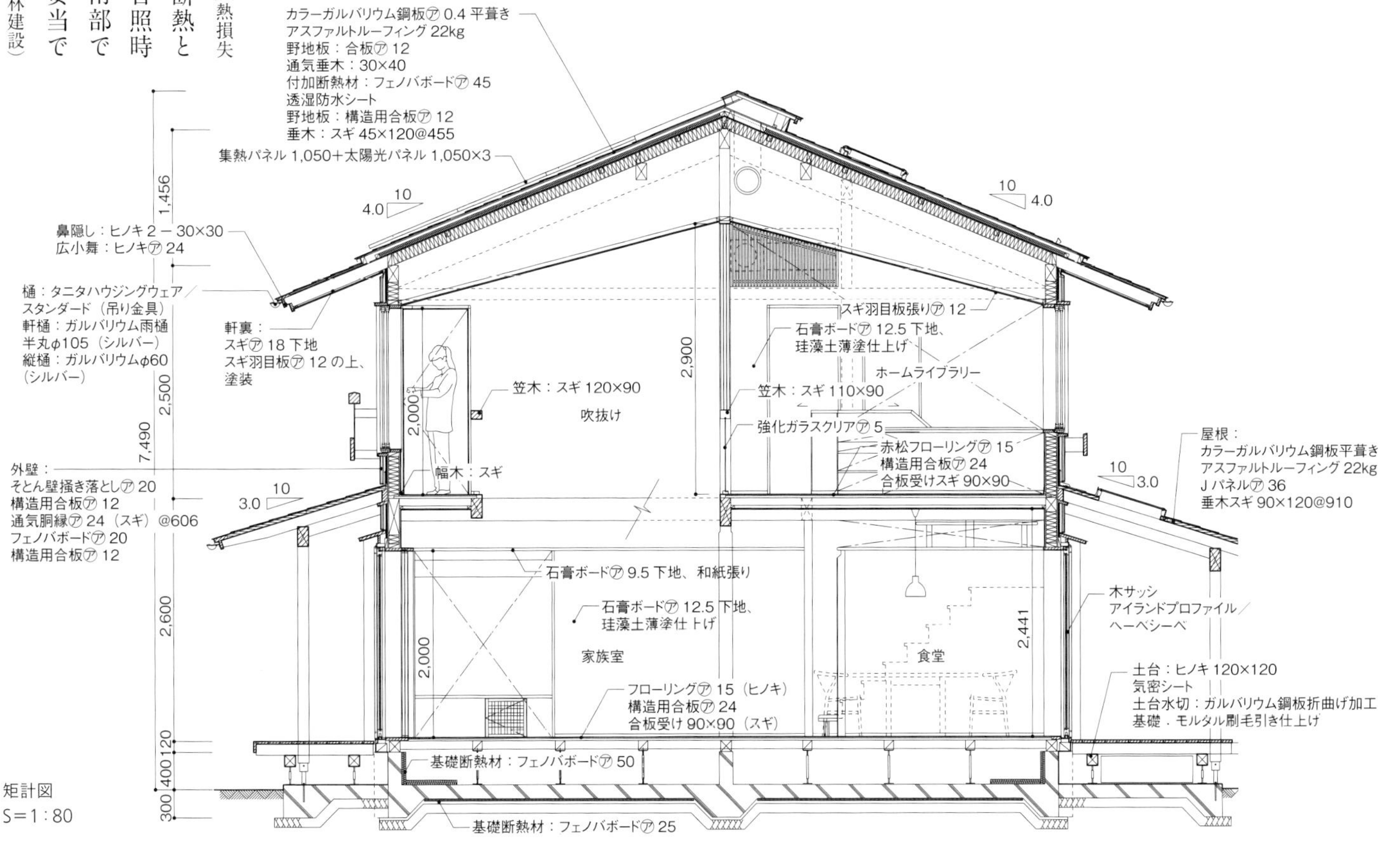
カラーガルバリウム鋼板㋐0.4 平葺き
アスファルトルーフィング 22kg
野地板：合板㋐12
通気垂木：30×40
付加断熱材：フェノバボード㋐45
透湿防水シート
野地板：構造用合板㋐12
垂木：スギ 45×120@455
集熱パネル 1,050＋太陽光パネル 1,050×3
10
4.0
10
4.0
鼻隠し：ヒノキ 2－30×30
広小舞：ヒノキ㋐24
樋：タニタハウジングウェア／スタンダード（吊り金具）
軒樋：ガルバリウム雨樋半丸φ105（シルバー）
縦樋：ガルバリウムφ60（シルバー）
軒裏：
スギ㋐18 下地
スギ羽目板㋐12 の上、塗装
スギ羽目板張り㋐12
石膏ボード㋐12.5 下地、珪藻土薄塗仕上げ
ホームライブラリー
笠木：スギ 120×90
吹抜け
笠木：スギ 110×90
強化ガラスクリア㋐5
赤松フローリング㋐15
構造用合板㋐24
合板受けスギ 90×90
幅木：スギ
屋根：
カラーガルバリウム鋼板平葺き
アスファルトルーフィング 22kg
Jパネル㋐36
垂木スギ 90×120@910
10
3.0
外壁：
そとん壁掻き落とし㋐20
構造用合板㋐12
通気胴縁㋐24（スギ）@606
フェノバボード㋐20
構造用合板㋐12
10
3.0
石膏ボード㋐9.5 下地、和紙張り
石膏ボード㋐12.5 下地、珪藻土薄塗仕上げ
木サッシ
アイランドプロファイル／ヘーベシーベ
家族室
食堂
フローリング㋐15（ヒノキ）
構造用合板㋐24
合板受け 90×90（スギ）
土台：ヒノキ 120×120
気密シート
土台水切：ガルバリウム鋼板折曲げ加工
基礎：モルタル刷毛引き仕上げ
基礎断熱材：フェノバボード㋐50
基礎断熱材：フェノバボード㋐25
1,456
2,500
7,490
2,600
120
400
300
2,900
2,000
2,441
2,000

矩計図
S＝1：80

客間の飾り棚。縁なしの畳や色付きの和紙を張った引戸などモダンな内装。飾り棚の下にはサッシの内側に格子戸を付けた地窓が設けられている

## 部屋

右上／2階の寝室。屋根勾配より緩く設定された勾配天井をもつ。窓際の天井高さは2,000㎜である
右下／土間と玄関ホールが斜めに分割された玄関。土間は芦野石、手摺はナラ材を八角に加工し握りやすくした
左／北側の子ども室から南側の子ども室を見る。2つの部屋は引戸をもつ収納スペースで緩やかに仕切られている

1階の階段はLDKの脇に設けられ、大きな袖壁によってあまり目立たない。周囲は柱、梁などを露出させた真壁造のようなインテリアとなっている

右／左写真の柱の詳細。梁の寸法に合わせて柱頭がカットされている
左上／左写真の階段の手摺先端の詳細
左下／階段の幅木と滑止め詳細。幅木にはスギ材が、滑止めにはサクラの線材がそれぞれ使われている

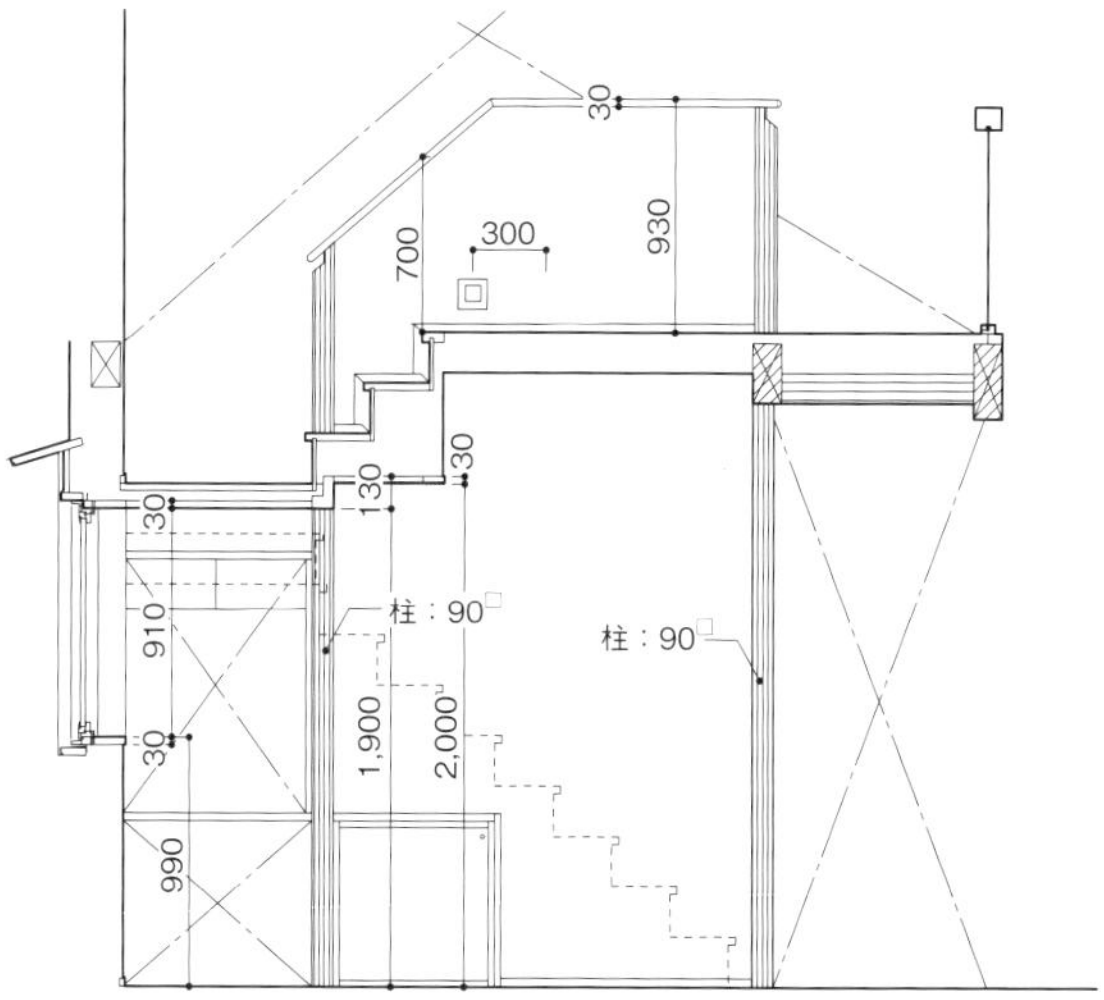


**階段展開図** S＝1：60

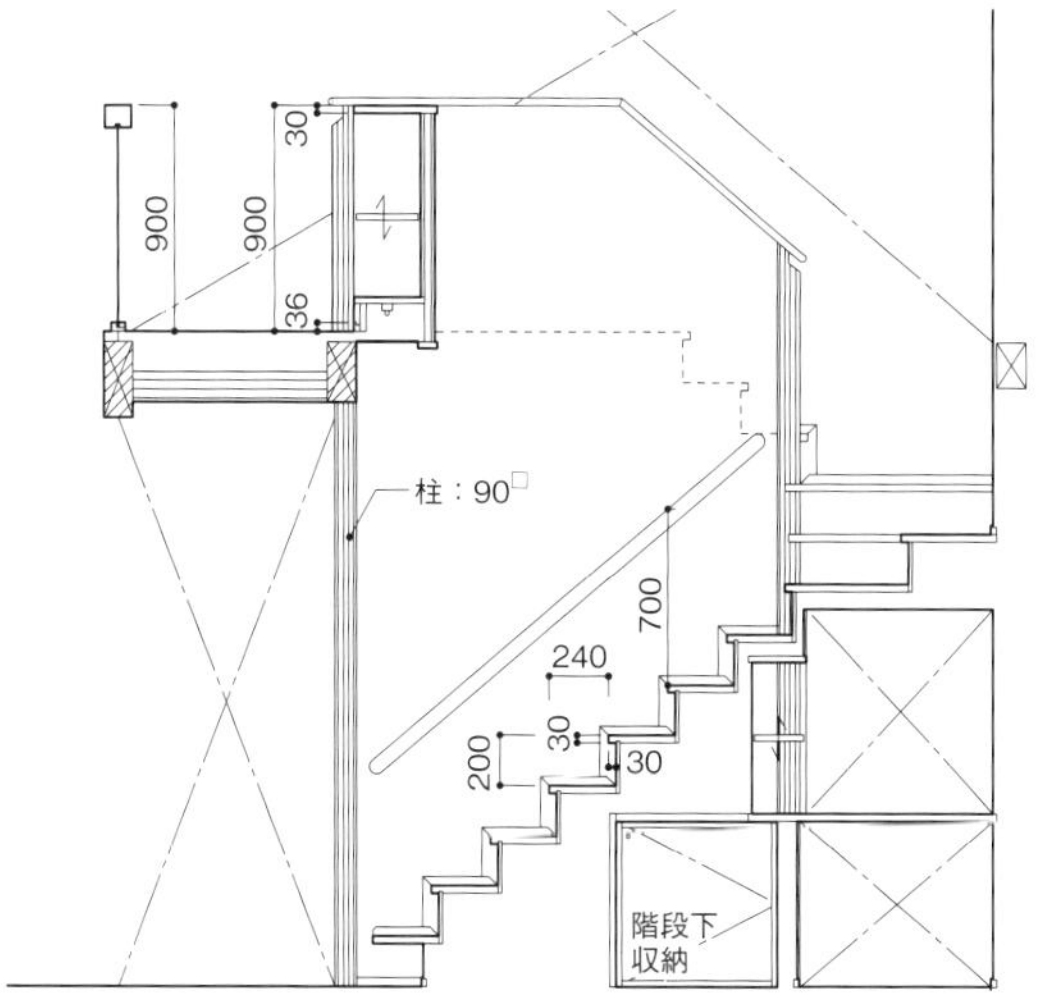


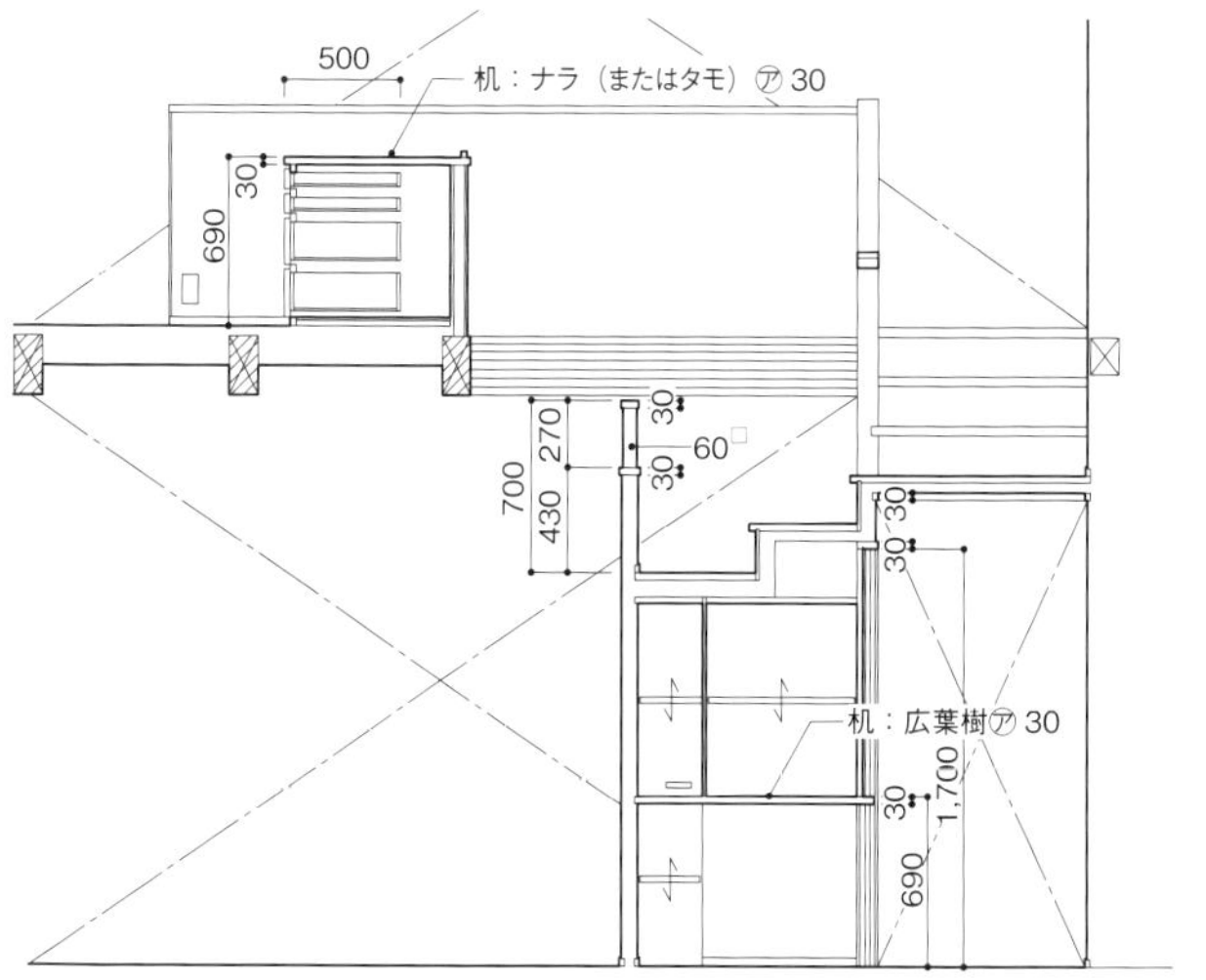

スゴ技

# 61

エコハウス

# 寒冷地の田舎暮らしを豊かにする家

秋田市郊外の別荘用地に建てられた住宅である。建て主は自然豊かな田舎暮らしに憧れて、木々に囲まれた閑静な別荘用地を入手。同時期に、インターネットなどで秋田近辺の設計者などを探すなかで「もるくす建築社」の存在を知り、面談や、同社が手がけた住宅などの見学をしたうえで設計・施工を依頼した。

建て主はもるくす建築社のつくる住宅のデザイン性の高さに強く関心をもっていた。同時に冬の寒さが厳しい北東北で快適に過ごせる住宅を希望。加えて、周辺の豊かな自然を生かした家づくり、そして大きなリビングをもつプランニングを求めた。そこで、周囲の木々になじむ黒い外壁と横に長いファサードをもつ平屋とし、床面積全体の半分を占めるリビングには大きな窓を設け、さらにその先に大きなデッキを設えるなどして、内外が一体となった広いリビング空間が考え出された。

敷地のある秋田市内陸部は、夏

## 椿台の家

| | |
|---|---|
| 所在地 | 秋田県秋田市 |
| 家族構成 | 夫婦＋子ども1人 |
| 構造 | 木造平屋建て（防火指定なし） |
| 敷地面積 | 431.24㎡ |
| 建築面積 | 158.44㎡ |
| 延床面積 | 141.63㎡（住宅113.13㎡、ガレージ28.50㎡） |
| 竣工年月 | 2016年5月 |
| 設計・施工 | もるくす建築社 |
| 断熱・気密性能 | UA値＝0.31（Q値＝0.93）W／㎡K、C値0.3㎠／㎥ |
| 屋根断熱 | 高性能グラスウール16K360㎜ |
| 外壁断熱 | 高性能グラスウール16K330㎜ |
| 基礎断熱 | 防蟻剤入りビーズ法ポリスチレンフォーム200㎜（立上り）<br>同50㎜（スラブ下） |
| 窓 | 木製サッシ片引き窓（ノルド）＋<br>Low-Eアルゴンガス入りトリプルガラス（南面）<br>樹脂サッシ（エクセルシャノン）＋<br>Low-Eアルゴンガス入りペアガラス（その他） |
| 玄関戸 | アルミ断熱ドア |
| 換気設備 | ライフブレス・第1種換気（熱交換率85％） |
| 冷暖房設備 | エアコン、温水パネルヒーター、温水スラブ暖房 |
| その他設備 | エコキュート |

# 家族が集う 広くて暖かいリビング

上／キッチンからリビング、ダイニングを見る。木毛セメント板の天井、コンクリート土間の床などの無機質なインテリアと、無節のウェスタンレッドシダーの壁や無垢材の家具などの温かみのある素材が絶妙に調和している

下／窓側からリビングを見る。正面の壁が北側になるため、窓は小さめに切り取られている。正面中央は玄関

は熱帯夜になることはほとんどない比較的涼しい日が続く一方で、厳冬期（1月ごろ）は平均気温が0℃以下になり、気温条件は厳しい。また、夏は晴れの日が多いものの、冬は曇りがちで積雪もあり、日本海側内陸部特有の天候条件といえる。そのため、屋根は無落雪屋根とし、UA値＝0・31（Q値＝0・93）W／㎡Kという極めて高性能の住宅が設計された。（もるくす建築社）

コンクリートや土など、蓄熱するものを住宅に取り込むことで、室内の温度が安定し、外の温度変化に左右されない快適で心地よい空間になる。

この住宅では、大きなリビングの床を１２０㎜厚の墨入りのコンクリート土間としたうえで、ベタ基礎のスラブ１５０㎜厚との間３２９㎜の空間にも砕石を詰め込み、合計約６００㎜厚の分厚い蓄熱層をつくり上げた。

南面の大きな窓からの日射によるダイレクトゲイン、パネルヒーターなどの熱などをこの蓄熱層が吸収、その熱を緩やかに室内に放出させて、心地よい室温の維持に貢献している。

（もるくす建築社）

上／ダイニングとキッチン。日差しによるダイレクトゲインで熱を蓄えた床は、猫たちにとって格好の居場所になる
下／リビングから南面の窓方向を見る。ソファから眺める庭が美しい。一番左の扉の奥はシューズクロゼット兼勝手口、その隣の扉の奥はパントリーとなっている

\スゴ技/

62

エコハウス

# 熱を溜めて快適な室内空間をつくる

**矩計図** S＝1：80

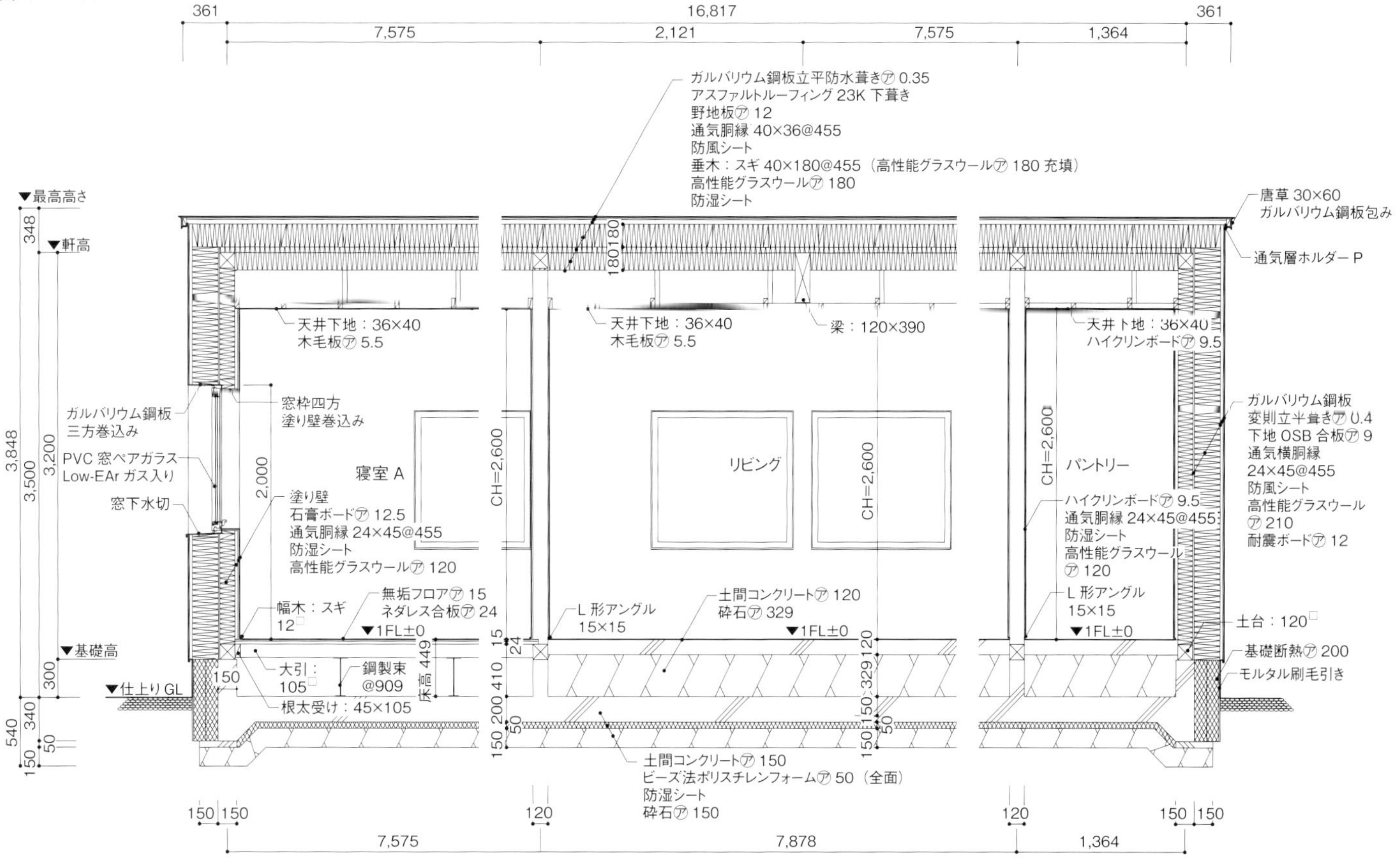
361
16,817
361
7,575
2,121
7,575
1,364
ガルバリウム鋼板立平防水葺き㋐ 0.35
アスファルトルーフィング 23K 下葺き
野地板㋐ 12
通気胴縁 40×36@455
防風シート
垂木：スギ 40×180@455（高性能グラスウール㋐ 180 充填）
高性能グラスウール㋐ 180
防湿シート
唐草 30×60
ガルバリウム鋼板包み
通気層ホルダー P
▼最高高さ
▼軒高
天井下地：36×40
木毛板㋐ 5.5
天井下地：36×40
木毛板㋐ 5.5
梁：120×390
天井下地：36×40
ハイクリンボード㋐ 9.5
ガルバリウム鋼板
三方巻込み
窓枠四方
塗り壁巻込み
PVC 窓ペアガラス
Low-EAr ガス入り
窓下水切
寝室 A
リビング
パントリー
CH＝2,600
CH＝2,600
CH＝2,600
塗り壁
石膏ボード㋐ 12.5
通気胴縁 24×45@455
防湿シート
高性能グラスウール㋐ 120
ハイクリンボード㋐ 9.5
通気胴縁 24×45@455
防湿シート
高性能グラスウール
㋐ 120
ガルバリウム鋼板
変則立平葺き㋐ 0.4
下地 OSB 合板㋐ 9
通気横胴縁
24×45@455
防風シート
高性能グラスウール
㋐ 210
耐震ボード㋐ 12
幅木：スギ
12
無垢フロア㋐ 15
ネダレス合板㋐ 24
L 形アングル
15×15
土間コンクリート㋐ 120
砕石㋐ 329
L 形アングル
15×15
土台：120□
▼1FL±0
▼1FL±0
▼1FL±0
▼基礎高
基礎断熱㋐ 200
モルタル刷毛引き
▼仕上り GL
大引：
105□
鋼製束
@909
床高 449
根太受け：45×105
土間コンクリート㋐ 150
ビーズ法ポリスチレンフォーム㋐ 50（全面）
防湿シート
砕石㋐ 150
348
3,848
3,500
3,200
300
540
340
150
2,000
150 150
120
120
150 150
7,575
7,878
1,364

**平面詳細図** S＝1：120

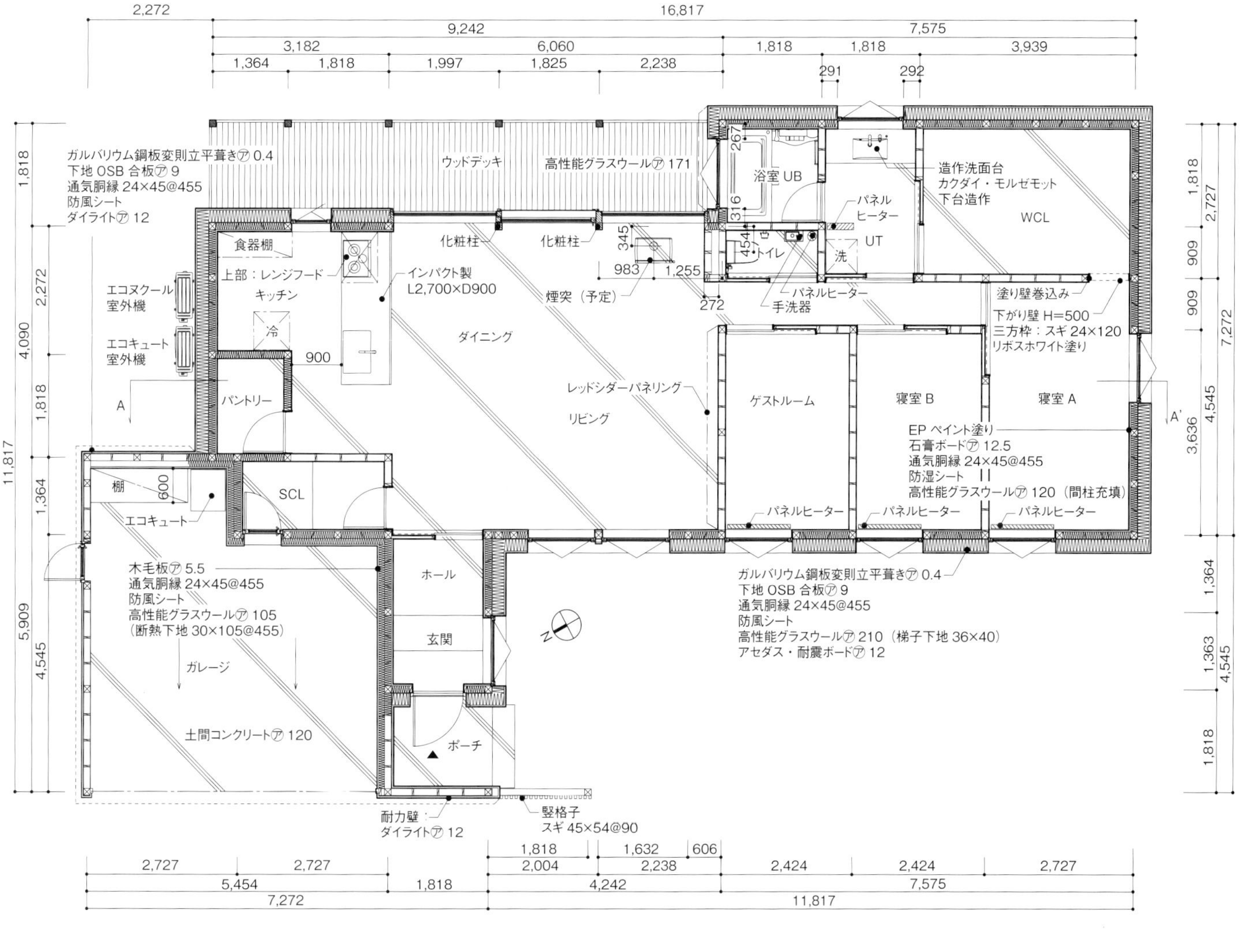
2,272
16,817
9,242
7,575
3,182
6,060
1,818
1,818
3,939
1,364
1,818
1,997
1,825
2,238
291
292
ガルバリウム鋼板変則立平葺き㋐ 0.4
下地 OSB 合板㋐ 9
通気胴縁 24×45@455
防風シート
ダイライト㋐ 12
ウッドデッキ
高性能グラスウール㋐ 171
浴室 UB
造作洗面台
カクダイ・モルゼモット
下台造作
WCL
パネル
ヒーター
UT
トイレ
洗
食器棚
上部：レンジフード
キッチン
化粧柱
化粧柱
インパクト製
L2,700×D900
煙突（予定）
パネルヒーター
手洗器
塗り壁巻込み
下がり壁 H＝500
三方枠：スギ 24×120
リボスホワイト塗り
エコヌクール
室外機
エコキュート
室外機
冷
900
ダイニング
パントリー
レッドシダーパネリング
リビング
ゲストルーム
寝室 B
寝室 A
EP ペイント塗り
石膏ボード㋐ 12.5
通気胴縁 24×45@455
防湿シート
高性能グラスウール㋐ 120（間柱充填）
A
A'
棚
エコキュート
SCL
パネルヒーター
パネルヒーター
パネルヒーター
木毛板㋐ 5.5
通気胴縁 24×45@455
防風シート
高性能グラスウール㋐ 105
（断熱下地 30×105@455）
ホール
ガルバリウム鋼板変則立平葺き㋐ 0.4
下地 OSB 合板㋐ 9
通気胴縁 24×45@455
防風シート
高性能グラスウール㋐ 210（梯子下地 36×40）
アセダス・耐震ボード㋐ 12
玄関
ガレージ
土間コンクリート㋐ 120
ポーチ
耐力壁
ダイライト㋐ 12
竪格子
スギ 45×54@90
11,817
1,818
2,272
4,090
1,818
1,364
5,909
4,545
2,727
909
909
7,272
4,545
3,636
1,364
1,363
4,545
1,818
1,818
1,632
606
2,004
2,238
2,727
2,727
2,424
2,424
2,727
5,454
1,818
4,242
7,575
7,272
11,817

ふだん使いの玄関にもなるシューズクロゼット。壁には熱交換換気ユニットが見える

リビング引込み窓断面詳細図 S=1:15

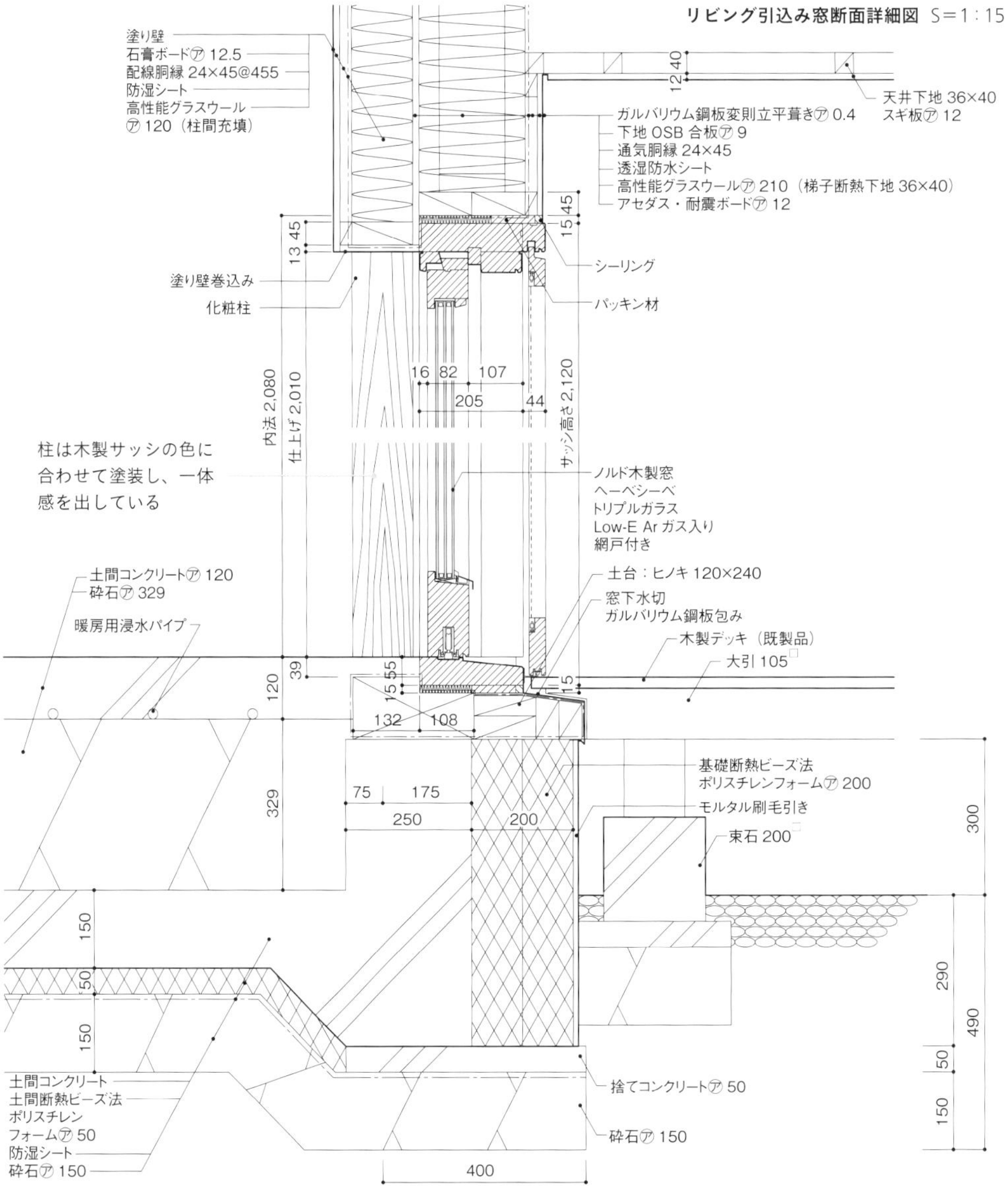


\スゴ技/

63

エコハウス

# 不快を取り除くと豊かさにつながる

これは北海道大学名誉教授の荒谷先生の言葉である。ここでいう不快とは暑さ・寒さのこと。それを取り除くことが生活を豊かにするという。

冬が厳しい秋田県では、住宅の断熱性能を上げることが重要だ。特に面積の大きな壁や屋根、基礎の断熱性能を上げる効果は高く、涼しく、暖かく、快適に過ごせるようになる。この住宅でも、当初は壁に高性能グラスウール16K200㎜厚を予定していたが、最終的に建て主の要望もあり、300㎜厚に変更。100㎜厚くするだけで壁の温度は数℃上昇する。輻射熱による体感的な温かさが違ってくる。

また、面積の大きな壁の性能向上により、家全体の断熱性能が高まるため、冷暖房なしでも室内の温度が上がりすぎたり下がりすぎたりせず、家全体の温度変化も少なくなって、体感的な心地よさが増幅される。適温が維持される室内環境は生活の質を向上させ、インドアライフがより充実する。

（もるくす建築社）

玄関土間と玄関ホール。奥にはLDKが見える。土間からLDKまですべて同材で床を仕上げているのが分かる

玄関ホールから土間、ポーチを見る。靴箱などが省略されているためすっきりとした印象。玄関戸は表面を特殊塗装したアルミ断熱ドア

## 家での生活をアクティブにする温かい土間床

右／造付けのキッチン。面材にはオーク突板が使われている
中／カウンタートップには曲げや割れに強いベルギー・BEAL社の左官材「モールテックス」が塗られている
左／キッチン近くに設けられたパントリー

＼スゴ技／

64

エコハウス

# 研究者のアイデアを取り入れた家

岩手県北上市の郊外に建てられた家族4人が住む住宅。建て主は、木の香の家の代表である白鳥顕志さん自身である。

白鳥さんは20年以上前から高断熱・高気密住宅を手がけており、この分野の住宅のエキスパートだ。それまでの自宅は戸建ての借家で、新築を建てようとずっと考えていたものの、タイミングが合わずそのままになっていた。しかし、数年前にふと訪ねた不動産屋で、安価でロケーションのよい敷地に出会い、即決で購入。新しい自宅を建てることになった。

住宅の設計には高断熱住宅研究の第一人者である鎌田紀彦さん（室蘭工業大学名誉教授）が協力した。これは、白鳥さんが自宅を建てるにあたっていろいろなことに挑戦したいと思ったことが大きかった。その結果、住宅の性能や設備計画などには鎌田さんによる最新の知見や研究成果がかなり取り入れられている。

なお、建物の建っている北上市は、夏は熱帯夜になることがほとんどない比較的涼しい日が続く一方で、冬は1月ごろの平均気温が0℃以下とかなり寒い。また、梅雨の時期が長く、冬は曇りの日も多く積雪もある。そのため、寒さ対策を第一に考えた性能が求められた。

敷地の北側は道路、南側には住宅がなく大きな林のみという環境にあったため、南側に庭、そして大きな窓をとるプランとなった。

（木の香の家）

## 北上の家

| | |
|---|---|
| 所在地 | 岩手県北上市 |
| 家族構成 | 夫婦＋子ども2人 |
| 構造 | 木造2階建て（防火指定なし） |
| 敷地面積 | 2,216㎡ |
| 建築面積 | 147.19㎡ |
| 延床面積 | 221.47㎡（1階135.34㎡、2階86.12㎡、ロフト24.94㎡） |
| 竣工年月 | 2016年9月 |
| 設計・施工 | 木の香の家 |
| 断熱・気密性能 | UA値＝0.27（Q値＝0.715）W／㎡K、C値0.2㎠／㎡ |
| 天井断熱 | 高性能グラスウール16K480㎜ |
| 外壁断熱 | 高性能グラスウール16K305㎜ |
| 基礎断熱 | 防蟻剤入りビーズ法ポリスチレンフォーム220㎜（立上り）<br>防蟻剤入りビーズ法ポリスチレンフォーム100㎜（スラブ下） |
| 窓 | 木製サッシ片引き窓（アルス）＋Low-Eトリプルガラス（南面）<br>樹脂サッシ（各社）＋Low-Eトリプルガラス（その他） |
| 玄関戸 | ガデリウス木製玄関ドア（防犯ガラス仕様） |
| 換気設備 | パナソニック製熱交換換気システム（熱交換率85％） |
| 冷暖房設備 | 温水パネルヒーター、エアコン<br>空気集熱式パッシブソーラーシステム（そよ風） |
| その他設備 | 太陽光発電システム＋ソーラー補助集熱（エコテクノルーフ）<br>太陽熱温水システム<br>地中熱ヒートポンプ |

リビングからダイニング・キッチンを見る。比較的大きめのLDKだが、温室は均一に暖かい。窓はアルスの片引き窓の木製サッシ＋アルゴンガス入りLow-Eトリプルガラス。キッチン側の窓もK-WINDOW（栗原）の樹脂サッシで、同じガラスが入る

# 広々としたリビングでエネルギーを使わずに暖かく過ごす

上／ダイニングからリビングを見る。床はイングリッシュオーク無垢フローリング、壁は珪藻土、天井は漆喰クロスである。キッチンの面材はピーラ

右下／LDKの南面窓側。窓際の床には床下から上昇する温かい空気の移動を促すガラリが、天井には1階の温かい空気を2階に送るためのスノコ床が見える。また床の1部をタイル張りとして、ダイレクトゲインによる蓄熱を促している

左下／キッチンの床のタイル張りは清掃性と蓄熱効果を期待したもの。キッチン天井はウェスタンレッドシダー材

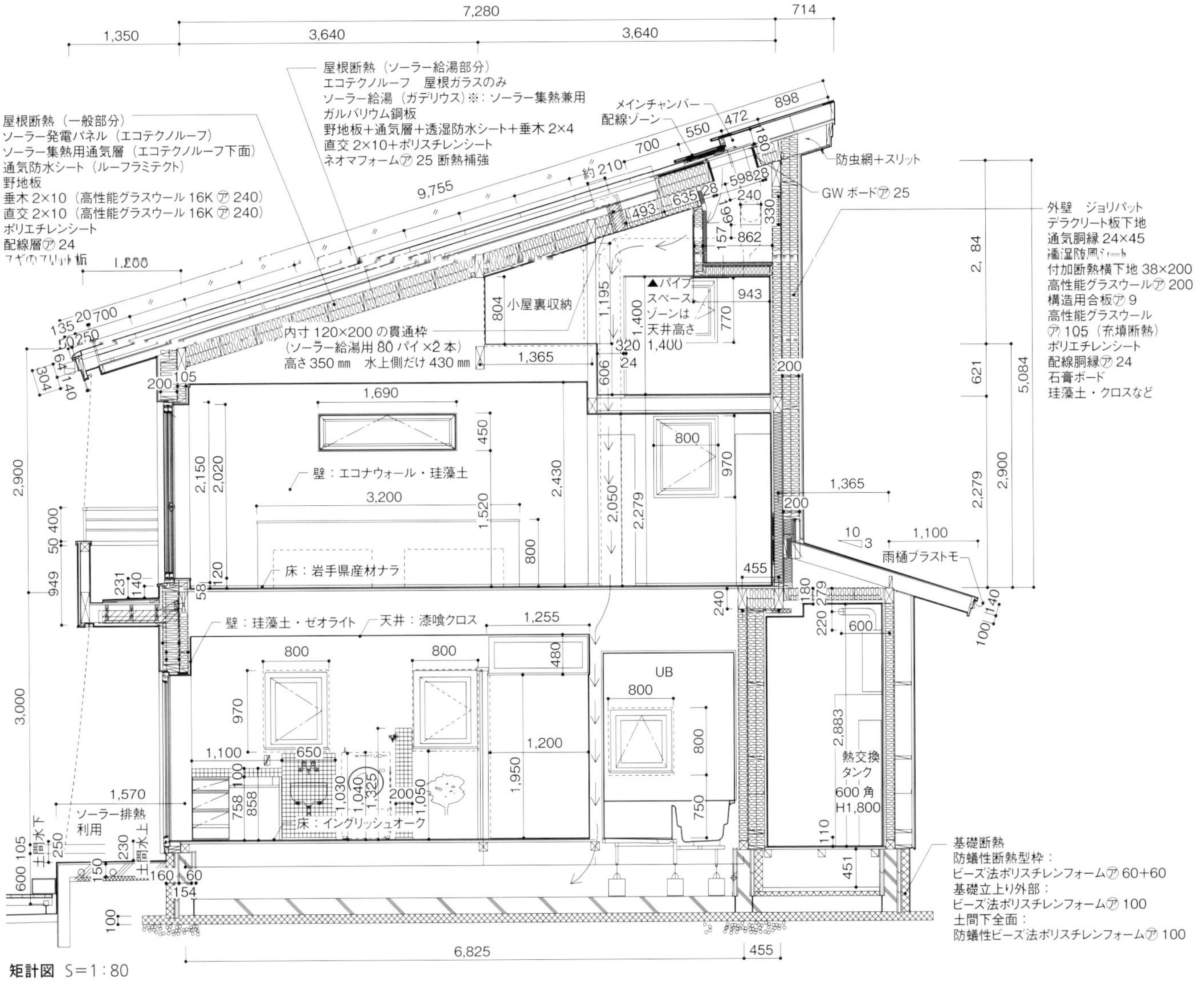
屋根断熱（一般部分）
ソーラー発電パネル（エコテクノルーフ）
ソーラー集熱用通気層（エコテクノルーフ下面）
通気防水シート（ルーフラミテクト）
野地板
垂木 2×10（高性能グラスウール 16K ㋐ 240）
直交 2×10（高性能グラスウール 16K ㋐ 240）
ポリエチレンシート
配線層㋐ 24
屋根断熱（ソーラー給湯部分）
エコテクノルーフ　屋根ガラスのみ
ソーラー給湯（ガデリウス）※：ソーラー集熱兼用
ガルバリウム鋼板
野地板＋通気層＋透湿防水シート＋垂木 2×4
直交 2×10＋ポリスチレンシート
ネオマフォーム㋐ 25 断熱補強
メインチャンバー
配線ゾーン
防虫網＋スリット
GW ボード㋐ 25
外壁　ジョリパット
デラクリート板下地
通気胴縁 24×45
付加断熱横下地 38×200
高性能グラスウール㋐ 200
構造用合板㋐ 9
高性能グラスウール
㋐ 105（充填断熱）
ポリエチレンシート
配線胴縁㋐ 24
石膏ボード
珪藻土・クロスなど
小屋裏収納
▲パイプスペースゾーンは天井高さ 1,400
内寸 120×200 の貫通枠
（ソーラー給湯用 80 パイ ×2 本）
高さ 350 ㎜　水上側だけ 430 ㎜
壁：エコナウォール・珪藻土
床：岩手県産材ナラ
壁：珪藻土・ゼオライト
天井：漆喰クロス
UB
熱交換タンク
600 角
H1,800
床：イングリッシュオーク
ソーラー排熱利用
雨樋プラストモ
基礎断熱
防蟻性断熱型枠：
ビーズ法ポリスチレンフォーム㋐ 60+60
基礎立上り外部：
ビーズ法ポリスチレンフォーム㋐ 100
土間下全面：
防蟻性ビーズ法ポリスチレンフォーム㋐ 100
7,280
1,350
3,640
3,640
714
9,755
6,825
455

**矩計図** S＝1：80

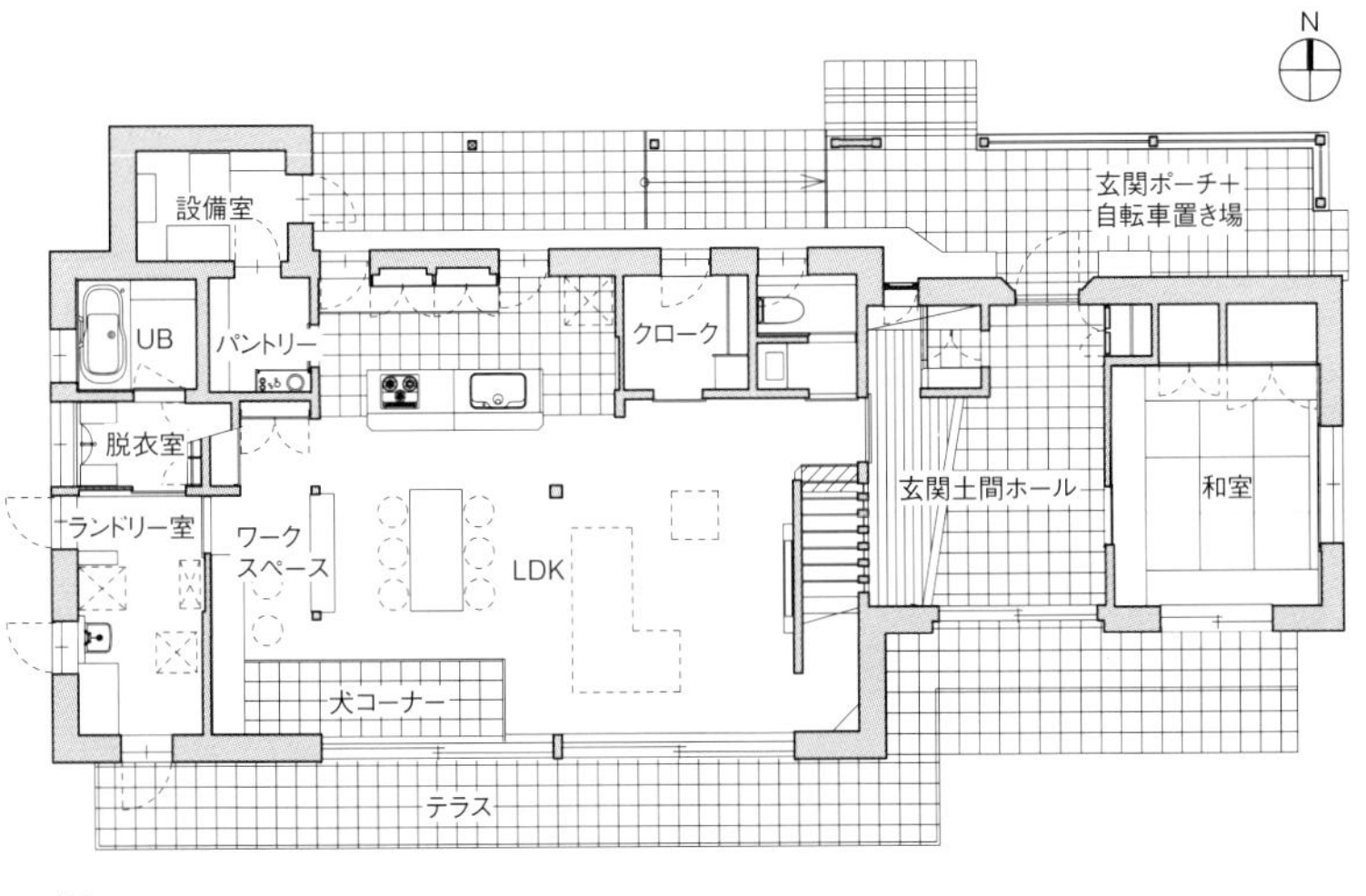
N
設備室
玄関ポーチ＋
自転車置き場
UB
パントリー
クローク
脱衣室
玄関土間ホール
和室
ランドリー室
ワーク
スペース
LDK
犬コーナー
テラス

**1F**

**平面図** S＝1：200

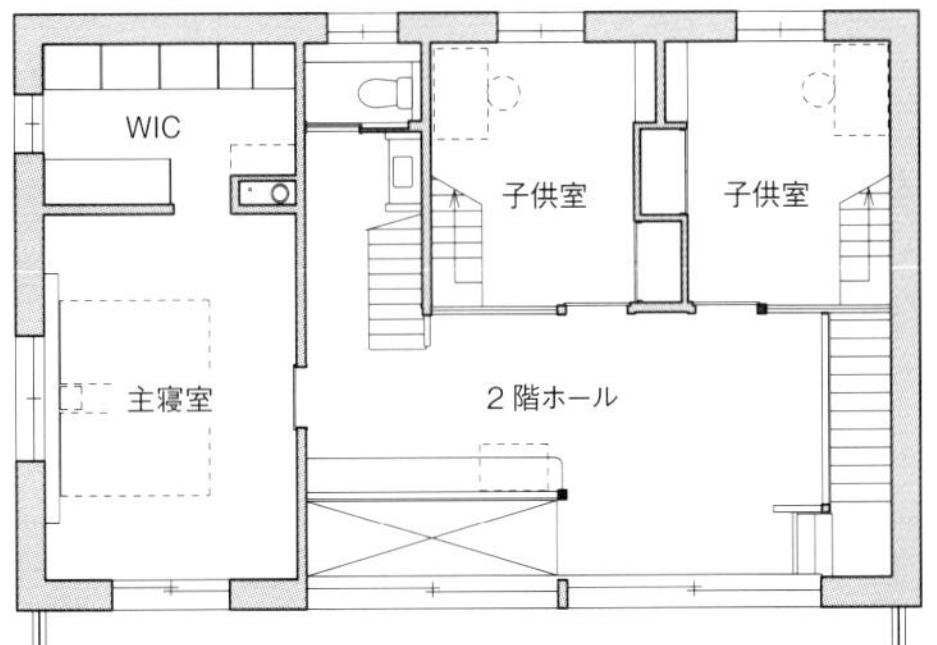
WIC
子供室
子供室
主寝室
2 階ホール

**2F**

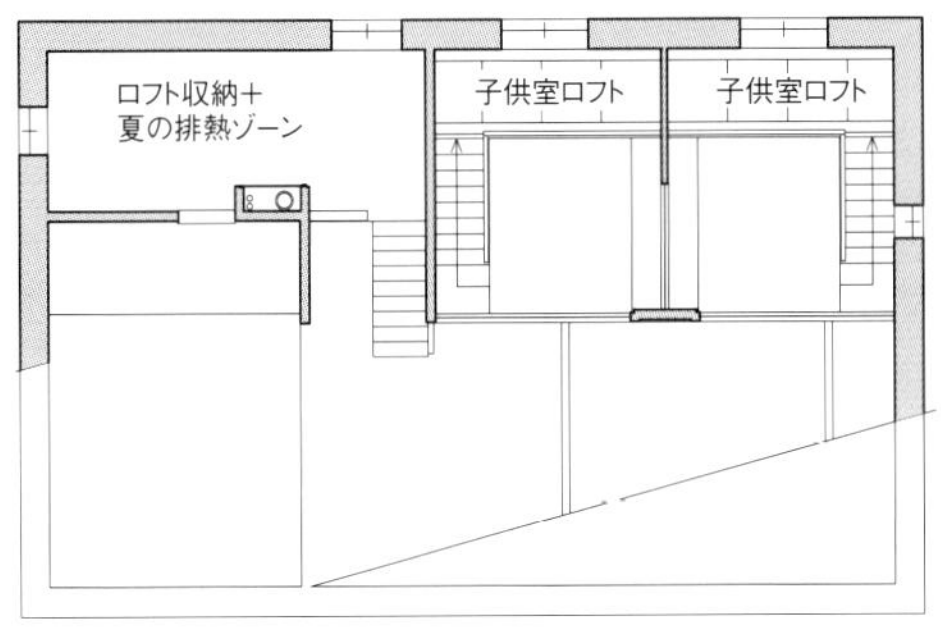
ロフト収納＋
夏の排熱ゾーン
子供室ロフト
子供室ロフト

**LOFT**

\スゴ技/
# 65
エコハウス

# 自然の力を利用して家全体を温める

暖房は温水パネルヒーターで基本的にまかなわれている。温水パネルヒーターは地中熱ヒートポンプを熱源として利用する。地中熱ヒートポンプは、その名のとおり地中熱を利用したヒートポンプで、通常のヒートポンプに比べて電気代の節約が可能。ただし、価格は300万円と高価で、今回は環境省の補助金で導入費のほぼ全額が補助されたので、導入できた。

また、この住宅では太陽光発電も導入している。その発電パネルの裏側を通る空気が温まることを生かして漏気しない構造で集熱し（ソーラー集熱）、床下に取りこみ蓄熱することで、家全体を温める仕組みも採用した。ただし、厳冬期にあまり機能していないのが実情。理由として、風が強い、集熱専用パネルを1列しか計画しなかったため集熱量が少ない、などが考えられる。それよりも南面の窓を大

## 付加断熱のサッシの納まり S＝1：10

### 平断面（化粧木材納まり）

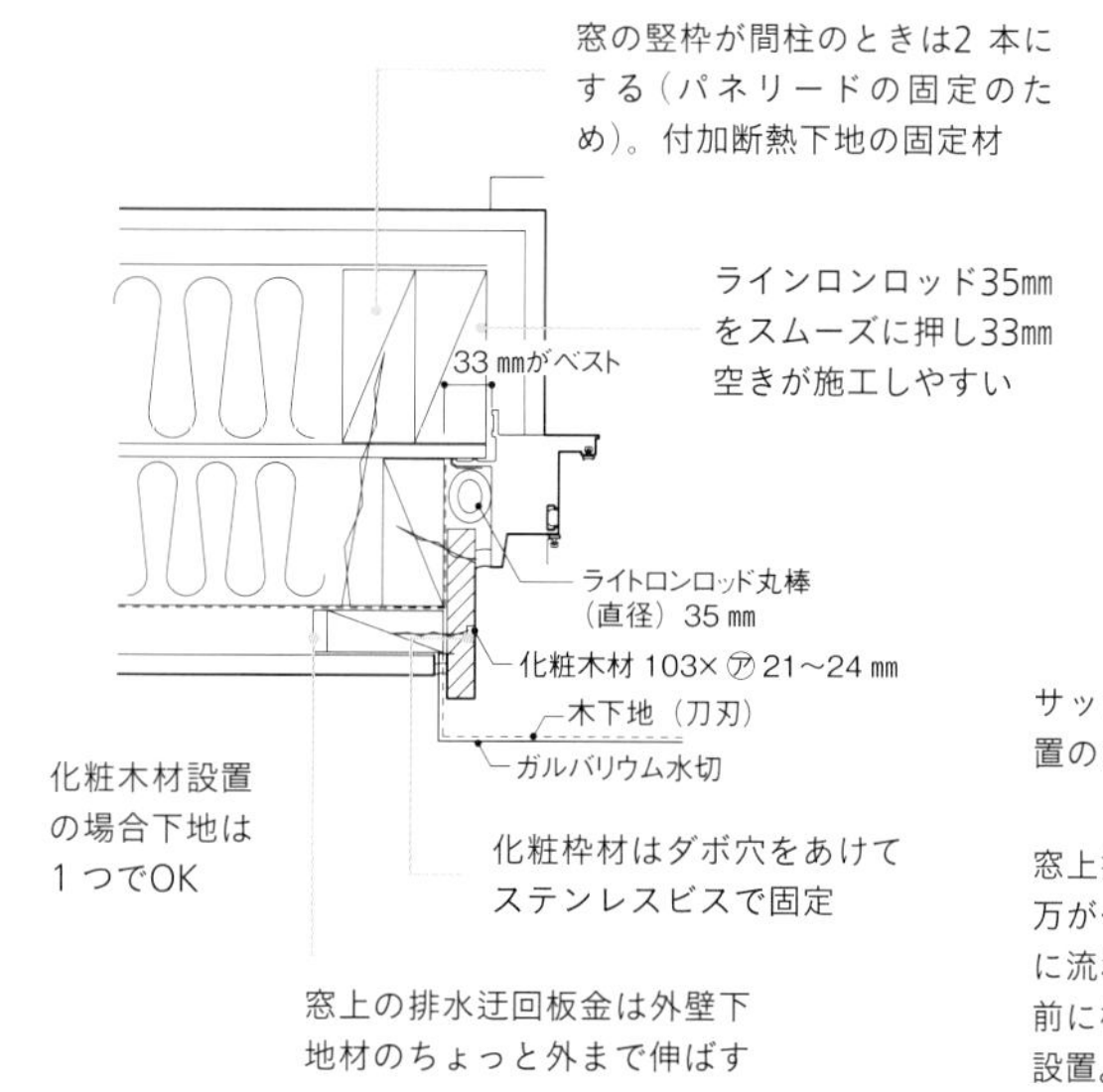
窓の竪枠が間柱のときは2 本にする（パネリードの固定のため）。付加断熱下地の固定材
ラインロンロッド35㎜をスムーズに押し33㎜空きが施工しやすい
33 ㎜がベスト
ライトロンロッド丸棒（直径）35 ㎜
化粧木材 103×㋐ 21〜24 ㎜
木下地（刀刃）
ガルバリウム水切
化粧木材設置の場合下地は1つでOK
化粧枠材はダボ穴をあけてステンレスビスで固定
窓上の排水迂回板金は外壁下地材のちょっと外まで伸ばす

### 平断面（サイディング役物納まり）

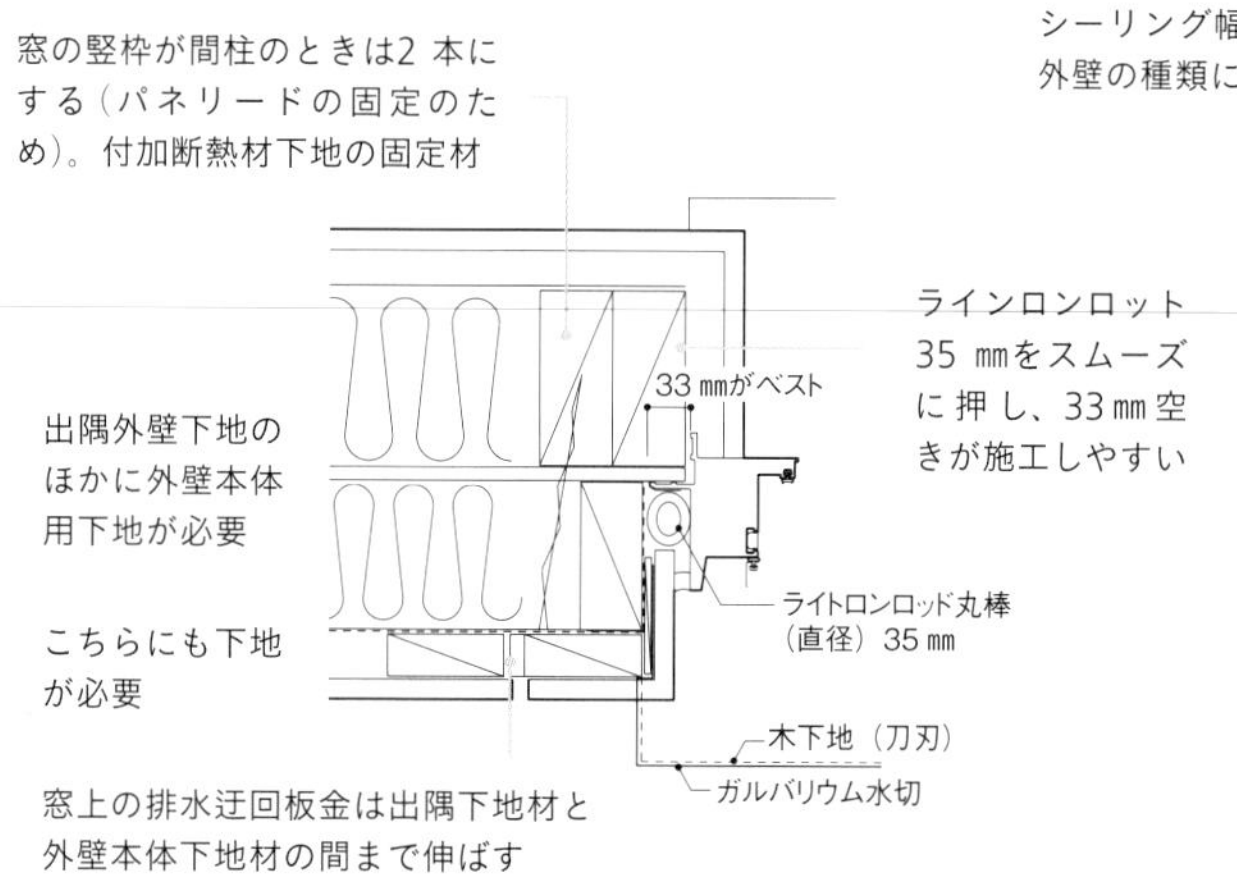
窓の竪枠が間柱のときは2 本にする（パネリードの固定のため）。付加断熱材下地の固定材
ラインロンロット35 ㎜をスムーズに押し、33㎜空きが施工しやすい
33 ㎜がベスト
出隅外壁下地のほかに外壁本体用下地が必要
こちらにも下地が必要
ライトロンロッド丸棒（直径）35 ㎜
木下地（刀刃）
ガルバリウム水切
窓上の排水迂回板金は出隅下地材と外壁本体下地材の間まで伸ばす

### サッシ上部縦断面（サイディング役物納まり）

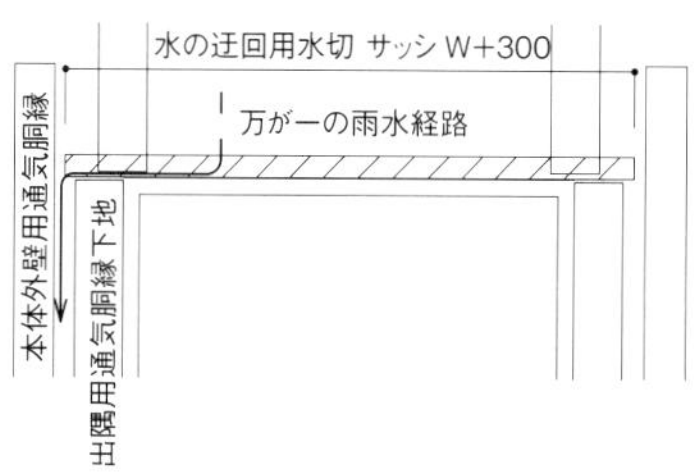
水の迂回用水切 サッシ W+300
万が一の雨水経路
本体外壁用通気胴縁
出隅用通気胴縁下地

### サッシ下部縦断面（（サイディング役物納まり）

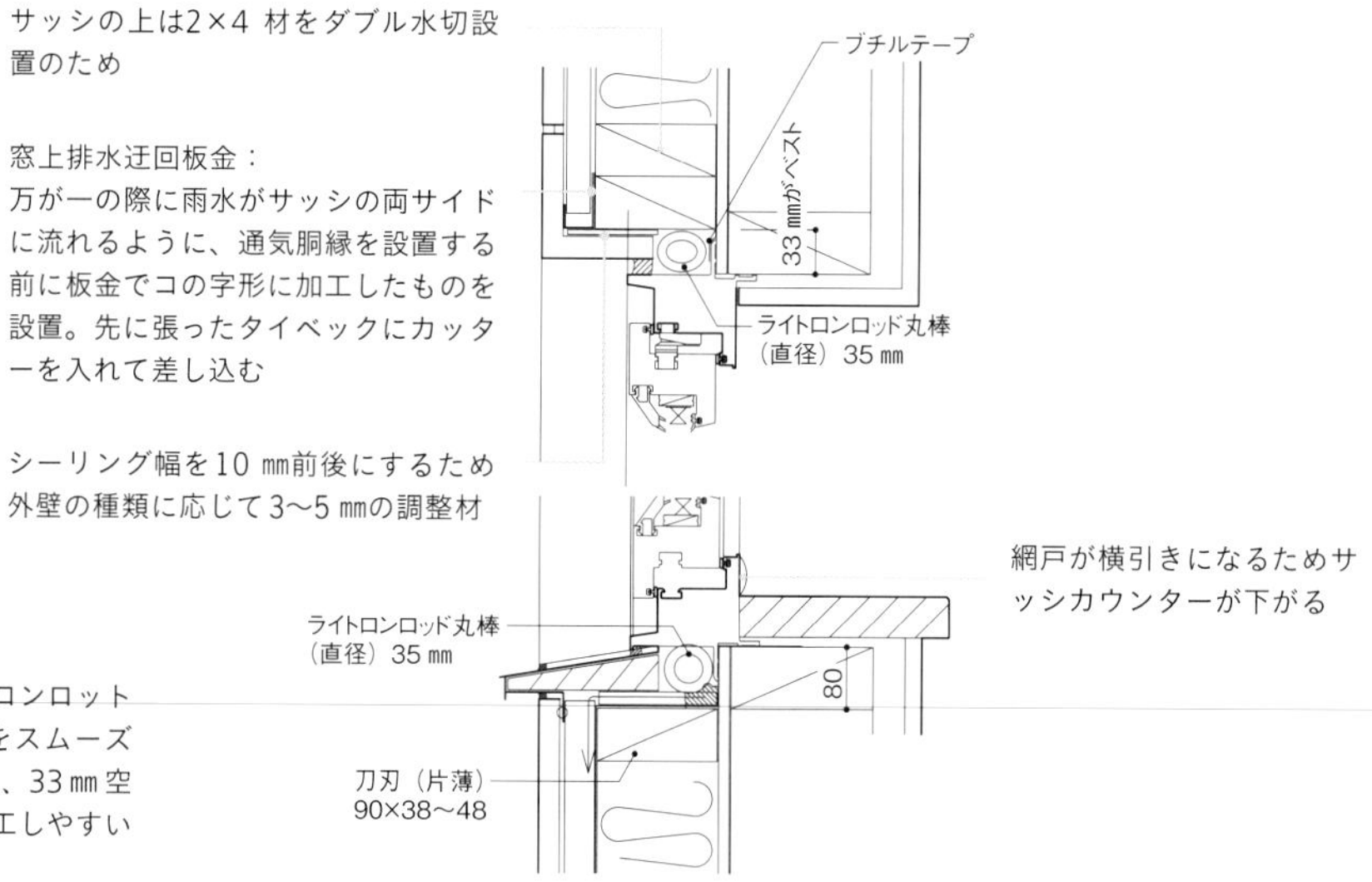
サッシの上は2×4 材をダブル水切設置のため
窓上排水迂回板金：万が一の際に雨水がサッシの両サイドに流れるように、通気胴縁を設置する前に板金でコの字形に加工したものを設置。先に張ったタイベックにカッターを入れて差し込む
シーリング幅を10 ㎜前後にするため外壁の種類に応じて3〜5 ㎜の調整材
ブチルテープ
33 ㎜がベスト
ライトロンロッド丸棒（直径）35 ㎜
網戸が横引きになるためサッシカウンターが下がる
ライトロンロッド丸棒（直径）35 ㎜
80
刀刃（片薄）90×38〜48

### サイディング役物の納まり

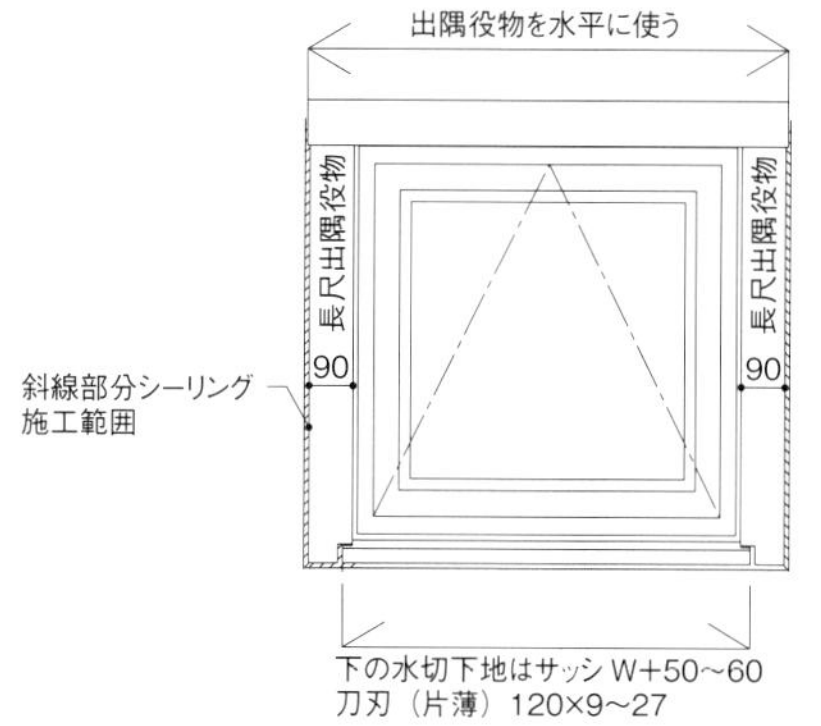
出隅役物を水平に使う
長尺出隅役物
長尺出隅役物
90
90
斜線部分シーリング施工範囲
下の水切下地はサッシ W+50〜60
刀刃（片薄）120×9〜27

### ウェザータイト設置のコツ

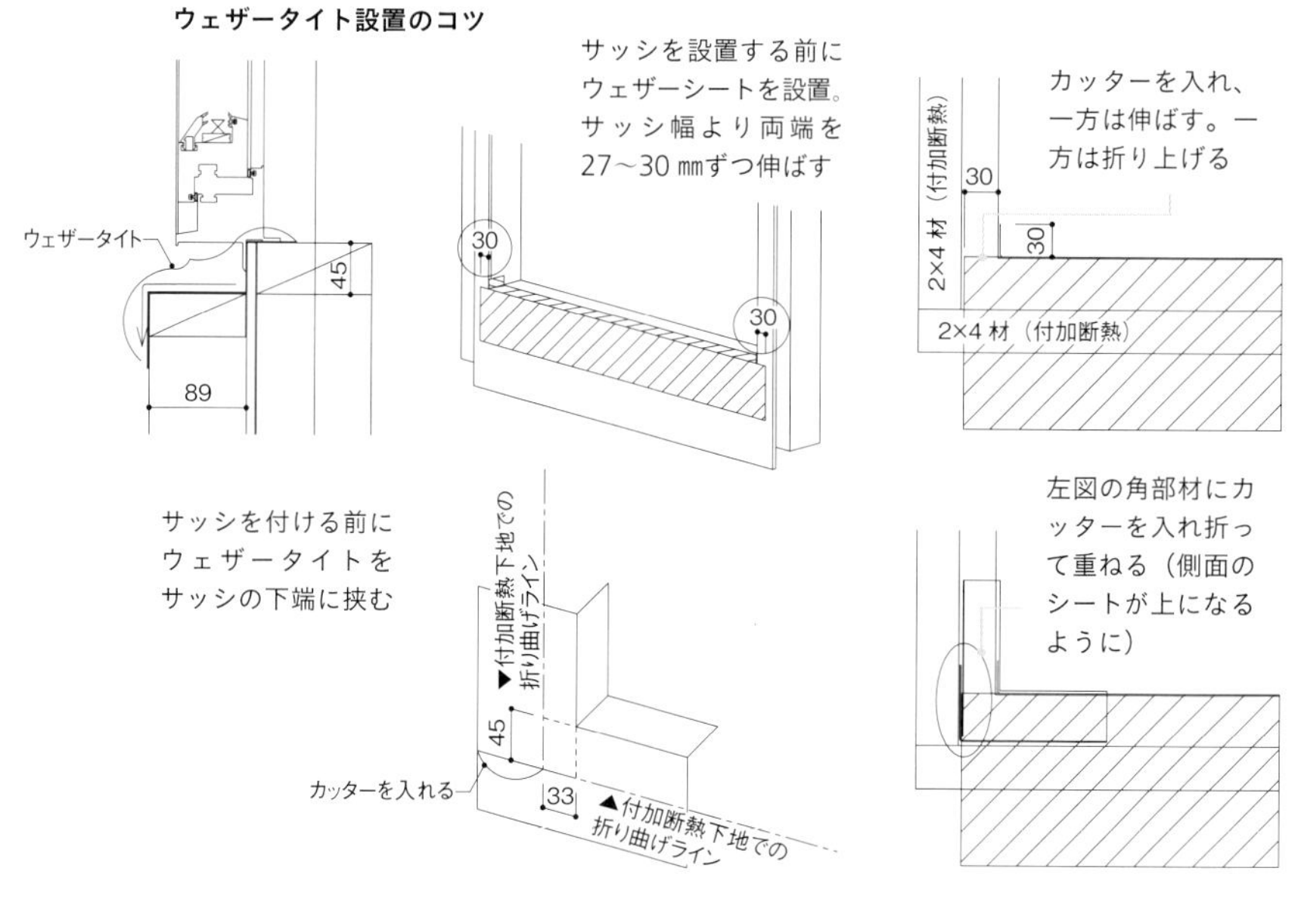
ウェザータイト
45
89
サッシを設置する前にウェザーシートを設置。サッシ幅より両端を27〜30 ㎜ずつ伸ばす
30
30
カッターを入れ、一方は伸ばす。一方は折り上げる
（付加断熱）
30
30
2×4 材
2×4 材（付加断熱）
サッシを付ける前にウェザータイトをサッシの下端に挟む
▼付加断熱下地での折り曲げライン
45
カッターを入れる
33
▲付加断熱下地での折り曲げライン
左図の角部材にカッターを入れ折って重ねる（側面のシートが上になるように）

きく取ったことによるダイレクトゲイン（日射取得）が、暖房負荷を減らすことに大いに貢献している。なお、太陽高度がやや高くダイレクトゲインが少ない時期（晩春・初夏）には、ソーラー集熱も効果を発揮している。（木の香り家）

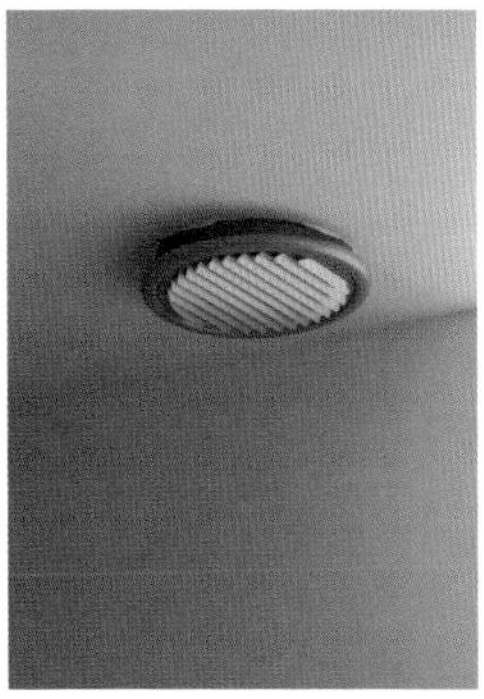

ロフト天井に付いているグリルで、室内の空気を床下蓄熱体に送っている。床下蓄熱体に貯めた熱を室内の空気と循環させることで夜間に利用するため

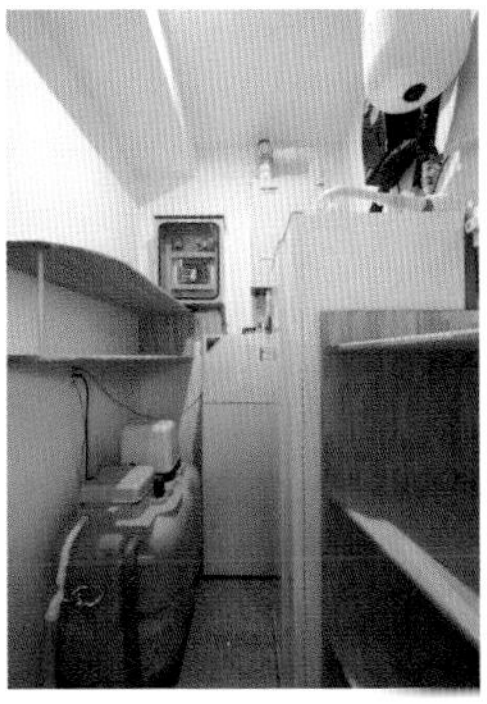

1階のバックヤードに設置された設備類。左のタンクは給水タンクとポンプ、中央奥は地熱ヒートポンプ、左上の測定器は地中の熱変化を測定・記録する装置、右の白い箱はソーラー給湯タンク

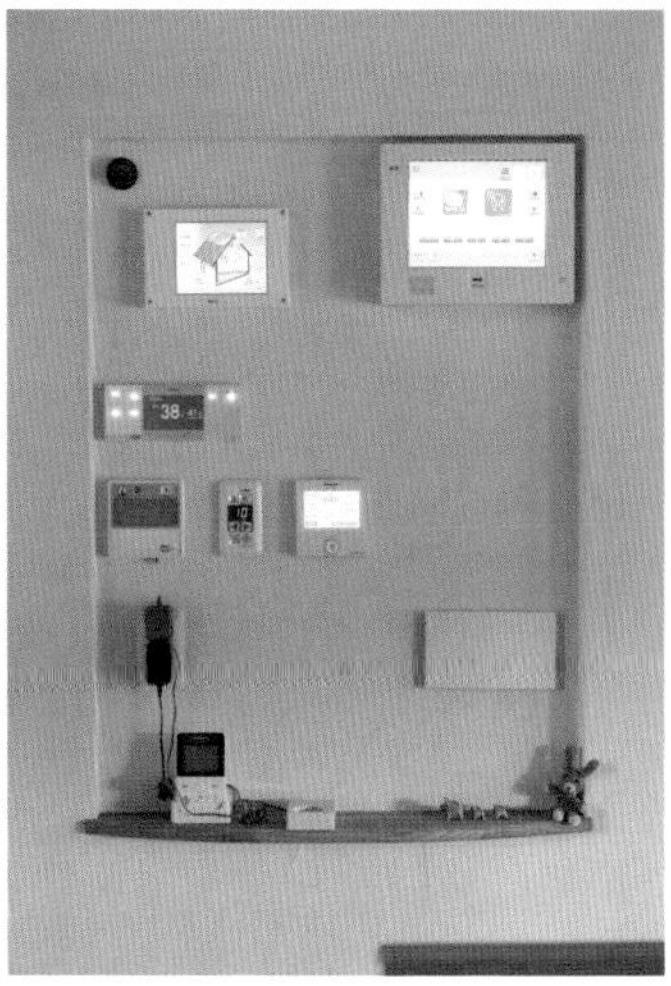

上／キッチン脇の制御パネル類。左上が屋根の空気集熱式ソーラーシステム用、その下が太陽熱給湯用、その下が左から温水パネル用、地中熱温水用、熱交換換気用
下／LDKの壁に設置された地中熱を冷房に活用できるエアコンを内蔵するガラリ

＼スゴ技／

66

エコハウス

# 乾燥しない家をつくる

洗濯や洗濯物干しなどを行うユーティリティ。室内干しも家全体の湿度調整に貢献する

冬の空気が乾燥する地域の住宅は、何も考えず設計すると、基本的に冬の室内空気は乾燥する。しかも、温度が低い空気は水蒸気を溜めないため、特に高断熱住宅では、室温が上がるかたわら水蒸気量が変わらず、その結果相対的に湿度が下がる。したがって、高断熱住宅が一般的になっている東北エリアにおいては、「室内の過乾燥」が大きなテーマになってきている。

木の香の家はこの問題に注目し、「乾燥感の少ない家」をテーマに家づくりを行っている。問題解決のポイントは、全熱交換型の第1種換気システムを導入すること、そして浴室の水蒸気を室内に放出することである。

　全熱交換型とは、空気を排出する際に室内の温度や水蒸気を回収し、新たに給気した空気に付加する仕組みの換気システムである。室内の空気の湿度低下を抑えることができる。また、室内で最も水蒸気が発生する浴室の空気は、そのまま外気に放出するのではなく、室内に取り込む。シンプルなのは浴室の扉を開けっ放しにすることだが、木の香の家の住宅では脱衣室のドア上部をあけて、水蒸気がそのまま廊下などに放出されるようにしている。なお、最新のユニットバスであれば、浴室換気扇を止めていても浴室の壁面にカビが生えるようなことは起こらない。

　薪ストーブを導入する住宅も最近増えてきている。薪ストーブは燃焼するときに室内の空気を吸い込むが、その空気は水蒸気とともに外に排出されてしまうため、過乾燥をさらに促しやすい。対策として、薪ストーブに外気導入管を設置したうえで、全熱交換型換気システム＋浴室開放とし、さらに、調理時の水蒸気を回収できるＩＨ調理器＋循環型レンジフードを導入すれば、室内の乾燥はかなり抑えることができる。

（木の香の家）

## 快適に過ごす
## 設備と建築の工夫

上／洗面脱衣室と浴室。浴室利用後は写真のように窓を開放して、水蒸気を室内に拡散させる。そのために洗面脱衣室上部の壁は取り払っている
下／循環型レンジフード。レンジフード内の5層のフィルターで汚れた空気をろ過して室内に戻すため、水蒸気のロスが少なく、室内の過乾燥を防ぐ

上／窓の断熱性を向上させるハニカムサーモスクリーン。1階はリビングなどの人影が外に映らないようにと考え、左の遮光タイプを採用している
下／2階バルコニーに設置された遮光スクリーン。夏の日差しを遮るために設置したが、今年の夏はあまり暑くならなかったのでほとんど使われなかった

上／2階ホールから子ども室を見る。腰壁の上部をガラスにすることで、南側のホールの光が北側の子ども室まで届くようになっている。窓の下にはパネルヒーターを設置
下／2階ホール。多目的に活用できる長机を造り付けてある。2階に上がってきた夏の温かい空気は勾配天井を伝わってロフト収納に流れていき、排熱窓から外に放出される

リビングからダイニングとキッチンを見る。南面には大きな窓、その先にはデッキテラスが見える。キッチンテーブルの側面に見えるのは薪調理器。壁の下地には土壁が塗ってあり、温湿度の安定に貢献している

＼スゴ技／

67

エコハウス

# パッシブハウスの第一人者と共同で設計

愛媛県松山市の隣町である松前町に建てられた家族5人が住む2世帯住宅である。建て主はアーキテクト工房Pureの高岡文紀さん、つまり自邸の新築である。

高岡さんは、26年ほど前に松山市街に自宅を建てたが、当時は高断熱高気密住宅の存在も知らなかったため、ごく普通の木造住宅であった。その後、高断熱高気密住宅を本格的に手がけるなかで、自分自身もそのような住宅に住む必要性を感じ、新築すべきか断熱改修すべきか悩んだすえ、自然豊かな郊外で生活したいという夢もあり、新たな土地を購入して自宅を新築することになった。

また、設備計画などの面で新し

矩計図 S＝1：80

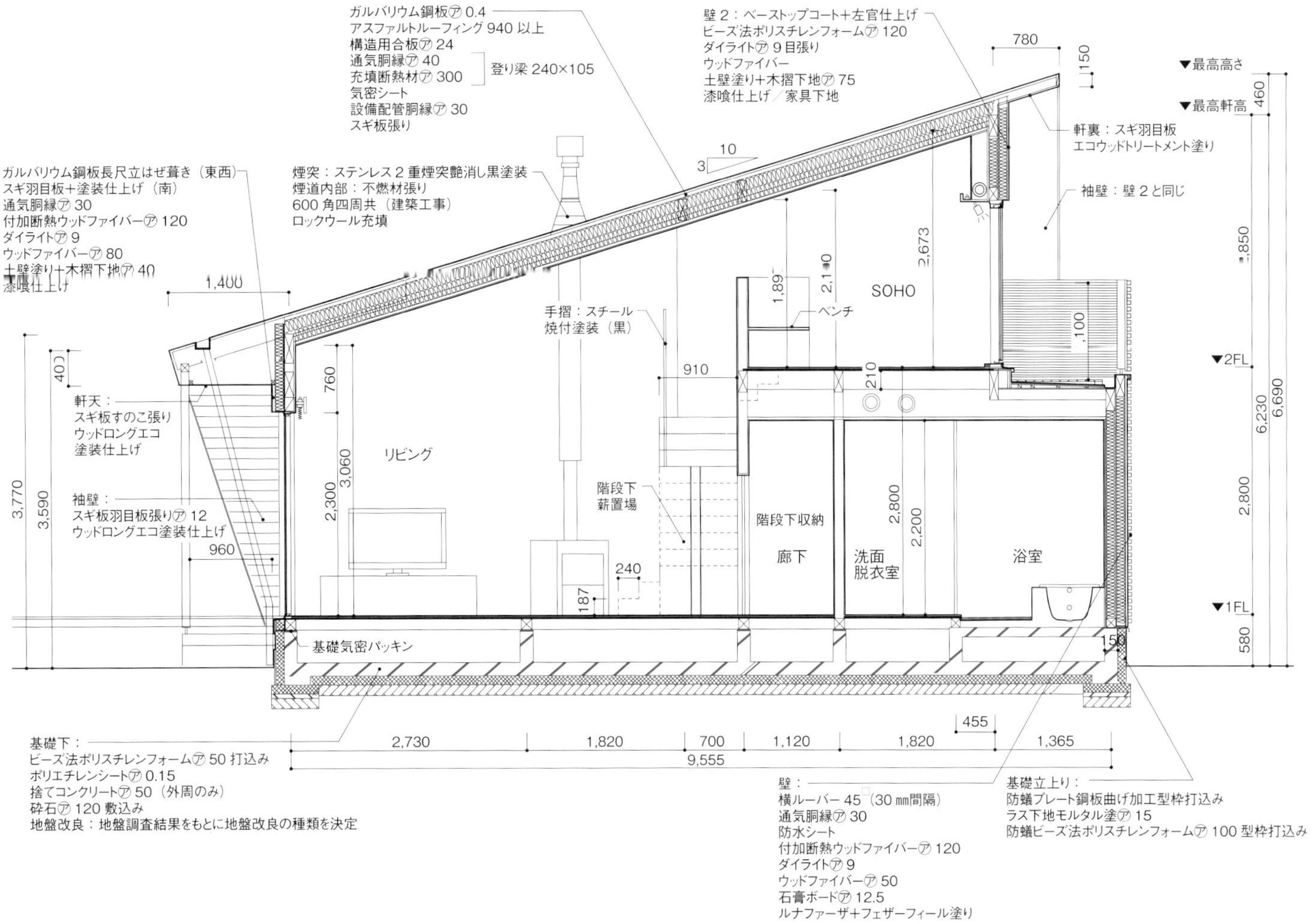
ガルバリウム鋼板㋐0.4
アスファルトルーフィング 940 以上
構造用合板㋐24
通気胴縁㋐40
充填断熱材㋐300
気密シート
設備配管胴縁㋐30
スギ板張り
登り梁 240×105
壁2：ベーストップコート＋左官仕上げ
ビーズ法ポリスチレンフォーム㋐120
ダイライト㋐9目張り
ウッドファイバー
土壁塗り＋木摺下地㋐75
漆喰仕上げ／家具下地
780
150
▼最高高さ
▼最高軒高
460
軒裏：スギ羽目板
エコウッドトリートメント塗り
袖壁：壁2と同じ
ガルバリウム鋼板長尺立はぜ葺き（東西）
スギ羽目板＋塗装仕上げ（南）
通気胴縁㋐30
付加断熱ウッドファイバー㋐120
ダイライト㋐9
ウッドファイバー㋐80
土壁塗り＋木摺下地㋐40
漆喰仕上げ
煙突：ステンレス2重煙突艶消し黒塗装
煙道内部：不燃材張り
600角四周共（建築工事）
ロックウール充填
10
3
1,400
2,673
1,89
2,140
SOHO
ベンチ
手摺：スチール
焼付塗装（黒）
910
210
1,100
850
▼2FL
6,230
6,690
40
760
軒天：
スギ板すのこ張り
ウッドロングエコ
塗装仕上げ
リビング
3,060
2,300
3,770
3,590
袖壁：
スギ板羽目板張り㋐12
ウッドロングエコ塗装仕上げ
960
階段下
薪置場
240
187
階段下収納
廊下
2,800
2,200
洗面
脱衣室
浴室
2,800
▼1FL
580
150
基礎気密パッキン
455
2,730
1,820
700
1,120
1,820
1,365
9,555
基礎下：
ビーズ法ポリスチレンフォーム㋐50打込み
ポリエチレンシート㋐0.15
捨てコンクリート㋐50（外周のみ）
砕石㋐120敷込み
地盤改良：地盤調査結果をもとに地盤改良の種類を決定
壁：
横ルーバー45（30㎜間隔）
通気胴縁㋐30
防水シート
付加断熱ウッドファイバー㋐120
ダイライト㋐9
ウッドファイバー㋐50
石膏ボード㋐12.5
ルナファーザ＋フェザーフィール塗り
基礎立上り：
防蟻プレート鋼板曲げ加工型枠打込み
ラス下地モルタル塗㋐15
防蟻ビーズ法ポリスチレンフォーム㋐100型枠打込み

## 大間の家

| | | | |
|---|---|---|---|
| 所在地 | 愛媛県松山市 | 屋根断熱 | 高性能ロックウール40K300㎜ |
| 家族構成 | 親夫婦＋夫婦＋子ども1人 | 外壁断熱 | ウッドファイバー200㎜（南東西面） |
| 構造 | 木造2階建て（防火指定なし） | | ウッドファイバー80㎜＋ビーズ法ポリスチレンフォーム120㎜（北面） |
| 敷地面積 | 462.60㎡ | 基礎断熱 | 防蟻剤入りビーズ法ポリスチレンフォーム120㎜（立上り） |
| 建築面積 | 143.97㎡ | | 防蟻剤入りビーズ法ポリスチレンフォーム50㎜（スラブ下） |
| 延床面積 | 173.48㎡（1階121.73㎡、2階51.75㎡） | 窓 | 木製アルミクラッドサッシ＋Low-Eトリプルガラス |
| 竣工年月 | 2016年10月 | 玄関戸 | 木製アルミクラッドサッシ＋Low-Eトリプルガラス（ヘーベシーベ） |
| 設計 | KEY ARCHITECTS＋アーキテクト工房Pure | 換気設備 | 顕熱型第1種熱交換換気システム「Focus200」（熱交換率93％） |
| 施工 | アーキテクト工房Pure | 冷暖房設備 | エアコン、温水パネルヒーター |
| 断熱・気密性能 | $U_A$値＝0.258（Q値＝1.08）W／㎡K、C値0.2㎠／㎡ | その他設備 | 太陽光発電システム、薪調理器、エコジョーズ、太陽熱温水システム |

い試みにチャレンジしたかったこともあり、設計を日本のパッシブハウス設計の第一人者であるキーアーキテクツの森みわさんに依頼、主に基本設計や設備・温熱計画をお願いし、高岡さんは仕上げ材の選定や納まりなどの実施設計を担当した。

松山市では、夏の日中は30℃を超える日が多く、夜間も25℃を下回らない熱帯夜が続く。一方、冬は晴れの日が多く夜も0℃以下にまで下がることはほぼないものの、平均気温は6℃程度と冷え込む日も多い。そのため、夏の暑さ対策を万全に行うとともに、冬の断熱と暖房計画もしっかりと行う必要があった。そのため、パッシブハウスに近い断熱性能をもつ住宅が計画された。

なお、周囲を田んぼに囲まれ南側には家がないことから、南面に大きなリビングとデッキ、引込み窓を設け、庭にはしっかりと植栽を施して、周囲の自然や景観を室内に取り込む住宅を計画した。

また、冷暖房に関しては、エアコンのほか、太陽集熱パネルや薪調理器で温められた温水を利用した床暖房・壁暖房などを導入。建物の外周部に土壁を採用するなどして蓄熱性も高めている。

（アーキテクト工房Pure）

＼スゴ技／

68

エコハウス

# 西日本では日射遮蔽型の窓ガラスにしたい

右／キッチン脇の窓はブラインド内蔵型のアルゴンガス入りLow-Eトリプルガラス＋木製アルミクラッドサッシ
下／リビングからデッキテラスを見る。大きな窓はFIX窓と片引き窓を組み合わせたドイツ・ユニラックス社製のアルゴンガス入りLow-Eトリプルガラスの木製アルミクラッドサッシを使用

右／玄関土間・ポーチ。玄関の外には目隠しのルーバーが設けられている。玄関戸はUNLUX社の木製アルミクラッドトリプルガラス片引き戸（ヘーベシーベ）

左／玄関ホールと階段。リビングと玄関を仕切る間仕切は壁の高さを抑えて空気の循環を促す。表面は黒い漆喰で仕上げている

冬もそれなりに寒いとはいえ、夏の暑さを解消するのが西日本の住宅における温熱設計上の最重要ポイントといってよい。

　したがって、この住宅の窓もすべて日射遮蔽型のLow-Eガラスを採用し、夏の日射をできるだけ室内に入れないようにするとともに、南面や東西面などには十分な長さの庇や外付けブラインドなどで物理的に遮蔽するように対策している。

　なお、この住宅では太陽集熱パネルを庭に設置しているが、夏は集熱しすぎてしまうので、集熱パネルの角度を変えて集熱量を減らせるもの（北京サンダーソーラーエネルギー技術会社製）を採用している。

（アーキテクト工房Pure）

1階の北面に集められた水廻りエリア。開放的なプランニングとガラス戸などの利用で明るい空間となっている

水廻りエリアの出入口となるドア。表面にはスギ柾集成材を張っている。上部には通気のためのガラリを設置

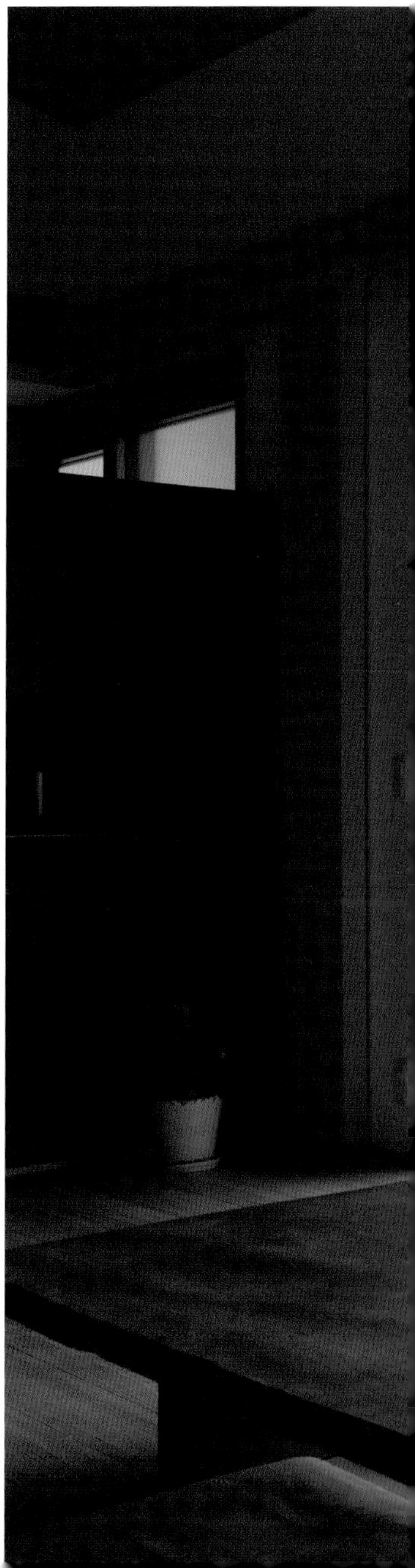

2階ホール。造付けの洗面台と机を備える。左側が吹抜けになっており、LDKの気配が2階まで伝わる。奥の部屋は子ども部屋

＼スゴ技／

69

エコハウス

# 西日本でこそエコハウスが必要だ

エコハウスブームといわれる昨今においても、四国を含む西日本地域では、省エネ基準を上回る高性能エコハウスはまだ主流にはなっていない。しかし高岡さんは、高性能なエコハウスこそ、東西問わず実は日本全国で必要と考えている。

その最大の理由は、省エネ基準住宅の性能不足である。省エネ基準住宅は、それ以前の木造住宅に比べれば格段に高性能だが、冬暖かい、暖房の効きがよいと体感できるレベルかといえば、それほどでもない。しかも、外気に面する壁が少なく面積も小さいRC造のマンションなどから引っ越してくると、体感としては寒く感じることもあり、建て主の満足度はあまり高くないそうだ。マンション居住者が暖かさと心地よさを実感するためには、冬に暖房をつけなくても西日本（四国）で15℃程度を維持できる性能が必要であり、Q値で1前半以下、UA値で0.3以下は必要だと高岡さんは考えている。つまり省エネ基準住宅（Q値＝2.7、UA値＝0.87）では足りないのだ。

そのほかにも愛媛に限っていえば他県に比べてヒートショックの割合が高く、断熱性能の高いエコハウスは特に求められる住宅なのだ。

（アーキテクト工房Pure）

\スゴ技/

# 70

エコハウス

# 温度ムラをなくして心地よく過ごす

この住宅では、薪調理器や太陽熱などで温められた温水を利用した床暖房・壁暖房などを導入しているが、基本的にはエアコンで家全体の冷暖房をまかなっている。特にここでは床置き型のハウジングエアコンを採用、2階ホールのベンチ下に、エアコンを半分床下に潜り込ませるかたちで設置している。エアコンの温冷風が、2階床下（1階天井裏）や、そこに配管したダクトを通って、各部屋に設置したガラリから室内に放出されるようにとの工夫である。

この住宅は、パッシブハウス級の断熱性能を備え、かつ間仕切の少なく大きな吹抜けをもつオープンなプランであるため、このようなシンプルなエアコンで家中を均質に温めたり冷やしたりすることが可能になった。しかし、断熱性能がほどほどで複雑な間取りの住宅は、自然対流だけはどうしても温度ムラができてしまう。その場合は第1種換気システム＋アメニティエアコンを採用することが好ましい。

なお、温度ムラは高性能エコハウスであれば家全体で1～2℃程度に収まることが多いが、そこでの生活に慣れてくると微妙な温度差を感じ、ともすると不快に感じることもある。したがって、設備や建築の工夫で温度ムラをなくすことが大切になってくるのだ。

（アーキテクト工房Pure）

上／北京サンダーソーラーエネルギー技術会社の太陽光集熱パネル。ルーバー状の集熱部は角度を変えることができ、季節に応じて集熱量を調節できる
下／2階の造付けの机の下に設けられた床置き型ハウジングエアコン。1階天井懐をダクトスペースとして利用して、ほかの居室に冷暖房を行う

右／貯湯タンク。太陽熱や薪調理器の熱で温められた温水が溜められている
左／PERINGER GMBH社製の薪調理器。電気やガスを用いずに調理できるほか、ヒーターや入浴に利用する温水の熱源にもなる

# 季節ごとに快適さを実感できる木の家ZEH

Oさん家族がエコワークスで建てることを決めた理由は、奥さま（Oさん）と娘さんが木の家がほしいと強く推したからだという。モデルハウスを訪れたときに、その心地よい木の香りが記憶に残り、特に家にいる時間が長い奥さまは、木の香りのなかで暮らしたいと思ったそうだ。

Oさん家族がエコワークスからZEHの話を聞いたのは、契約した後。主に太陽光パネルを載せるかどうかの選択だったが、光熱費メリットの説明のときに、他の家の実績を見せてもらい、興味がわいた。かくして念願の木の家をZEHで建てたOさん家族。実際に1年間住んでみた感想を聞くと、「最も感動したのは真冬でも足元が冷たくなかったこと。こんなにも快適だとは思いませんでした」とOさん。「朝、目が覚めたらすっと布団から出られるのもうれしい」と、喜びのもとは、断熱性能によるものだった。温暖地九州とはいえ、冬の違いの満足度は高い。「前に住んでいた家では、エアコンをかけながらストーブをがんがん炊いて、さらに足には分厚い靴下をはいていました。それが今年の冬は、床下エアコン1台のみ。分厚い靴下もはいていません」。

一方、夏は窓を開けない。日差しを入れないを徹底している。「窓を開けて風を通して涼しく…は、間違っていました。窓を開けて暑い空気を入れても、涼しくならないのは当たり前なのに、風通しが大事だと思い込んでいたんですね」とOさん。エコワークスからの説明のとおり、冷房は24時間稼働させている。「以前は、冷房を付けたり消したりしていました。エアコンは18時のごはんのときまではがまんして、夜だけエアコンをつけるという、今思えばストレスフルな生活。今年は24時間稼働させてストレスフリーで、電気代もびっくりするほど安い。温度や湿度、電気代を観察する1年間の〝おうちプロジェクト〟は、成功でした」（Oさん）。ただの木の家でも、ただの太陽光発電の家でもない、木の家ZEHだからこそ、満足度が倍増し、しあわせな結果につながったのだろう。

（エコワークス）

## 足元が寒くないことが、こんなにも快適だなんて！

ダイニングの天井には、天然乾燥材の化粧梁をあしらい、木に包まれたような空間を演出。木の香りも漂う。階段下のガラリには、床下エアコンが格納されている

\スゴ技/
72
エコハウス

# 九州でも冬の暖かさに感動する

【冬（1月）の室温】

リビング温室（℃）　―― 平均21.94℃

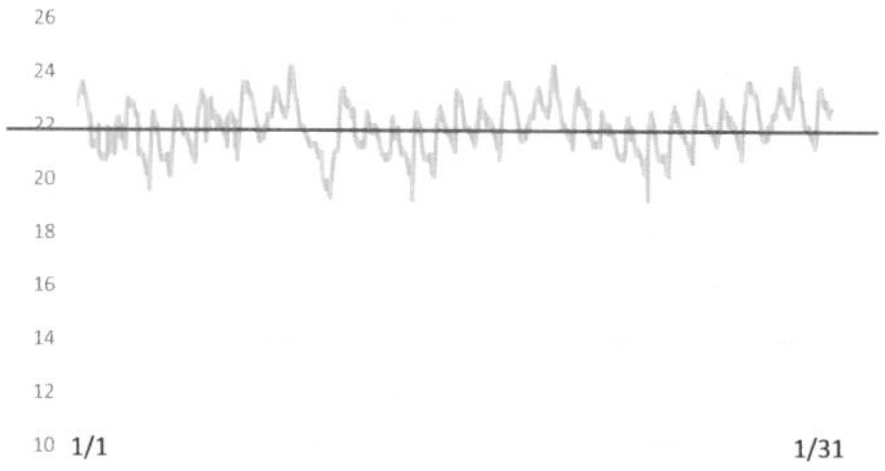


寝室温室（℃）　―― 平均20.77℃

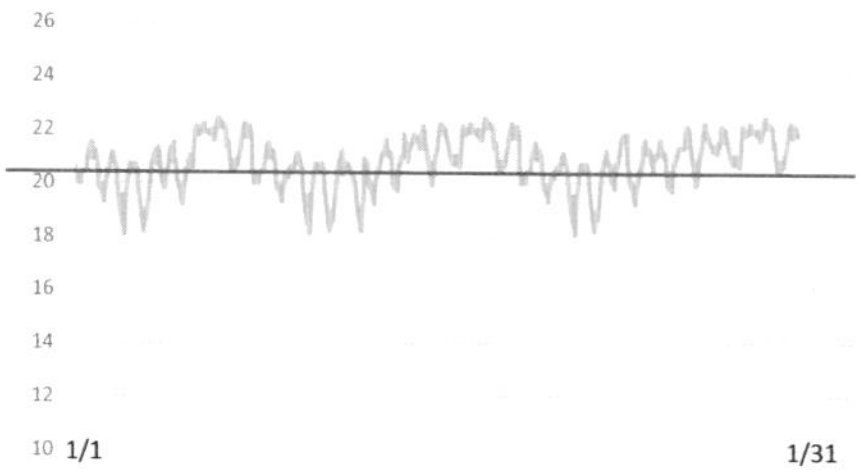


脱衣室温室（℃）　―― 平均22.67℃

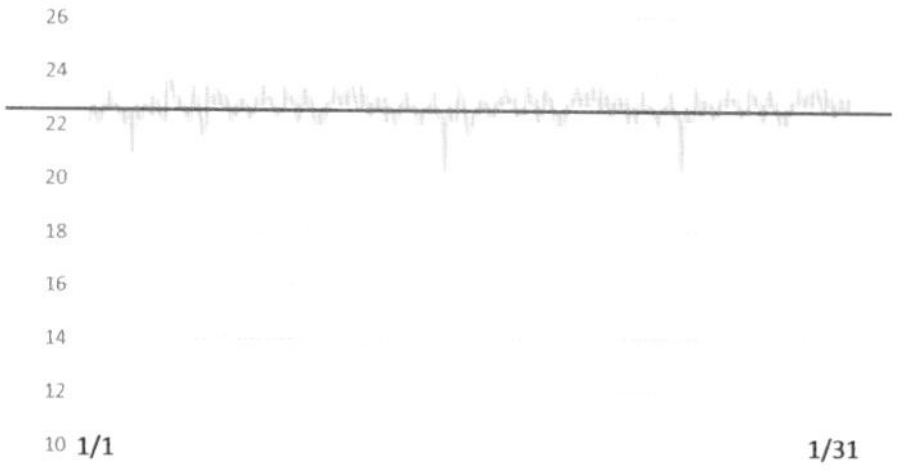


2017年1月の1か月間の温度測定結果。暖房は床下エアコン1台。人の動きや出入りが頻繁にあるリビングは、20～24℃で安定して推移。北側に配置した寝室は18～22℃。寝室はリビングより少し低いくらいがちょうどよい。脱衣室はほぼ温度ムラがなく、22、23℃を保っている。床下エアコンによる電気代は12,298円／月　平均397円／日

# 窓を開けて風通しして涼しく…は、間違っていた！

南側の大開口は、内側にハニカムサーモブラインドや障子をしつらえ、夏の昼間に閉めきっても暗くならず、柔らかな光が美しい空間に仕上げている

\スゴ技/ 73 エコハウス

# 夏は窓を閉めても美しい空間に

**【夏（7月）の室温・湿度】**

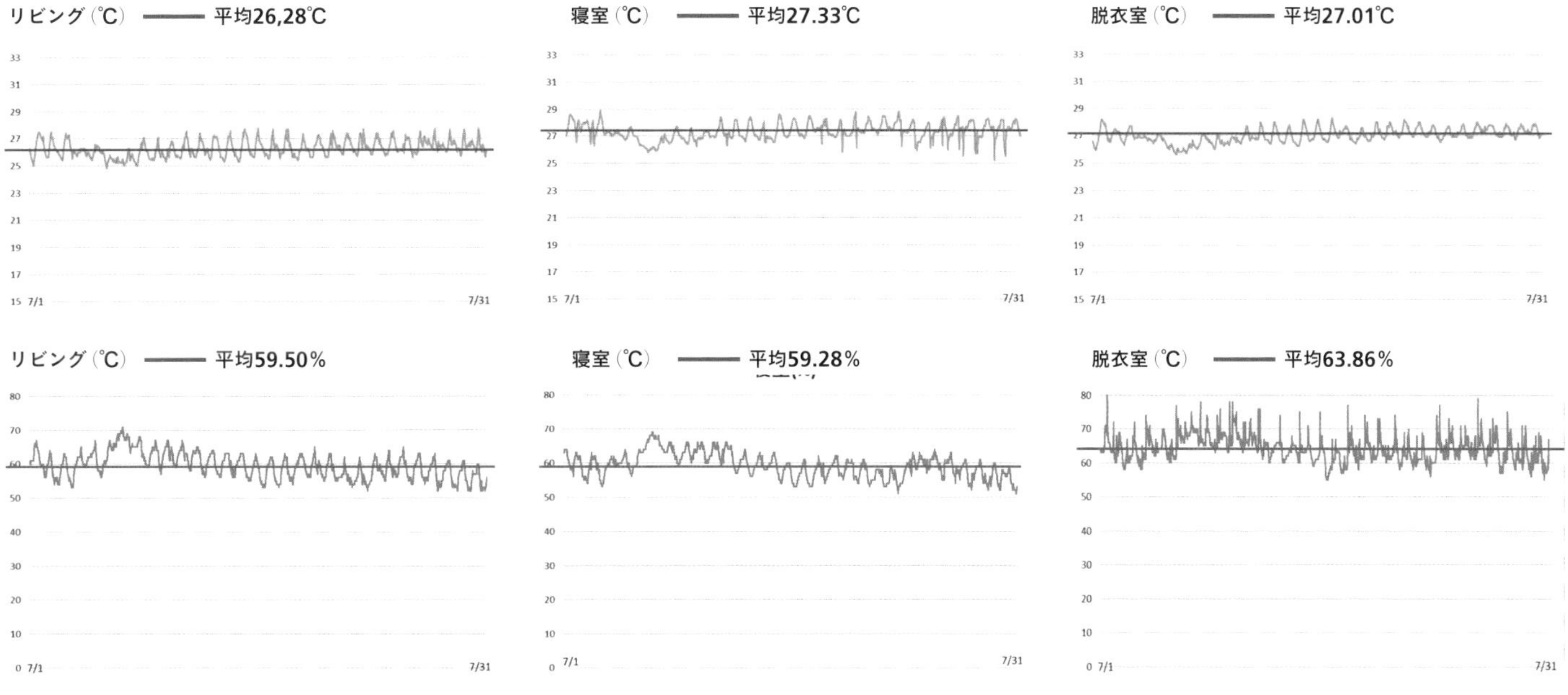

リビング（℃）　平均26,28℃
寝室（℃）　平均27.33℃
脱衣室（℃）　平均27.01℃
リビング（℃）　平均59.50%
寝室（℃）　平均59.28%
脱衣室（℃）　平均63.86%
7/1
7/31


2017年7月の1か月間の温度・湿度の測定結果。エアコンは1階リビングのエアコンを稼働。リビングは25～27℃、寝室は27℃前後で安定して推移。湿度も、脱衣所を除くと60％弱で快適な状態を保っている。冷房用エアコンによる電気代は、5,602円／月・平均180円／日 ※エアコン代はHEMSで収集した電力量を九州電力の料金単価にて算出、35坪に換算し、再エネ賦課金を加算したもの

\スゴ技/

# 74

エコハウス

# 性能を高めると必要な窓が見えてくる

エコワークスでは、2016年にZEHに取り組むと同時に外皮性能の標準仕様をHEAT20 G2レベルまで引き上げた。それまでも同等レベルの断熱施工はしていたが、改めて窓のルールが追加されたため、設計部では「窓」の意味をよく考えるようになったという。

O邸は、敷地が広く、南側隣家との距離が十分にとれたため、Oさんの要望にあったリビングを吹抜けにして、日射取得のための大きな窓を設けた。温熱プラン上も吹抜けは1階から2階への熱の通り道となっており、冬は日射で暖められた空気が2階へ上がり、2階の冷たい空気は階段から下へ降りてくる。階段下で待っているのは床下エアコンというわけだ。

リビング以外の窓は横のスリット窓を中心に、目線が抜ける場所に設けている。1つだけ例外なのが、東側の客間の窓だ。外には、先代から受け継がれた立派なマツが残されており、そのマツに対してピクチャーウィンドウを設けた。親せきが集まったときには、マツを眺めながら、昔話に花を咲かせる。そう考えたら、ここに窓を開けない理由はないだろう。

（エコワークス）

**立面図** S＝1：200

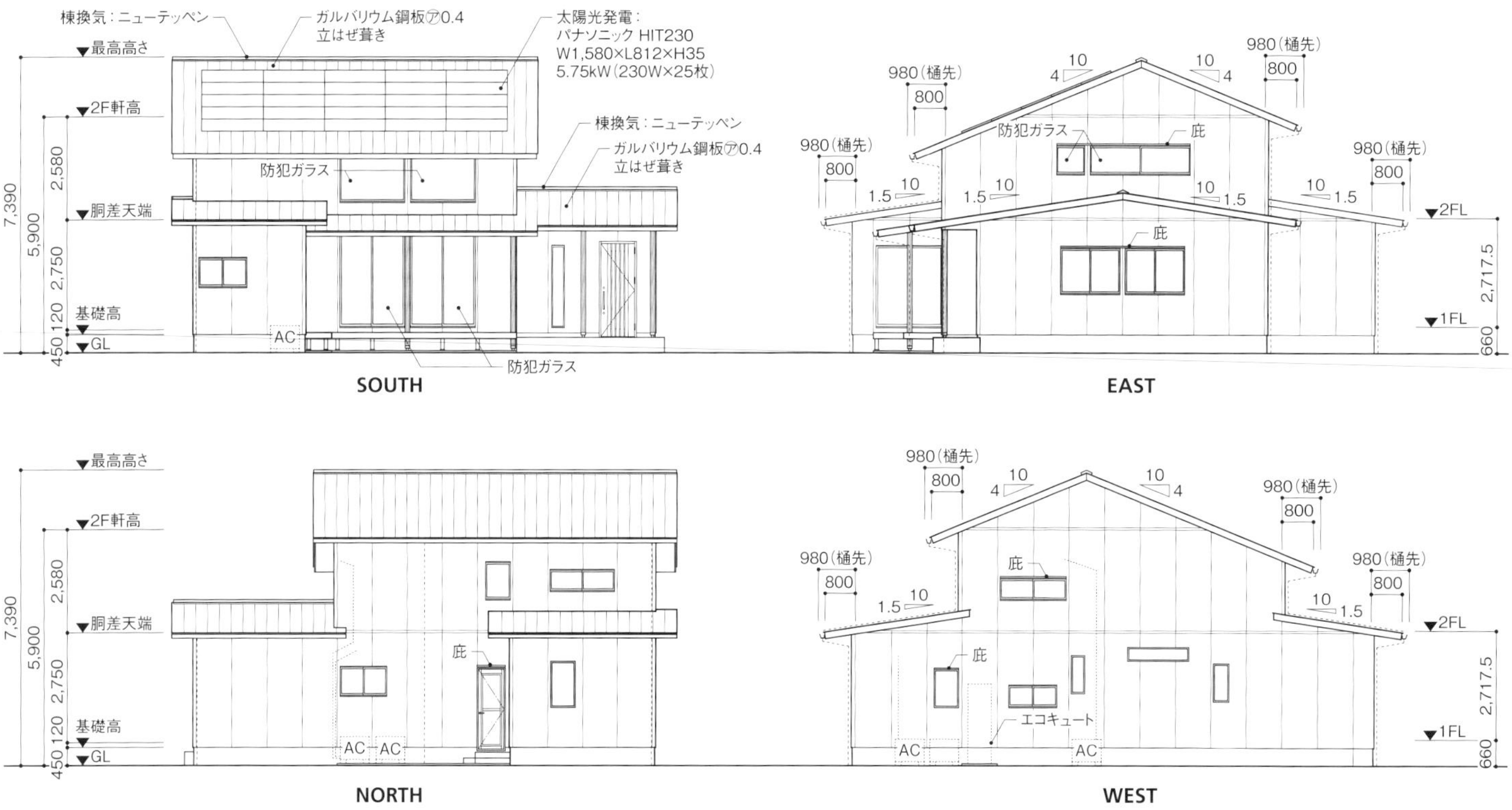

棟換気：ニューテッペン
ガルバリウム鋼板㋐0.4
立はぜ葺き
太陽光発電：
パナソニック HIT230
W1,580×L812×H35
5.75kW（230W×25枚）
最高高さ
2F軒高
胴差天端
基礎高
GL
防犯ガラス
AC
7,390
5,900
2,580
2,750
120
450
SOUTH
980（樋先）
800
10
4
1.5
庇
2FL
1FL
2,717.5
660
EAST
NORTH
エコキュート
WEST


右／2階北西に位置する長男の部屋は畳の小上がり付き。2か所にスリット窓
中・左／長女の部屋は東向き。リビングの吹抜けとつながる室内窓は、長女が希望したもの

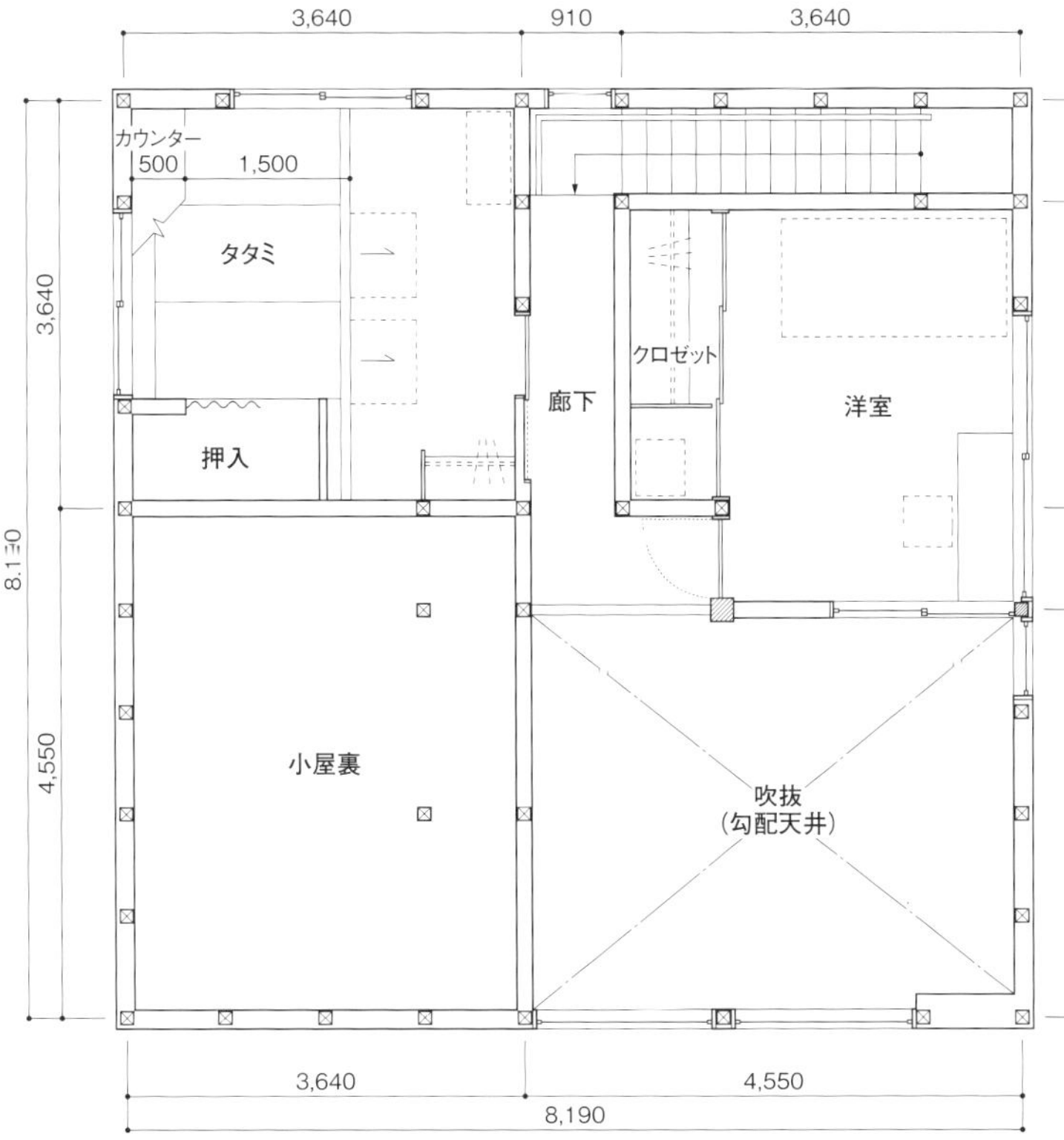


2F

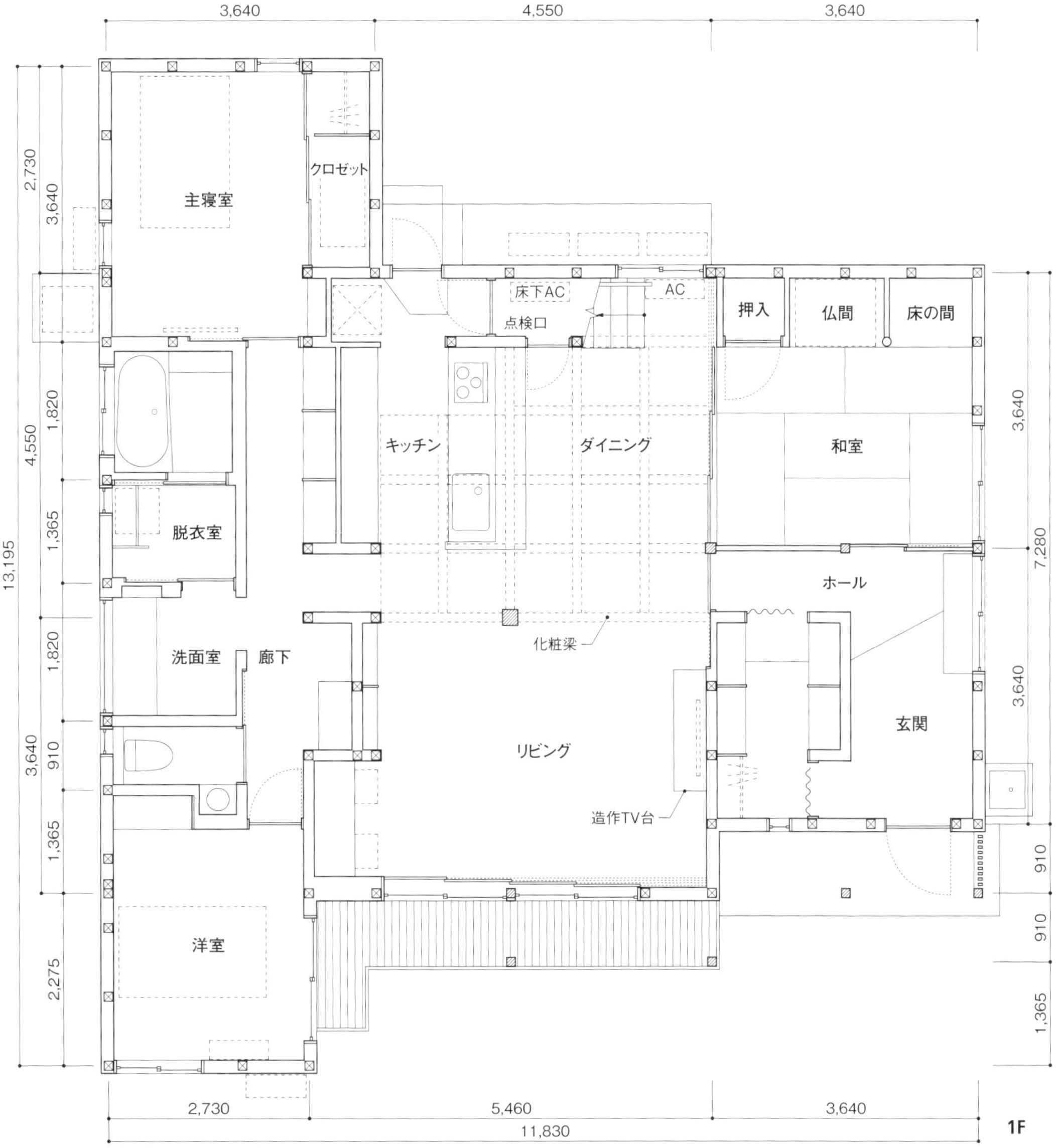


1F　**平面図** S=1：100

上・中／本家であるO邸には毎年、親せきが集まる。そのため和室の客間は、玄関から近い場所に配置されている。窓の外には先代から残るマツが見える。
下／収納も兼ねた廊下は、主寝室と水回りと将来の父親の寝室をつなぐ

\スゴ技/

75

エコハウス

# ZEHは屋根設計が腕の見せどころ

ZEHには太陽光発電の搭載が必要で相応に大容量となるため、屋根の設計が肝となってくる。寄棟や入母屋などの屋根の設計が困難で、切妻や段違い、片流れの屋根を選択せざるを得ない。

O邸の周辺は昔ながらの住宅地で、道路から少し下がった場所にあるため、屋根の見え方は特に気を遣ったという。また、のびやかな町並みに圧迫感を与えないように、建物全体の高さを抑えたいという設計側の意図もあり、ZEHに至るまでにさまざまな工夫を施している。

この家では、暖房に床下エアコンを採用しているため、地中梁を用いて基礎の立上りを450㎜と低くして床下の気積を抑えているが、これは階高を抑えることにもつながっている。また、平面計画では、1階を生活の主体とした平屋の感覚で設計し、建物全体の重心を下げている。

ここで悩ましいのは2階の屋根だ。4.5間角の2階に5kWのパネルが載る屋根面をどうつくるか。切妻にして面積を確保しようとすると高さが出てしまうので間が抜けてしまう。そこで、への字型にして軒高を抑えつつ、南面に面積を確保した。一方で下屋を1.5寸勾配の切妻にすることで重心を下げ、2階屋根とバランスをとって建物全体のプロポーションを整えている。こうして郊外の日本家屋らしい姿をした美しい佇まいのZEHが完成した。

（エコワークス）

右／東側外観。軒のラインが美しく、下屋の切妻と2階のへの字型がうまくバランスを取り合っているのが分かる
左／南側玄関。アプローチに植えられた紅葉が季節を感じさせる

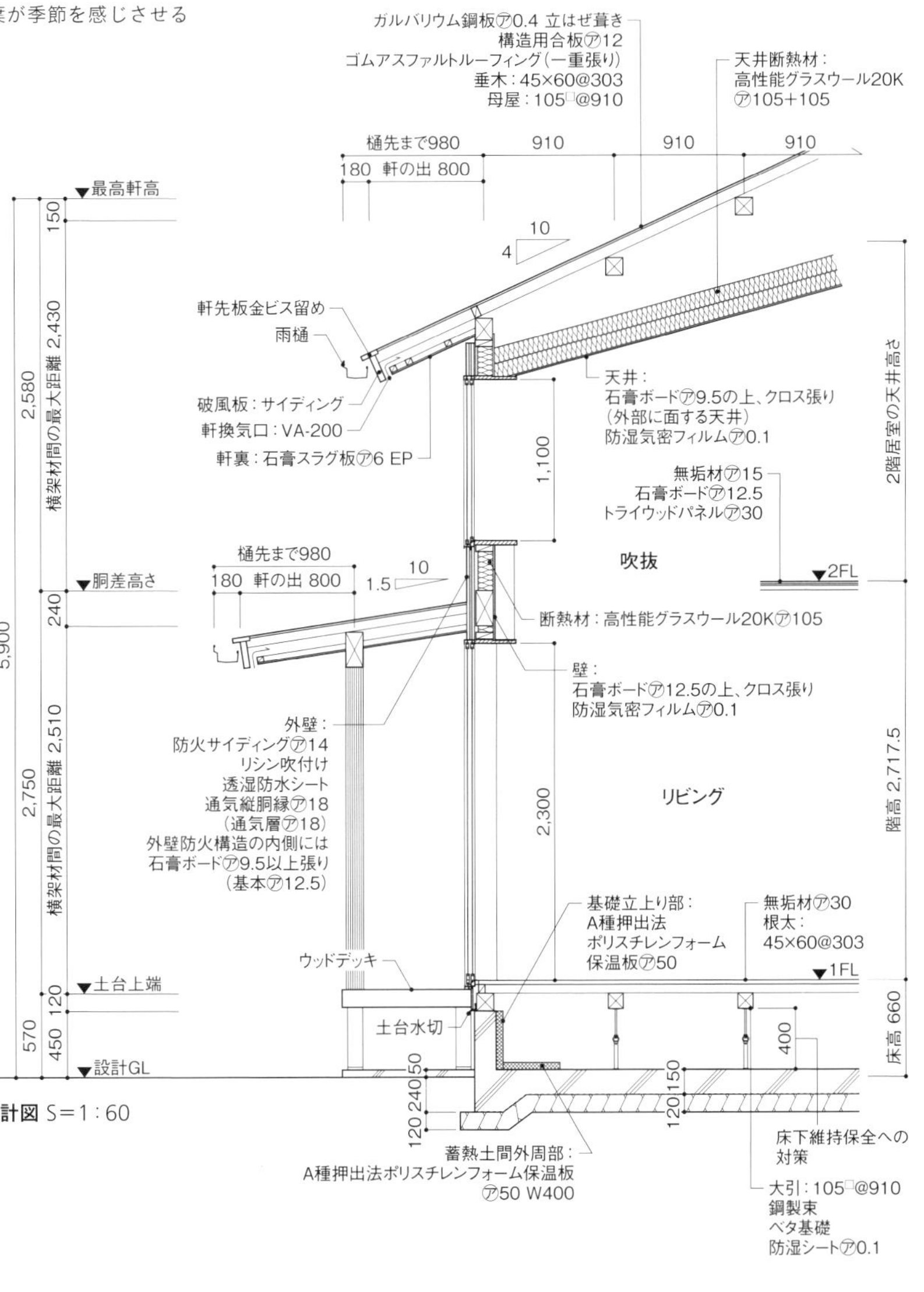

ガルバリウム鋼板㋐0.4 立はぜ葺き
構造用合板㋐12
ゴムアスファルトルーフィング(一重張り)
垂木：45×60@303
母屋：105□@910
天井断熱材：
高性能グラスウール20K
㋐105+105
樋先まで980
910
910
910
180 軒の出 800
最高軒高
150
10
4
軒先板金ビス留め
雨樋
2,430
2,580
横架材間の最大距離
破風板：サイディング
軒換気口：VA-200
軒裏：石膏スラグ板㋐6 EP
天井：
石膏ボード㋐9.5の上、クロス張り
(外部に面する天井)
防湿気密フィルム㋐0.1
1,100
2階居室の天井高さ
無垢材㋐15
石膏ボード㋐12.5
トライウッドパネル㋐30
樋先まで980
10
180 軒の出 800
1.5
胴差高さ
吹抜
2FL
240
断熱材：高性能グラスウール20K㋐105
5,900
壁：
石膏ボード㋐12.5の上、クロス張り
防湿気密フィルム㋐0.1
外壁：
防火サイディング㋐14
リシン吹付け
透湿防水シート
通気縦胴縁㋐18
(通気層㋐18)
外壁防火構造の内側には
石膏ボード㋐9.5以上張り
(基本㋐12.5)
2,510
2,750
横架材間の最大距離
2,300
リビング
階高 2,717.5
基礎立上り部：
A種押出法
ポリスチレンフォーム
保温板㋐50
無垢材㋐30
根太：
45×60@303
ウッドデッキ
1FL
土台上端
120
土台水切
570
450
400
床高 660
設計GL
50
240
120
150
120
蓄熱土間外周部：
A種押出法ポリスチレンフォーム保温板
㋐50 W400
床下維持保全への
対策
大引：105□@910
鋼製束
ベタ基礎
防湿シート㋐0.1


**矩計図** S＝1：60

2階とつながるリビングの吹抜け。ZEHには設計一次エネルギー消費量の計算が求められるため、主たる居室に接する吹抜けが大きいと暖冷房エネルギーが著しく大きくなってしまう。そのため吹抜けをつくる場合は、外皮の断熱性能を上げてかつパッシブ設計を採用し、暖冷房エネルギーの消費量を下げる設計をする

## 佐賀の家

| | |
|---|---|
| 所在地 | 佐賀県佐賀市 |
| 家族構成 | 夫婦＋子ども3人＋祖父 |
| 構造 | 木造軸組構法(防火指定なし) |
| 敷地面積 | 244.88㎡ |
| 建築面積 | 118.00㎡ |
| 延床面積 | 142.84㎡ |
| 竣工年月 | 2016年10月 |
| 設計・施工 | エコワークス |
| 断熱・気密性能 | $U_A$値＝0.41(Q値＝1.59)W／㎡K、C値0.93㎠／㎡ |
| 天井断熱 | 高性能グラスウール20K105㎜ |
| 外壁断熱 | 高性能グラスウール20K105㎜ |
| 基礎断熱 | 防蟻剤入り押出し法ポリスチレンフォーム50㎜(立上り・内張り)<br>同50㎜(蓄熱床土間外周部) |
| 窓 | 樹脂アルミ複合サッシ(LIXIL)＋トリプルガラス(ダブルLow-E・南面) |
| 玄関戸 | ジエスタ k2仕様(LIXIL) |
| 換気設備 | 土間クール(OMソーラー) |
| 冷暖房設備 | 高効率エアコン(床下5.6kW) |
| 給湯設備 | エコキュート(年間保温効率3.3) |
| その他設備 | 太陽光発電5.75kW、屋内集中パワコン5.5kW、<br>HEMS、LED照明 |

＼スゴ技／

76

エコハウス

# 空気を整えるための性能設計

安成工務店では、30年ほど前からOMソーラーを扱っていることもあり、早くから全館空調を前提としたパッシブ設計を行ってきた。上下階を吹抜けでつなぎ、開放的なプランにして、空気や熱の流れをつくっている。さらに、外部とのつながりを重視しているので、大きな窓も欠かせない。そのため、軒を出さないデザインはしない。吹抜けと大開口は、温熱設計では弱点となるが、窓の性能を上げ、高断熱高気密にすることで、温度ムラをなくしている。

断熱性能は、1994年に自社でセルロースファイバー断熱のデコスドライ工法を開発し、現在は屋根断熱が吹込み55K185㎜厚、壁は吹込み55K120㎜厚（真壁の場合は95㎜厚）を標準仕様としているどの家も$U_A$値は0.4～0.5、C値は0.7（定期的試験数値）を確保。セルロースファイバーは調湿性があるため、室内の空気も快適に保つことができ、天然乾燥した構造材とも相性がよい。

H邸では、OMソーラーの新製品「OMX」（冷暖房、給湯、換気を1台で担う機器）を搭載し、さらに空調エネルギーの効率化を図っている。暖房はこれまでのOMソーラーと同じで、床下に暖気を送り、足元から暖める。一方、夏は上部4カ所に設けた吹き出し口から涼風を出し、家全体を冷房する。H邸の撮影日は、太陽が照りつける猛暑日だったが、正午に外気温（37℃）に対して、室温は26℃だった。

さらに内装に自然素材を使っていることも、空気の質に寄与している。安成工務店では、建て主の強い希望がない限り、内装は珪藻土を推奨している。珪藻土は、調湿・消臭機能も期待できる。こうして温度・湿度が整った空間に、木の香りが加わり、家全体がストレスのない、気持ちのよい空気に包まれる。この空気こそが、安成工務店の最大の「売り物」なのかもしれない。（安成工務店）

2階は、子ども部屋とOMXの機械室。階高を下げているため、2階というよりは、ロフトに近い。キッチン横の家事室と吹抜けでつながっており、1階と2階でコミュニケーションがとりやすいように工夫されている

H邸南側外観。室内が丸見えにならないよう壁を立て、樹木を植えている。手前の駐車場はコンクリートにせず、砂利敷き。安成工務店では、必ず造園工事も入れている

2階建ての大屋根だが、全体的に階高を抑えているうえ、軒を1,500mm出しており、軒の高さが2,750mmと低いため、平屋のような佇まいとなっている

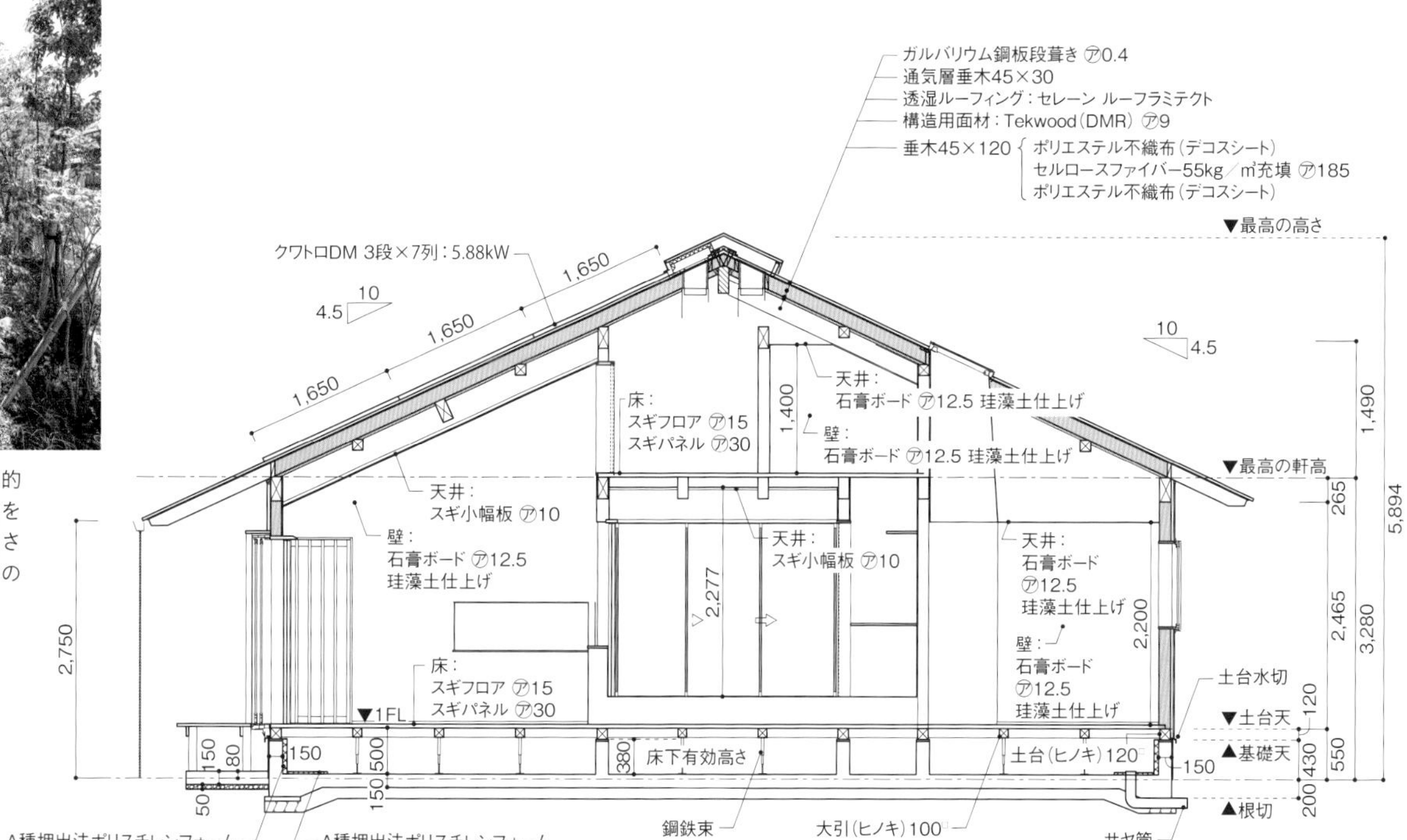

ガルバリウム鋼板段葺き ㋐0.4
通気層垂木45×30
透湿ルーフィング：セレーン ルーフラミテクト
構造用面材：Tekwood（DMR）㋐9
垂木45×120
ポリエステル不織布（デコスシート）
セルロースファイバー55kg／m³充填 ㋐185
ポリエステル不織布（デコスシート）
▼最高の高さ
クワトロDM 3段×7列：5.88kW
1,650
1,650
1,650
10
4.5
10
4.5
天井：
石膏ボード ㋐12.5 珪藻土仕上げ
壁：
石膏ボード ㋐12.5 珪藻土仕上げ
床：
スギフロア ㋐15
スギパネル ㋐30
1,400
1,490
▼最高の軒高
天井：
スギ小幅板 ㋐10
壁：
石膏ボード ㋐12.5
珪藻土仕上げ
天井：
スギ小幅板 ㋐10
天井：
石膏ボード
㋐12.5
珪藻土仕上げ
壁：
石膏ボード
㋐12.5
珪藻土仕上げ
2,277
2,200
265
2,465
3,280
5,894
2,750
床：
スギフロア ㋐15
スギパネル ㋐30
▼1FL
土台水切
120
▼土台天
▲基礎天
土台（ヒノキ）120
床下有効高さ
380
150
80
150
500
150
50
150
430
550
200
▲根切
A種押出法ポリスチレンフォーム
保温板3種（区分：E）㋐50
A種押出法ポリスチレンフォーム
保温板3種（区分：E）㋐25
鋼鉄束
大引（ヒノキ）100
サヤ管
（設備専用配管）


**矩計図** S＝1：100

上／キッチンの上が2階。階段は見せるデザインで、1段目の段板がディスプレイスペースにもなっている。ダイニング脇には大きなFIX窓を設け、家の中から雪景色を楽しめる趣向としている

下／冬の日射を採り込むため2階にはハイサイドライトを設置。ハイサイドライトはドレーキップとなっており、開閉と掃除のためキャットウォークを設けているが、2階に光が落ちるようルーバーにしている

＼スゴ技／

77

エコハウス

# 家の隅々まで空気が循環する

「家にいる時間を最良のものにしたい」とご主人は温熱環境を重視。断熱などの施工は池田組にとっては得意とするところであり、三浦さんは現場を細かに確認せずとも安心して任せられたという。

冬は、床下内部に設置した4kWのエアコン1台で空気を温め、各部屋に設けた吹出し口から暖気を行き渡らせる。夏は2階の小屋裏に設置した冷房用のエアコン1台を稼動させ、冷気をパイプファンで各部屋に送付。吹抜けの壁面に小屋裏へのリターンのガラリを設ける必要があったが、化粧のガラリを連続させることで、吸込み口をデザインの一部として昇華させている。（池田組＋設計島建築事務所）

写真：山本育憲（144-145頁）

右／建物の高さを抑えているため2階はロフトのような印象。2階からは水道塔が見え、信濃川の花火も楽しめる
左／窓際に設置した床下エアコンの吹出し口。床に使用したオーク無垢材を使用して、フローリングになじむデザインに仕上げている

# 超高断熱が 省エネと心地よさを生み出す

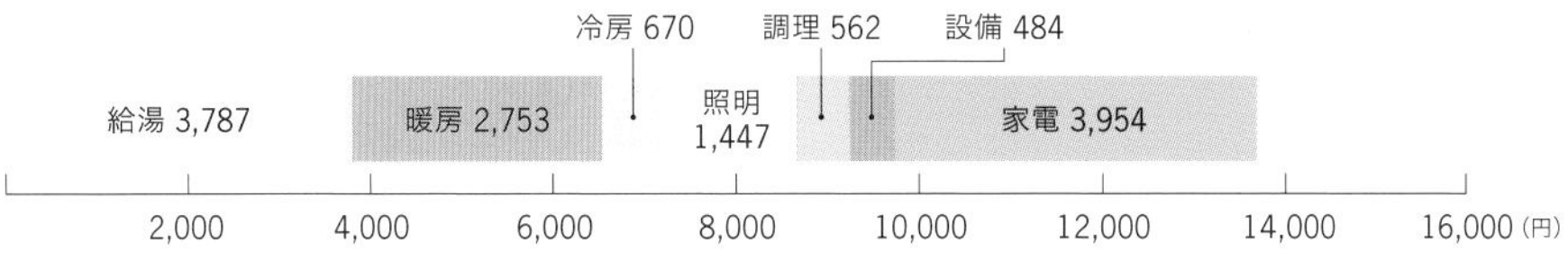

給湯 3,787
暖房 2,753
冷房 670
照明 1,447
調理 562
設備 484
家電 3,954
2,000
4,000
6,000
8,000
10,000
12,000
14,000
16,000（円）


**光熱費シミュレーション 用途別（月平均）**

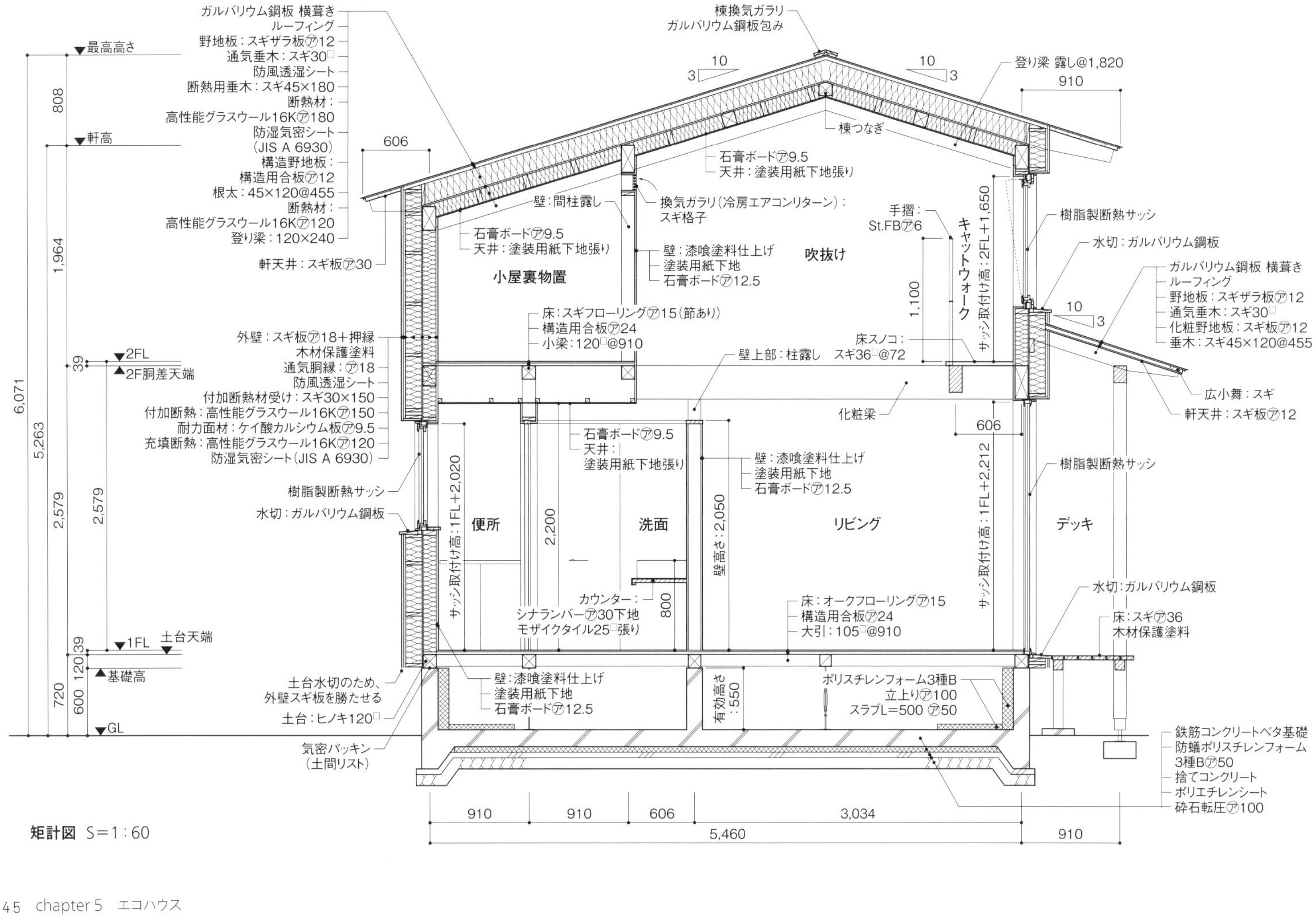

ガルバリウム鋼板 横葺き
ルーフィング
野地板：スギザラ板㋐12
通気垂木：スギ30□
防風透湿シート
断熱用垂木：スギ45×180
断熱材：
高性能グラスウール16K㋐180
防湿気密シート
（JIS A 6930）
構造野地板：
構造用合板㋐12
根太：45×120@455
断熱材：
高性能グラスウール16K㋐120
登り梁：120×240
軒天井：スギ板㋐30
外壁：スギ板㋐18＋押縁
木材保護塗料
通気胴縁：㋐18
防風透湿シート
付加断熱材受け：スギ30×150
付加断熱：高性能グラスウール16K㋐150
耐力面材：ケイ酸カルシウム板㋐9.5
充填断熱：高性能グラスウール16K㋐120
防湿気密シート（JIS A 6930）
樹脂製断熱サッシ
水切：ガルバリウム鋼板
土台水切のため、
外壁スギ板を勝たせる
土台：ヒノキ120□
気密パッキン
（土間リスト）
最高高さ
軒高
2FL
2F胴差天端
1FL
土台天端
基礎高
GL
6,071
808
1,964
5,263
39
2,579
2,579
39
120
720
600
606
棟換気ガラリ
ガルバリウム鋼板包み
10
3
10
3
登り梁 露し@1,820
910
棟つなぎ
石膏ボード㋐9.5
天井：塗装用紙下地張り
壁：間柱露し
石膏ボード㋐9.5
天井：塗装用紙下地張り
換気ガラリ（冷房エアコンリターン）：
スギ格子
壁：漆喰塗料仕上げ
塗装用紙下地
石膏ボード㋐12.5
小屋裏物置
吹抜け
手摺：
St.FB㋐6
キャットウォーク
1,100
サッシ取付け高：2FL＋1,650
樹脂製断熱サッシ
水切：ガルバリウム鋼板
ガルバリウム鋼板 横葺き
ルーフィング
野地板：スギザラ板㋐12
通気垂木：スギ30□
化粧野地板：スギ板㋐12
垂木：スギ45×120@455
10
3
床：スギフローリング㋐15（節あり）
構造用合板㋐24
小梁：120□@910
床スノコ：
スギ36□@72
壁上部：柱露し
化粧梁
広小舞：スギ
軒天井：スギ板㋐12
606
石膏ボード㋐9.5
天井：
塗装用紙下地張り
壁：漆喰塗料仕上げ
塗装用紙下地
石膏ボード㋐12.5
樹脂製断熱サッシ
サッシ取付け高：1FL＋2,020
2,200
壁高さ：2,050
サッシ取付け高：1FL＋2,212
便所
洗面
リビング
デッキ
カウンター：
シナランバー㋐30下地
モザイクタイル25□張り
800
床：オークフローリング㋐15
構造用合板㋐24
大引：105□@910
水切：ガルバリウム鋼板
床：スギ㋐36
木材保護塗料
壁：漆喰塗料仕上げ
塗装用紙下地
石膏ボード㋐12.5
有効高さ：550
ポリスチレンフォーム3種B
立上り㋐100
スラブL＝500 ㋐50
鉄筋コンクリートベタ基礎
防蟻ポリスチレンフォーム
3種B㋐50
捨てコンクリート
ポリエチレンシート
砕石転圧㋐100
910
910
606
3,034
5,460
910


**矩計図** S＝1：60

＼スゴ技／

78

エコハウス

# 先張りシートが省略できる屋根断熱

ボード気密で施工の簡易化が進んでいる気密工事で、唯一面倒なのが屋根断熱の防湿・気密シートの施工である。しかし、吹込み工法をうまく活用すれば、面倒な先張りシートを省略できるのだ。

## グラスウール屋根吹込み断熱

屋根を吹込み断熱として、垂木のせいを抑えて、母屋まで断熱材のスペースに納めるように設計すると、先張りシートを省略できる。また、吹込み断熱は専門業者の責任施工なので気密・断熱工事の精度が高く、吹込み用のグラスウールの性能も上がっているのでオススメである。（夢・建築工房）

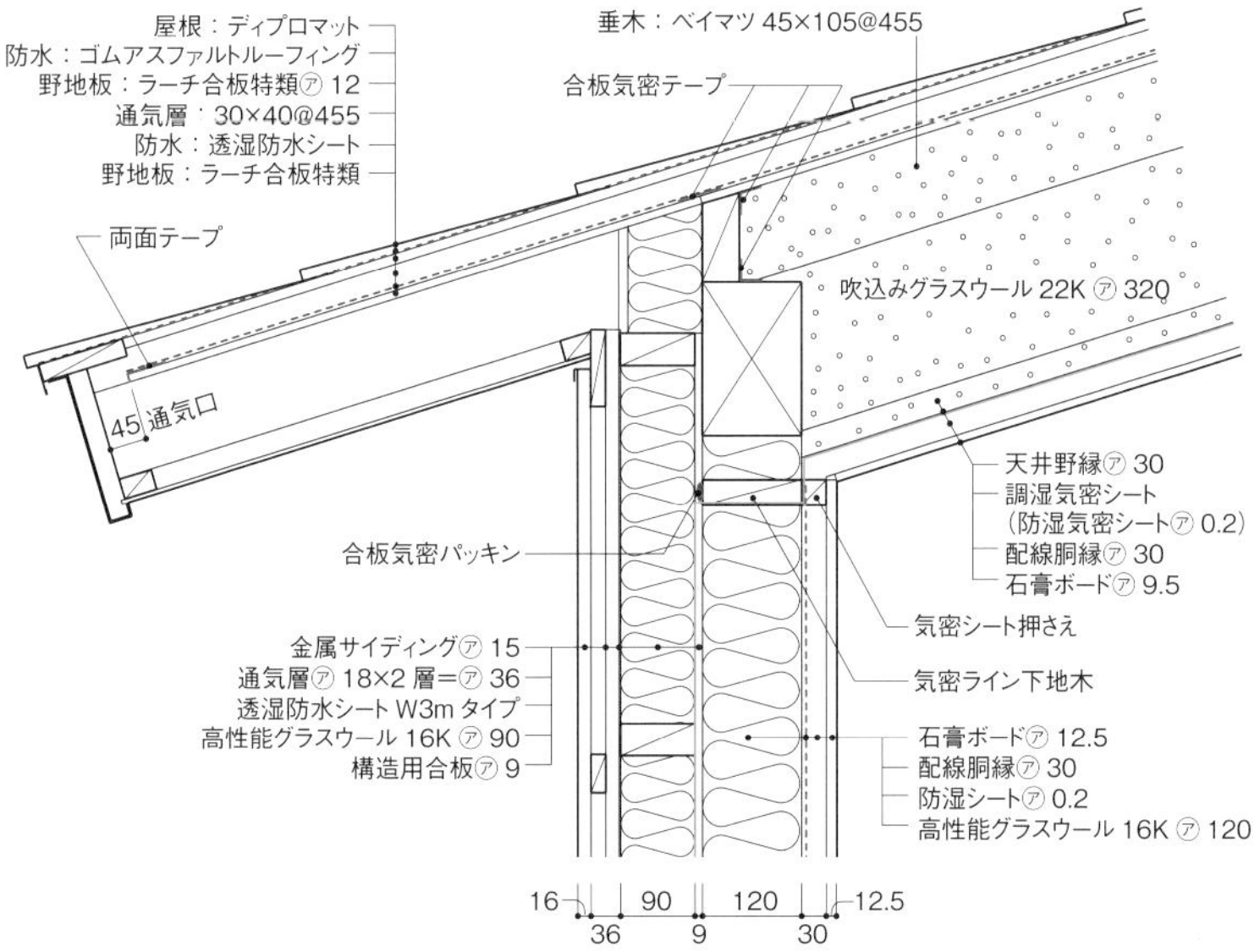

屋根：ディプロマット
防水：ゴムアスファルトルーフィング
野地板：ラーチ合板特類㋐ 12
通気層：30×40@455
防水：透湿防水シート
野地板：ラーチ合板特類
両面テープ
45 通気口
垂木：ベイマツ 45×105@455
合板気密テープ
吹込みグラスウール 22K ㋐ 320
天井野縁㋐ 30
調湿気密シート
（防湿気密シート㋐ 0.2）
配線胴縁㋐ 30
石膏ボード㋐ 9.5
合板気密パッキン
気密シート押さえ
気密ライン下地木
金属サイディング㋐ 15
通気層㋐ 18×2 層＝㋐ 36
透湿防水シート W3m タイプ
高性能グラスウール 16K ㋐ 90
構造用合板㋐ 9
石膏ボード㋐ 12.5
配線胴縁㋐ 30
防湿シート㋐ 0.2
高性能グラスウール 16K ㋐ 120
16
90
120
12.5
36
9
30


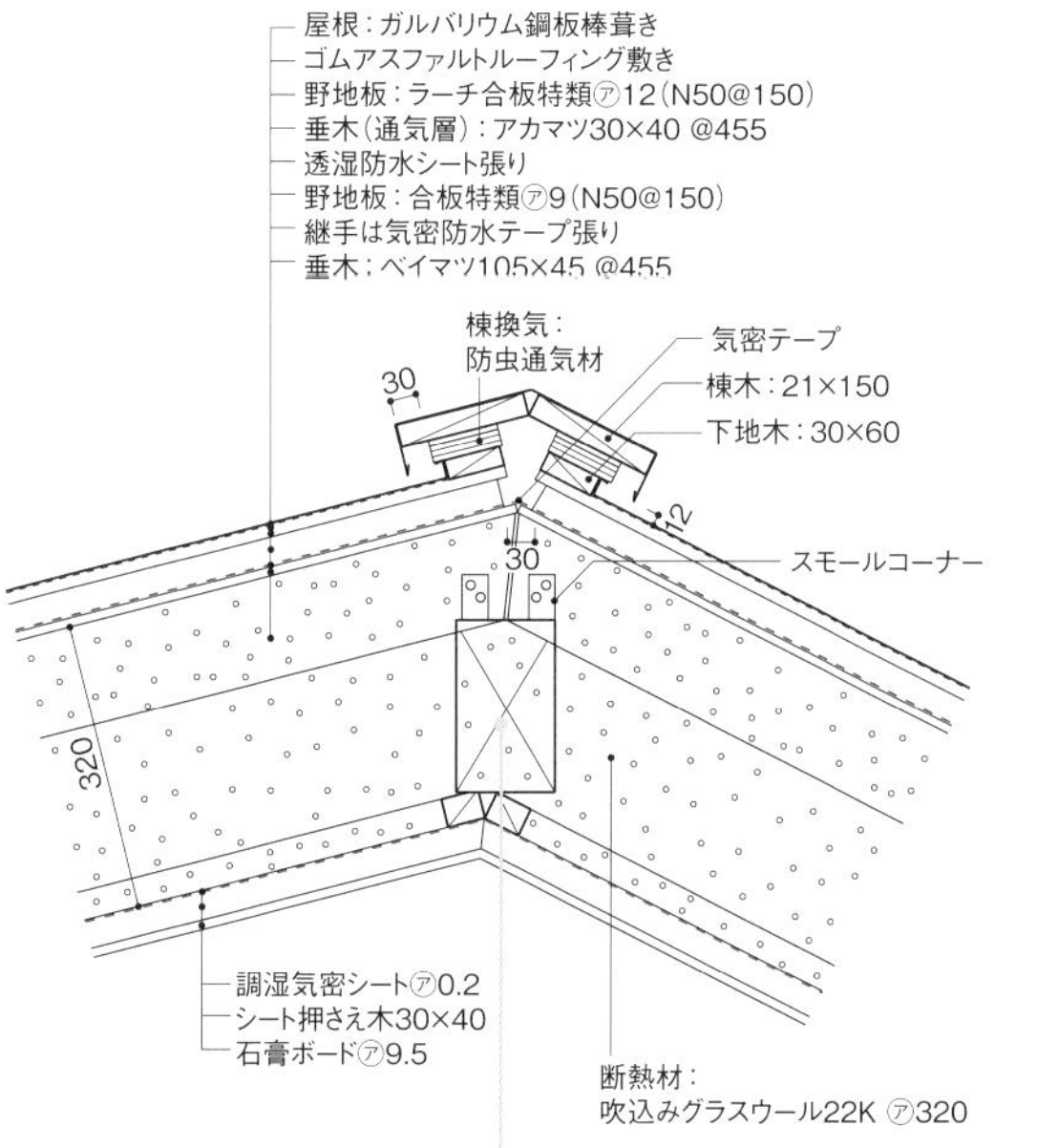

屋根：ガルバリウム鋼板棒葺き
ゴムアスファルトルーフィング敷き
野地板：ラーチ合板特類㋐12（N50@150）
垂木（通気層）：アカマツ30×40 @455
透湿防水シート張り
野地板：合板特類㋐9（N50@150）
継手は気密防水テープ張り
垂木：ベイマツ105×45 @455
棟換気：
防虫通気材
気密テープ
棟木：21×150
下地木：30×60
30
12
30
スモールコーナー
320
調湿気密シート㋐0.2
シート押さえ木30×40
石膏ボード㋐9.5
断熱材：
吹込みグラスウール22K ㋐320


屋根断面詳細図
S＝1：15

垂木と母屋が断熱層にしっかりと納まっている

＼スゴ技／
79
エコハウス

# エアコン1台の全館冷暖房

断熱性の高い住宅で快適さを求めるのであれば、家全体を温める全室暖房が好ましい。

その際に用いられるのが、床下空間を温めて、そこから上昇する暖気によって家全体を暖かくする床下暖房である。

また、熱源はメンテナンスや交換を考えればエアコンがベストだ。

**暖房システムの考え方**

エアコン直下の壁面に壁内に暖気が通る穴を設け、その暖気をファンで床下に引き込むことで床下暖房を可能にするシステム。冷房時は通常のエアコンの使い方と変わらない。通常の壁掛けで設置しているので、メンテナンスも容易である。

換気床下暖房システム図

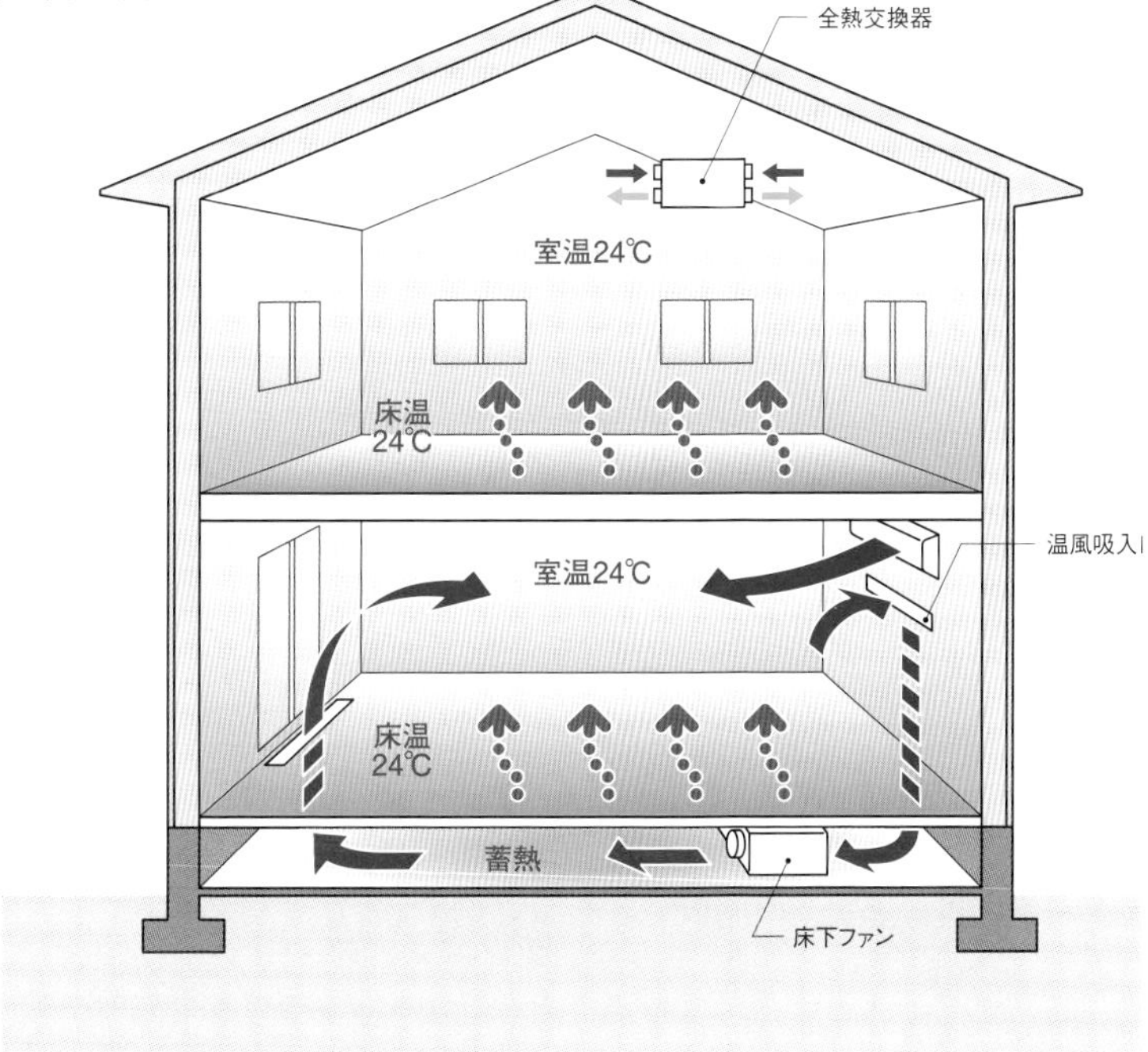
全熱交換器
室温24℃
床温
24℃
室温24℃
温風吸入
床温
24℃
蓄熱
床下ファン

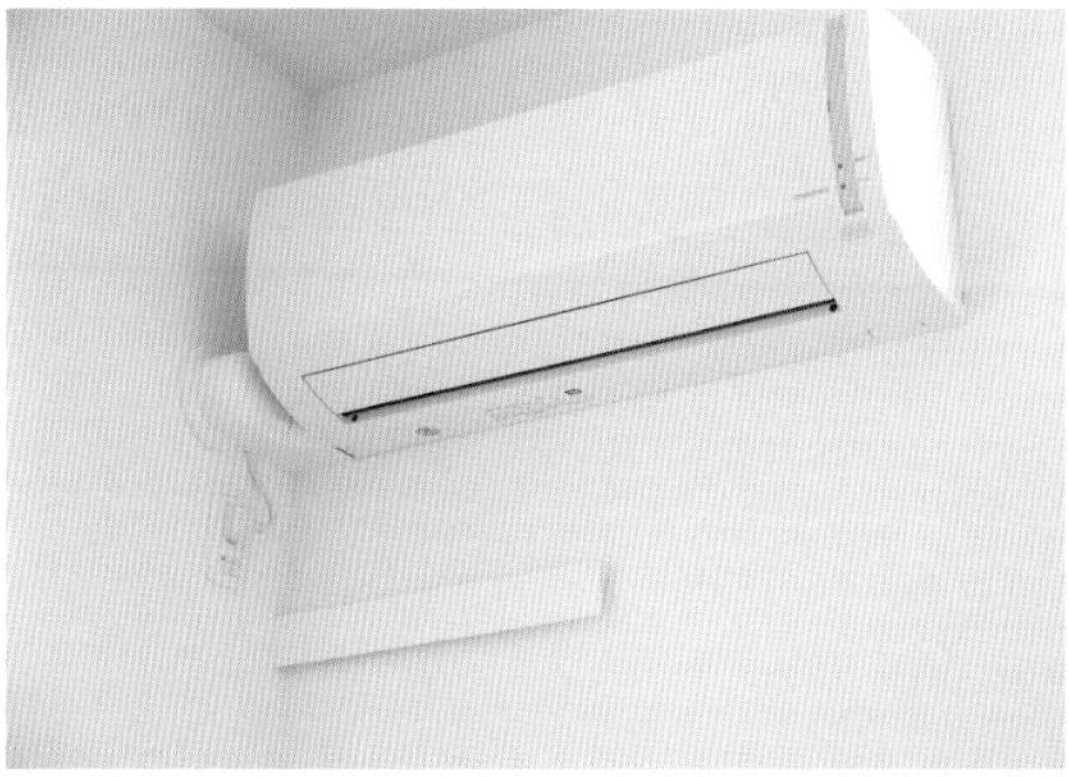

## 狭小住宅のための床下暖房

できるだけ床面スペースを潰したくない、エアコン1台で冷暖房をまかなうようにしたい場合などには、壁のエアコンから出る暖気を床下に引き込むシステムを導入するとよい。

（ウッドシップ）

＼スゴ技／

80

# 日射遮蔽のシェードを隠す

夏を涼しく過ごすためには外付けの日射遮蔽設備が欠かせない。予算が限られる場合、シェードが選択されるが、窓の上にそのまま付けておくと見栄えが悪いので上手に隠すことが望ましい。

## ビルトインシェード

軒裏の一部を欠き込み、シェードを収納できるようにした例。秋から春にかけては軒裏内部に収納し、夏や、中間期の暑い日などには引き下げて日射遮蔽を行う。（夢・建築工房）

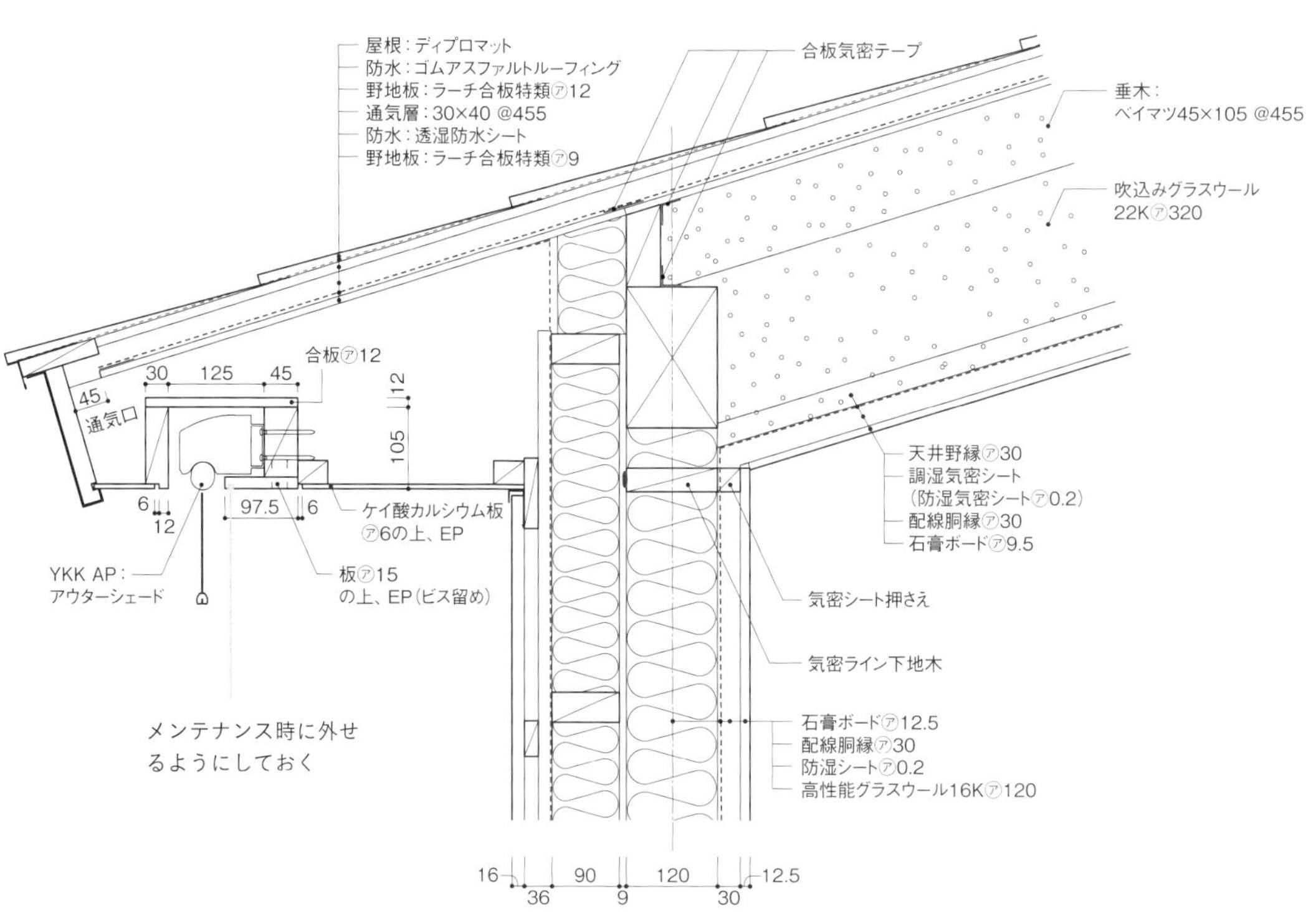

屋根：ディプロマット
防水：ゴムアスファルトルーフィング
野地板：ラーチ合板特類㋐12
通気層：30×40 @455
防水：透湿防水シート
野地板：ラーチ合板特類㋐9
合板気密テープ
垂木：ベイマツ45×105 @455
吹込みグラスウール 22K㋐320
合板㋐12
30 125 45
12
105
45
通気口
6 12
97.5 6
ケイ酸カルシウム板㋐6の上、EP
板㋐15の上、EP（ビス留め）
YKK AP：アウターシェード
天井野縁㋐30
調湿気密シート（防湿気密シート㋐0.2）
配線胴縁㋐30
石膏ボード㋐9.5
気密シート押さえ
気密ライン下地木
メンテナンス時に外せるようにしておく
石膏ボード㋐12.5
配線胴縁㋐30
防湿シート㋐0.2
高性能グラスウール16K㋐120
16 90 120 12.5
36 9 30

ビルトインシェード断面詳細図 S＝1：12

chapter 6

# 耐震のスゴ技08

住宅性能において最も重要度が高い耐震性能。
近年はさまざまな研究・検証や構造計算ソフトの普及によって、
品確法・性能表示の耐震等級3を最低基準とする家が増えてきている。
ここでは住宅の耐震化だけでなく、耐震部材の「スゴ技」も紹介する。

＼スゴ技／

# 81

耐震

## 水平剛性と吹抜けを両立させる

構造面では、間取りの中心となる総2階部分の四隅（玄関側の隅を欠き込んだため正確には5カ所）には150㎜角（5寸）の通し柱を使い、構造ブロックとして固める。そのほかの柱は管柱として、梁や胴差を勝たせて納めているが、2階外周部の7割は上下階で連続させてあり、鉛直荷重が無理なく基礎に伝わるように配慮されている。

耐震等級3で欠かせない床倍率に関しても、2階床は28㎜厚の構造用面材で固めるとともに、吹抜けも壁の多い北側に設けることでそのマイナス面をできるだけ抑えている。なお、吹抜けと階段を並べることで実質的な吹抜けの面積が大きくなるため、採光・通風の効果はもちろん、空間の広がりも大きくなる。（神奈川エコハウス）

洗面室と脱衣室。各々2.5畳の広さがあり、奥の脱衣室は室内干しのスペースにも使われる

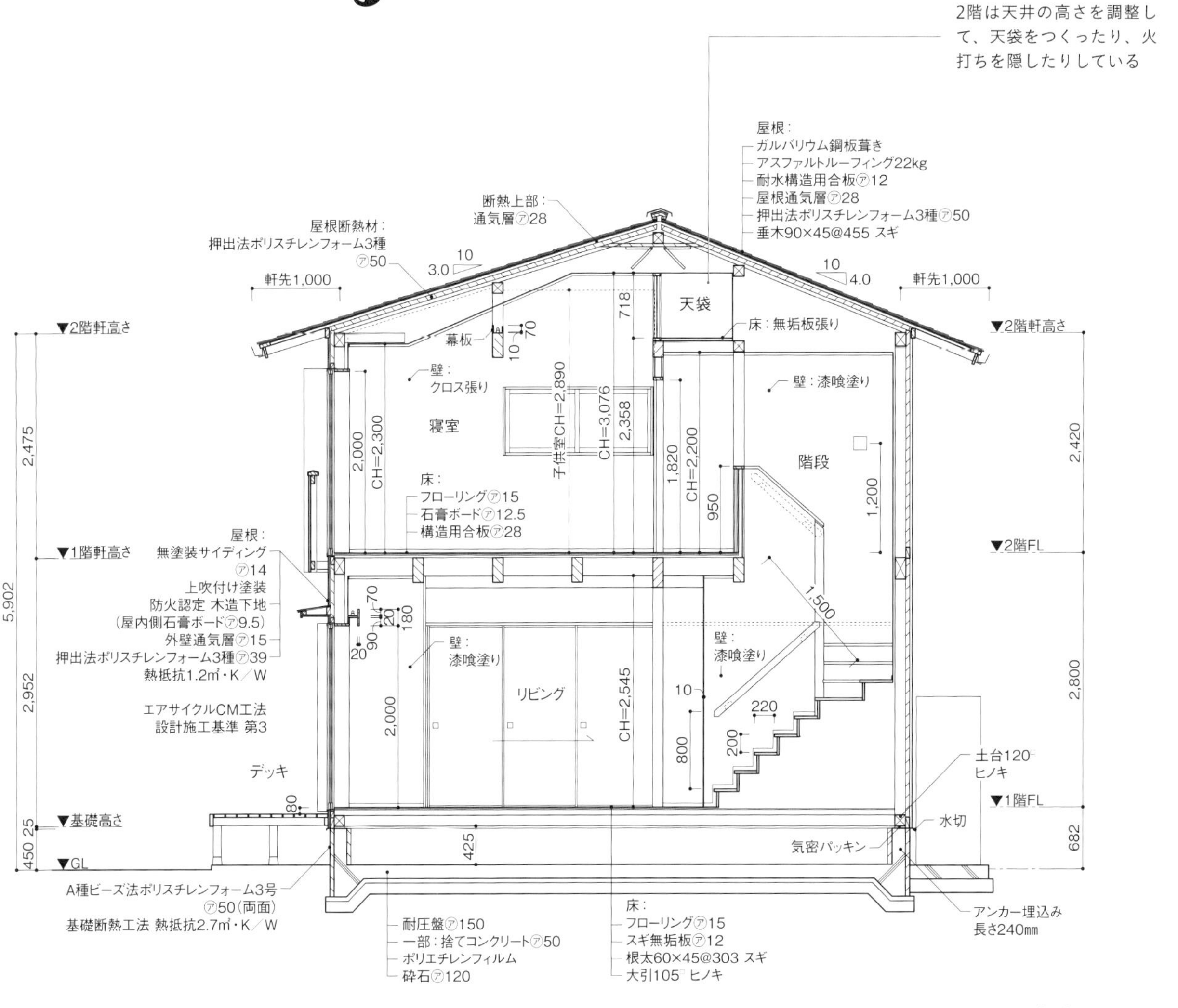

2階は天井の高さを調整して、天袋をつくったり、火打ちを隠したりしている
屋根：
ガルバリウム鋼板葺き
アスファルトルーフィング22kg
耐水構造用合板㋐12
屋根通気層㋐28
押出法ポリスチレンフォーム3種㋐50
垂木90×45@455 スギ
断熱上部：
通気層㋐28
屋根断熱材：
押出法ポリスチレンフォーム3種
㋐50
軒先1,000
天袋
床：無垢板張り
▼2階軒高さ
幕板
壁：
クロス張り
寝室
子供室CH=2,890
CH=3,076
CH=2,300
CH=2,200
壁：漆喰塗り
階段
床：
フローリング㋐15
石膏ボード㋐12.5
構造用合板㋐28
屋根：
無塗装サイディング
㋐14
上吹付け塗装
防火認定 木造下地
（屋内側石膏ボード㋐9.5）
外壁通気層㋐15
押出法ポリスチレンフォーム3種㋐39
熱抵抗1.2㎡・K／W
エアサイクルCM工法
設計施工基準 第3
▼1階軒高さ
▼2階FL
壁：
漆喰塗り
リビング
CH=2,545
デッキ
土台120□
ヒノキ
▼1階FL
▼基礎高さ
▼GL
水切
気密パッキン
A種ビーズ法ポリスチレンフォーム3号
㋐50（両面）
基礎断熱工法 熱抵抗2.7㎡・K／W
耐圧盤㋐150
一部：捨てコンクリート㋐50
ポリエチレンフィルム
砕石㋐120
床：
フローリング㋐15
スギ無垢板㋐12
根太60×45@303 スギ
大引105□ ヒノキ
アンカー埋込み
長さ240㎜


**矩計図** S＝1：80

2階廊下から吹抜け越しに1階を見下ろす。吹抜けによって1階と2階の空間がつながり、1階の明るさを助けているのが分かる。1階の窓辺には窓の内側に木製のガラス戸が入っている

＼スゴ技／

# 82

耐震

# 火打ちの見せ方・隠し方

間取りの自由度を確保すること、そしてエアサイクル工法（外張り断熱二重通気工法）を採用する場合は小屋裏が必要になるため、小屋組は和小屋を基本とし、屋根の水平剛性は野地合板と火打ちで取るようにしている。一方、建物のプロポーションや斜線制限を鑑み、階高（建物高さ）を押さえつつ天井高さを確保するには、2階を勾配天井にするのがよい。しかし耐震等級3の小屋組みには数多くの火打ちが入り、火打ちの過剰な露出は空間の魅力を大きく損ねるため、天井を部分的に下げて火打ちを隠すなどの対応が必要となる。（神奈川エコハウス）

小屋伏図
S＝1：150

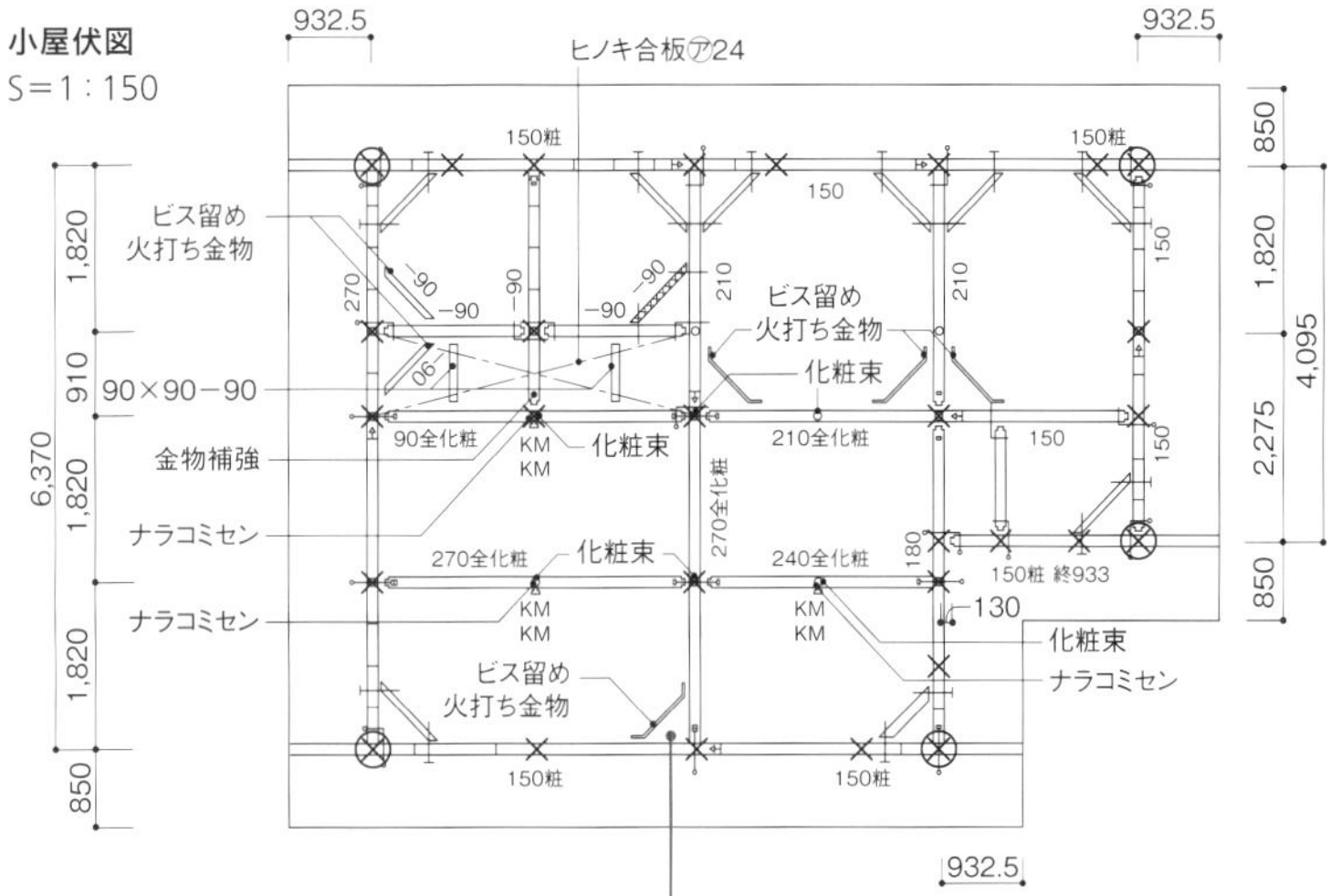


小屋組の水平構面を2階天井面で取っているため、小屋面には数多くの火打ちが取り付けられている。この見せ方と隠し方が2階空間のポイントになる

2階廊下の奥に設置されたホビースペース。外の景色を眺めながら、ゆったりと過ごせる場になっている

右／主寝室。窓側の天井を低くして火打ちを隠し、途中から天井を高くして梁を見せている
左／子供室。こちらは一般的な勾配天井にして、火打ちはそのまま露出している

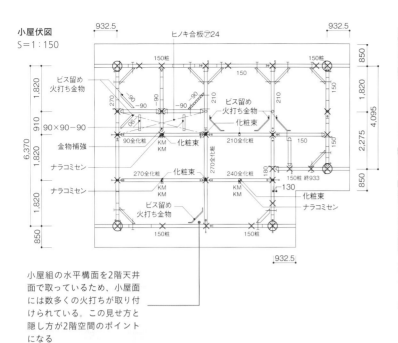

＼スゴ技／

# 83

耐震

# 制震ダンパーで地震に強い家に

耐力壁に関しては、1階・2階の南面に大きな掃出し窓をとっているが、その左右には壁倍率の高い耐力壁を設けるなどして、壁量を確保している。また耐力壁を維持するため、和室の窓に設けた障子や玄関とリビング境のガラス戸は、柱から外して建具を外付けにしている。また、リビングの掃出し窓は4枚建てのため、中央の柱をなくすこともできたが、構造的に無理のないよう1間ピッチに柱を立てた。引違い窓を2つ並べた場合に比べ、サッシの框が隠れてすっきり見えるとともに、サッシの間に壁が残らないので外観が美しくなる。

この住宅では、制振ダンパー「GVA」を採用している。これは、建て主が特に耐震性を重視する場合にオプションとして使っているもの。地震時の揺れを軽減するなどの効果がある。標準的に外張り断熱を採用している同社の住宅は、壁内が空洞であるため、筋かいの設置で断熱欠損を起こすこともなく、制震ダンパーの設置も容易に行うことができる。

この家は外周を大壁にしているが、全体を真壁にするのが同社の標準。柱や梁を露出させながらも、野暮ったくならない設計力は見事である。（神奈川エコハウス）

耐力壁に設置された制震ダンパー。

右／リビングの窓は、外観を美しく見せる4枚建てサッシ。中央の柱は構造的な意味に加え、サッシの框が隠れてすっきり見える
左／和室の掃出し窓と障子。壁に筋かいが設けられているため、壁の内側に引き込むかたちで障子を納めている

スゴ技

# 84

耐震

# モイスの多機能性を建築に生かす

サトウ工務店では構造用面材と内装材にモイスを多用している。最大の理由は高い構造性能（壁倍率2.7倍・3.8倍）と多機能な特性（調湿性、耐火性など）、そして材料自体がもつ優れたデザイン性である。特に内装用のモイスはそのまま露出させて使うことが多い。塗り壁のようなざらざらの質感と生成りの色合いが、木材と相性がよい。

モイスの施工には非常に高い精度が求められる。建物自体の寸法や垂直・水平・矩の精度はもちろん熟練した大工の技術が必要となってくる。また、端部が欠けやすいといった弱点もあるので、出隅を塩ビジョイナーで保護するなど、相応の工夫を行っている。（サトウ工務店）

## 少ない種類の仕上げ材と露出する構造材を生かしたシンプルなインテリア

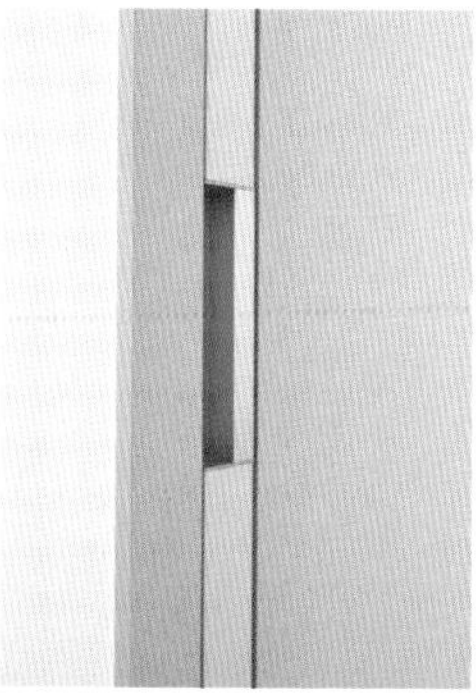

右上／壁材のモイスを窓台や柱に回して仕上げている。出隅は塩ビジョイナーで納めている
中上／モイスの壁を加工して、その隙間に引戸の戸袋を設けた例。ていねいに切断することでこのようなディテールも可能になる
左上／モイス仕上げの出隅部分は、欠けを考慮し塩ビジョイナーで納めている
下／施工中のモイス。外壁下地には構造用のモイスを使用。仕上げのモイスと使い分けている

玄関からリビングを見る。玄関土間はモルタルの金鏝仕上げを框まで立ち上げて仕上げている。壁と床の取合いも幅木レスのすっきりとした納まりになっている

# 大開口を実現した耐力壁の配置

大きな窓を設置するために、中央のオーディオルームをコアとした計画を行っている。オーディオルームの壁を筋かいのたすき掛けによる高倍率の耐力壁で構成、住宅全体が受ける地震力の多くをコア部分で負担する。ただし、外周部にも少ないながらもバランスよく耐力壁を配置し、より安全性に配慮した設計を行うことで耐震等級3をクリアしている。もちろん、天井の梁上には24㎜厚の合板が全面に張られており、水平剛性もしっかりと確保されている。

また、日射遮蔽やデッキ材保護のために屋根の軒先を1820㎜ほど出している。これは垂木と跳ね出し梁によるトラス構造の下地を組むことで実現している。

（サトウ工務店）

＼スゴ技／

**85**

耐震

上／構造材の断面欠損を考え、サトウ工務店では基本的に金物工法を採用している
下／コア部分の耐力壁。たすき掛けの筋かいが隙間なく設置されている

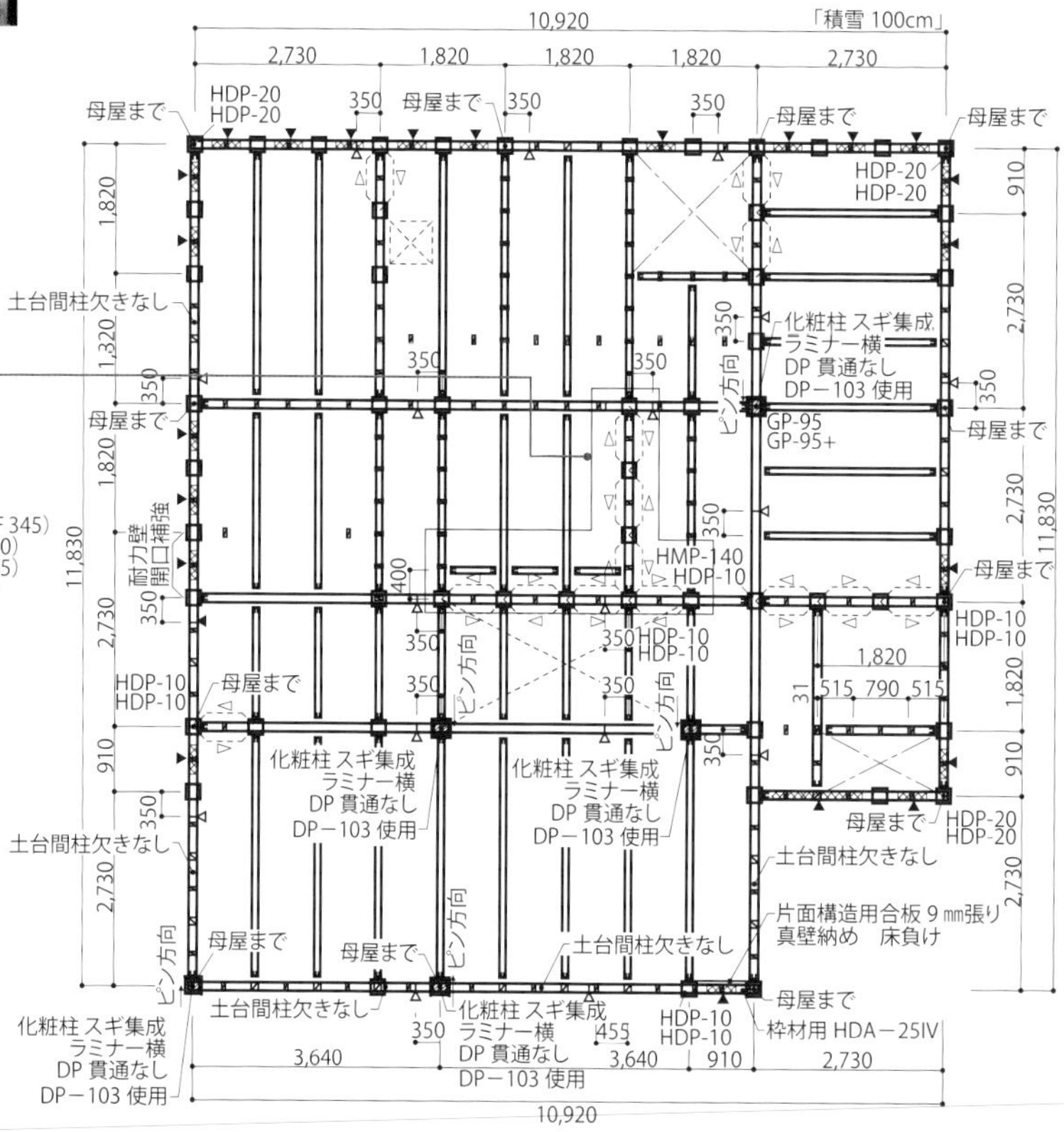

中央のコアの壁に耐力壁が集中的に配置されている。一方で外周部にはバランスをとりながら少なめに耐力壁を配置している
10,920
「積雪 100cm」
2,730　1,820　1,820　1,820　2,730
母屋まで
HDP-20
土台間柱欠きなし
化粧柱 スギ集成 ラミナー横 DP 貫通なし DP－103 使用
GP-95
GP-95+
HMP-140
HDP-10
耐力壁開口補強
ピン方向
片面構造用合板 9㎜張り 真壁納め　床負け
枠材用 HDA－25IV
3,640　3,640　910　2,730
11,830
※土台：120×120（ベイヒバ集成E105－F345）
※大引：105×105（スギ集成材E75－F240）
※隅柱：120×120（スギ集成材E65－F255）
※柱：120×120（スギ集成材E65－F255）
※間柱：120×30@455
※間柱：120×45@910（外周部のみ）
外周部梁上、下端共間柱欠きあり
※特記　ナキホゾパイプ　GP－95
化粧柱：スギ集成材　120×120
ラミナー方向横
床合板：越後スギ合板（実付）
※DP基本サイズ
材幅 90＝DP－85
材幅 105＝DP－103
材幅 120＝DP－118
材幅 150＝DP－145
材幅 180＝DP－160
5.0倍 外：モイス 2.7倍＋
内：構造用合板 9.0㎜ N50@150
受材 30×111　N75@300


**土台伏図** S＝1：150

1,820㎜ほど跳ね出した屋根の軒先はトラス構造で下地を組んでいる。トラスの下弦材はそのまま軒裏の下地も兼ねている

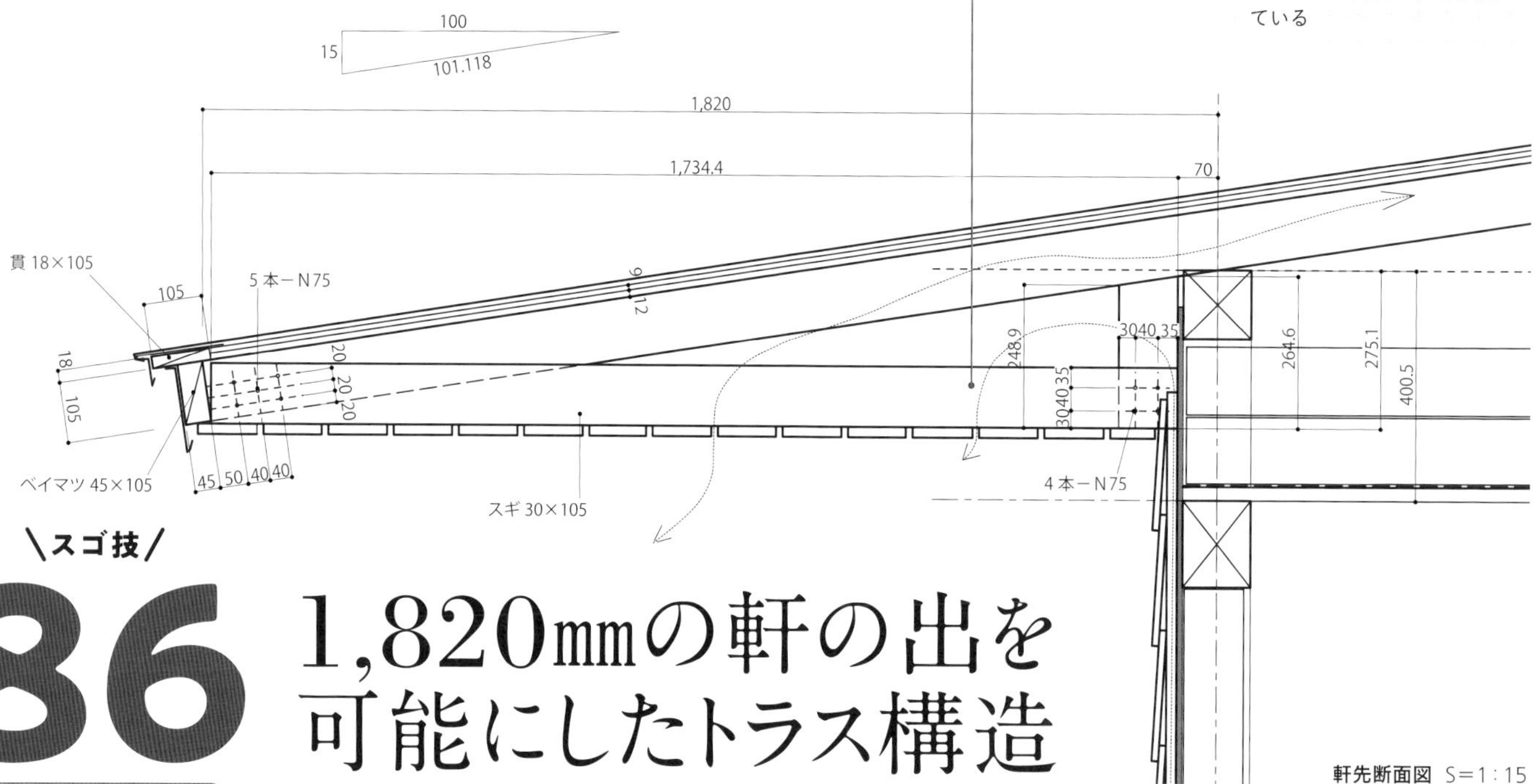

100
15
101.118
1,820
1,734.4
70
貫 18×105
105
5本－N75
ベイマツ 45×105
スギ 30×105
4本－N75
248.9
264.6
275.1
400.5


**軒先断面図** S＝1：15

＼スゴ技／

**86**

耐震

# 1,820㎜の軒の出を可能にしたトラス構造

\スゴ技/

# 87

耐震

## 災害対応型住宅として最低限の装備をもつ

災害対応型住宅として設計する場合、まずは比較的導入が容易なものを選択、設置することをオススメしたい。1つは停電時の暖房としても機能する薪ストーブ。電力やガスなどを必要とせず、木をくべるだけで家全体を温めてくれる薪ストーブは、冬などにライフラインが止まった場合に頼りになる存在である。

太陽光発電システムは、ライフラインが止まってしまうと、夜間の電気利用はできないが、簡易的な蓄電池に蓄電させ、非常時利用できるようにしている。

玄関脇には、食品などを含む災害時必需品のストックするスペースが設けられている。家族で必要とされる2～3日分の食料や備品はそれなりの量が必要になるので、ある程度の広さを確保している。

（岡庭建設）

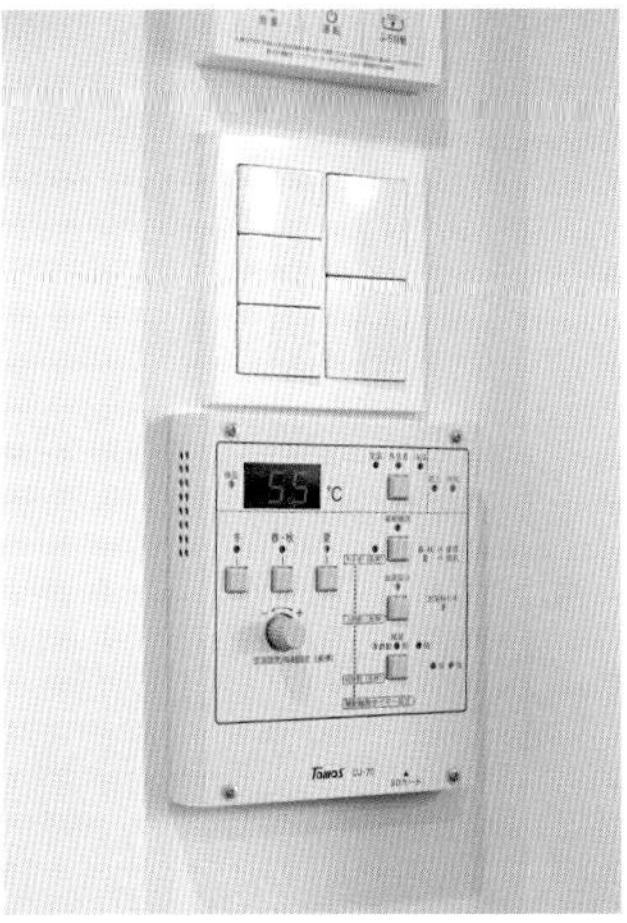

上／太陽光発電のインバーダ。下部のコンセントを介し、発電した電気を直接利用できる
下／太陽熱集熱パネルをコントロールするためのスイッチ。この住宅では、太陽熱を利用した補助暖房システムを導入している

上／2階天井裏に設置された水道水直結の給水タンク
右下／塩ビ製の雨水タンク
左下／ステンレス製の雨水タンク。塩ビのものに比べて高価である

\スゴ技/

# 88

耐震

## 設置は簡単ながら効果が大きい水を貯める設備

災害対応型住宅では、簡単に水を貯められる設備を推奨している。このうち飲料水を貯めるものとして推奨しているのが、2階の天井裏に設置された貯水タンク。これは上水の経路に接続することで、常時新しい水が貯まるようになっており、災害時に断水した場合はこのタンクから直接飲料水を取り出すことができる。

生活用水としては雨水タンクを野外に複数設置している。いずれも竪樋などに直結して雨水を貯める仕組みになっており、常時雨水が貯められている。

水道水用、生活用水用ともに簡易な設備であり、岡庭建設の供給する住宅などでも設置を推奨している。

（岡庭建設）

# 掲載工務店・設計事務所一覧
［五十音順］

池田組
新潟県長岡市中島3-8-5
TEL 0258-32-0942
FAX 0258-32-5079
URL http://local-life-standard.com/

ウッドシップ
東京都小平市学園西町2丁目15-8
TEL 042-409-8801
FAX 042-409-8802
URL https://www.woodship.jp/
E-mail info@woodship.jp

エコワークス
福岡市博多区竹丘町1-5-38
TEL 092-404-9200
FAX 092-404-9201
URL https://www.eco-works.jp/
Email info@eco-works.jp

オーガニックスタジオ新潟
新潟市西区山田3077
TEL 025-201-6611
URL https://www.organic-studio.jp/
E-mail info@organic-studio.jp

アーキテクト工房Pure
愛媛県松山市平井町甲3-1
TEL 089-976-3131
FAX 089-976-3138
URL http://www.studiopure.jp/
E-mail info@studiopure.jp

扇建築工房
静岡県浜松市中区細島町10-1
TEL 053-467-5356
FAX 053-461-8856
URL https://www.ougi.jp/
E-mail mail@ougi.jp

飯田亮建築設計室＋
COMODO建築工房
栃木県宇都宮市上桑島1465-41
TEL 028-689-9560
FAX 028-689-9561
URL http://iida-arc.net/（飯田亮建築設計室）
http://www.comodo-arc.jp/（COMODO建築工房）
E-mail info@iida-arc.net

岡庭建設
東京都西東京市富士町1-13-11
TEL 042-468-1166
FAX 042-468-0066
URL https://www.okaniwa.jp
E-mail mail@okaniwa.jp

須藤建設（SUDOホーム北海道）
北海道伊達市松ヶ枝町65-8
TEL 0142-22-0211
FAX 0142-22-0212
URL https://sudo-con.co.jp/

設計島建築事務所
宮城県仙台市青葉区八幡5-6-13
TEL・FAX 022-233-6020
URL https://www.mokusei-kukan.com/
E-mail miuramasahiro@icloud.com

番匠（建築部）
静岡県浜松市西区舘山寺町2831-2
TEL 053-487-4055
FAX 053-487-4056
URL http://www.bansho-k.co.jp/

もるくす建築社
秋田県大仙市戸蒔字松ノ木113-5
TEL 0187-63-8886
FAX 0187-63-8875
URL http://molx.co.jp/

安成工務店
山口県下関市綾羅木新町3-7-1
TEL 083-252-2419
FAX 083-252-2720
URL https://www.yasunari-komuten.com/
E-mail yasunari@yasunari.co.jp

夢・建築工房
埼玉県東松山市西本宿1847
TEL 0493-35-0010
FAX 0493-35-0090
URL http://www.yumekenchiku.co.jp/
E-mail yume@yumekenchiku.co.jp

神奈川エコハウス
神奈川県藤沢市辻堂太平台2-11-5
TEL 0120-28-0054
FAX 0466-33-5729
URL https://www.k-ecohouse.co.jp/
E-mail info@k-ecohouse.co.jp

寛建築工房
横浜市旭区柏町20-7
TEL 045-363-8815
FAX 045-363-8816
URL http://www.kuturoginoie.com/
E-mail mail@kuturoginoie.com

木の香の家
岩手県北上市本通り2丁目3-44みゆきビル1階
TEL 0197-65-7439（北上市）
TEL 022-771-5979（仙台市）
URL https://www.mokusei-kukan.com/

小林建設
埼玉県本庄市児玉町児玉2454-1
TEL 0495-72-0327
FAX 0495-72-5875
URL http://www.kobaken.info
E-mail eco@kobaken.info

サトウ工務店
新潟県三条市高屋敷65-1
TEL 0256-46-2176
FAX 0256-46-2656
URL http://www.sato-home.co.jp/
E-mail satoh-koumuten65@sirius.ocn.ne.jp

三五工務店
北海道札幌市北区北34条西10丁目6-21
TEL 011-726-3535
FAX 011-736-9835
URL https://www.kk35.jp/

家づくりのプロが教える

**スゴ技88**

2020年7月15日　初版第一刷発行

発行者　澤井聖一
発行所　株式会社エクスナレッジ
〒106-0032東京都港区六本木7-2-26
http://www.xknowledge.co.jp/

編集　TEL:03-3403-1381／FAX:03-3403-1345
info@xknowledge.co.jp
販売　TEL:03-3403-1321／FAX:03-3403-1829